国連研究　第25号

主権国家体制と国連

日本国際連合学会編

国際書院

The United Nations Studies, Number 25 (June 2024)
Sovereign State System and the UN
by
The Japan Association for United Nations Studies
Copyright ©2024 by The Japan Association for United Nations Studies
ISBN978-4-87791-329-8　Printed in Japan

目　次

主権国家体制と国連

（『国連研究』第 25 号）

目　次

表紙写真

Secretary-General Walks by Guernica Tapestry Outside Security Council Chamber. [02/07/2022]©UN Photo

Contents

Sovereign State System and the UN

(The United Nations Studies, Number 25)

Cover: Secretary-General Walks by Guernica Tapestry Outside Security Council Chamber. [02/07/2022]©UN Photo

序

　『国連研究』第25号は「主権国家体制と国連」を特集テーマに編纂した。ウェストファリア条約の成立によりその形成が始まったとされる主権国家体制は、20世紀終わりには「終焉」や変容を指摘されながらも、COVID-19への対応のように、依然としてその強靭さが見られる。しかしそれゆえに、ロシアによるウクライナ侵攻のように、国家主権という大きな壁を前に、国際社会が有効な解決策を見出せずにいる問題も生んでいる。国連をはじめとする国際機構もまた、主権国家である加盟国によって設立・運営されており、ウクライナ侵攻やパレスチナ紛争に対する国連安全保障理事会の機能不全のように、それらの問題に有効に対処できない事態が頻繁に見られる。他方、NGOなど市民社会組織や企業によるSDGsへの取り組みのように、主権国家以外のアクターによるグローバル・イシューへの取り組みやグローバルな抗議運動が活発に行われており、主権国家も無視できないものとなっている。そして、国連をはじめとする国際機構もまた、それらのアクターとの協働を強めている。

　そこで、本特集は、現在の国連を含む国際社会は主権国家体制といかなる関係におかれているのか。そして、現在の国際社会は主権国家体制を乗り越えつつあるのか。歴史的・政治的・法制度的・実務的なアプローチから「主権国家体制」の意義・特徴・機能を捉え直すことで、改めて現在の国際社会の実像とそこにおける国連の意義・役割を問い直す契機とすることを意図したものである。なお今回の特集は、本学会の2023年度研究大会の共通テーマと連動させたものであるが、広く会員から多彩な論考が集まった。

　特集論文から掲載順に各セクションの論文を紹介する。本多論文は、本特集号の総論としての位置づけであり、主権国家から成る国連が加盟国による主権の主張によって物事が容易に決まらないという本質的な制約を孕みながらも、国際社会で担ってきた役割と意義を考察する。まず、グローバル化と主権国家の役割についての議論を追い、国家は、自国の国益の追求と国際社会全体の利

益の追求の間でジレンマ状態にあることを指摘する。そのうえで、グローバル化の中での国連の活動を、加盟国の主権との関係を意識して整理する。非植民地化や平和構築活動など国連が主権尊重のもとに行ってきた活動、人権や人の移動など国家主権に干渉しながら行ってきた活動、「保護する責任」や強制措置など主権という大きな壁に挑んでいる活動を取り上げる。そして、国際政治の環境変化が大きく反映される国連総会と、大国による主権拡大の主張と組織による主権の制約というジレンマによってたびたび機能不全に陥る安保理に注目して、国連の中での主権の平等について問題提起を行う。

　清水論文は、国連憲章及び国連システムの活動に基づき発展してきた自由主義的な価値に基づく「法の支配」の動揺を取り上げた論考である。国連憲章に内在する自由主義的な価値は、国連システムによるハードロー・ソフトローの形成により強化され発展してきた。また、国連設立後の国際社会では、武力不行使原則や人権の尊重を基本とする国際法が「力の支配」を凌駕する、すなわち「法の支配」が確立されることが是とされた。しかし、ロシアによるウクライナ侵攻やイスラエルによるガザ攻撃、さらにこれらの事態に対する国連機関の対処は、国際社会における「法の支配」が危機にあることを明らかにした。この事象は、国際社会が「力の支配」の時代へ逆戻りしてしまうことを意味するのだろうか。あるいは、そもそも国連憲章に内在していた「自由主義的」な価値そのものが普遍的ではなく、従って「法の支配」そのものが困難だったということなのだろうか。本論文は、近年の国連機関における動きを分析した上で、今日の危機を乗り越えるためには、国際社会のみならず国内社会においても「法の支配」を確立させることが必要であり、そのための国連システムの働きが急務であると結論づけている。

　山根論文は、ロシアによるウクライナへの軍事侵攻をめぐる討議におけるアフリカ諸国の行動に着目する。同論文は、ウクライナ戦争以後の国連におけるアフリカの動向にどのような特色があるのかについて、「アフリカによる行動」と「アフリカをめぐる行動」の両側面から考察する。結果、国連におけるウクライナ戦争以後のアフリカによる行動は、国家主権体制を基盤として形成されている国連という政府間機構の特色を常に反映したものであると同時に、アフ

リカをめぐる国連の行動では、テロの蔓延やクーデター政権の跋扈という事態を打開するための具体的対応が失われつつあることを明らかにしている。それでもなお、国連が依拠する主権国家概念自体の解釈の変容の中で、国連総会緊急特別会合でもその意思が示されたような国連憲章の理念の承認、すなわち侵略行為への非難についての重要な場が国連という政府間機構に託されているという重要性が理解できるという。

　渡邉論文は、環境問題の解決を志向する多国間環境条約が、国連環境計画（UNEP）を通して提供されるフォーラムおよび事務局のサポートを得ながら、環境リスク管理における主権国家の役割や義務に関する国家間議論を促進することで、主権国家体制を強化する方向に働いてきたことを前提として確認する。しかし、本論文が強調するのは、UNEPがソフトかつ間接的なガバナンス手法である「オーケストレーション」を採用し、NGOや金融機関など非国家主体とのパートナーシップを構築することで、主権国家の関与がない中でも、地球環境ガバナンスの強化を図ってきた点にある。このことはただちに主権国家体制に対する脅威を意味するわけではないものの、国連機関や非国家主体を中心とした機能主義的なガバナンスの進展が、主権国家をアクターとする主権国家体制に一定の疑問を投げかける可能性を示唆している。

　藤井論文は、国家元首に対して発付された逮捕状に関して、旧ユーゴスラビア国際刑事法廷によるミロシェビッチへの逮捕状の執行、国際刑事裁判所（ICC）によるバシールへの逮捕状の執行、そして逮捕状執行に対するローマ規程締約国会議（ASP）の限界についての考察を通じ、現職の国家元首への逮捕状の執行には、多様なアクターが利益を共有できないパラドックスに陥っている現状を描き出す。本論文は、逮捕状執行には、ICCから起訴された者が一時的でも公的地位から退かねばならないというアプローチを提唱し、その議論をASPや国連で喚起していくことの重要性を説く。本論文は、そこに主権国家体制の壁が立ちはだかることを指摘し、国家の利益に関与できるアクターとしてのICCの戦略性が、上記パラドックスを抜けだす鍵であると結論する。

　志村論文は、「意思または能力を欠く国家」基準論（"unwilling or unable" criteria / doctrine / formula / standard / test / theory）（以下、UoU論）と

して知られる武力行使正当化論を検討する。先行研究は、UoU 論を「文明標準」論のアナロジーでとらえ、大国が中小国への圧力として UoU 論を利用してきたと論じる。そのため、国連憲章成立後の UoU 論の歴史的展開において中小国が発揮してきた能動的役割を想定しない。これに対して、本論は、UoU 論の射程を先行研究に標準的な定義よりも広くとらえる。その上で、国連文書にあらわれる言及例を体系的に調査した。その結果、冷戦期にはイスラエルや南アフリカが、湾岸戦争後にはシリアやカメルーンが UoU 論を利用しており、中小国もまた UoU 論を能動的に用い得る主体であるということを明らかにしている。

本特集はここまでであるが、以下に掲載される独立論文や政策レビュー、書評も、多かれ少なかれ主権国家体制と国際機構の関係性の問題が関わるものであり、このテーマの広さと重要性がわかる。

独立論文は 1 本を掲載した。「適応的平和構築と国連システム：シリア紛争とイエメン紛争を事例に」と題する武藤・槌谷論文は、シリアとイエメンにおける長期化する武力紛争において、国連がどのように「適応的平和構築」（Adaptive Peacebuilding）アプローチをどのように実践したかを検討している。適応的平和構築は、紛争当事国の社会に内発的な平和への希求があり、平和構築の主体は当事国の人々であることを前提とする。そのため、いずれのケースにおいても、国連は現地のイニシアティブに柔軟に対応する形で平和構築活動を展開し、その結果、国連は紛争終結後の平和を持続させるための基盤を作ることができたことを明らかにした。本稿は、適応的平和構築は、長期化する紛争においても国連が採用しうる平和構築アプローチとしての可能性を示している。

政策レビューには、3 本を掲載した。「入管法改正に見る入管庁と UNHCR の交渉：非政治的国連機関に必要な政治性」と題するレビューは、日本での庇護を巡る法務省・入管庁と UNHCR 駐日事務所の交渉を明らかにし、そこから主権国家と国連のあるべき関係を探る。レビューする事例は、2001 年のアフガン難民申請者の収容事件、2002 年の中国瀋陽日本総領事館における北朝鮮家族駆け込み事件、2005 年に UNHCR が「マンデート難民」と認定したクルド人父子の強制送還事件、2010 年の難民第三国定住事業の開始、14 年の第

6次出入国在留管理政策懇談会（政策懇）の提言、2020年の第7次政策懇の提言、2021年および2023年の入管法改正問題である。グローバルな課題に国連が有効に対処するため、国家主権の壁を克服するにはUNHCRの経験から学べるとする。UNHCRを含む「非政治的」な国連機関が効果を挙げるためには、人と組織を動かすことのできる「政治性」を持つ必要性を指摘する。

「国連資料：紙媒体からデジタルへの変容と調査ツールの発展」と題するレビューは、国連研究者が参照する資料へのアクセス方法の歴史的変遷を概観したうえで、実用的な資料検索方法が説明されている。紙資料の時代には、日本各地の国連寄託図書館および国連広報センターに送付された資料が、国連総会会議管理局（DGACM）による分類を基に整理され、研究者が現地を訪れて資料収集を行うことが一般的であった。デジタルの時代になると、検索ツールの新設・統合・廃止などを経ながら、UN Digital Libraryへと統合される流れとなり、現在国連資料には誰でも容易にアクセスが可能となっている。本レビューは、さらに、国連資料の全体像を示すとともに、UN Digital Libraryを通した資料検索の方法が丁寧に説明されているため、国連研究者および国連に関心を持つ一般の人々にとって実践的な意味でも有意義なものになっている。

「日本の『人権外交』のこれから」と題するレビューは、これまでに積み上げられてきた日本の人権外交の基本姿勢、そしてその在り方が変化を迫られている背景を整理したうえで、今後、日本の人権外交は、人権という普遍的価値をどのように位置付け、国益を確保していくべきかを論じる。鍵となるのは、「対話」と「協力」に基づく現実的なアプローチを維持しつつ、他国の人権状況について能動的に作用することも含めた積極的なアプローチであるとする。人間の安全保障や「自由で開かれたインド太平洋」等のコンセプトは、人権の普遍的価値を重視するという原則的立場を維持しつつ、それが各国の立場の違いを超えて受け入れられるようにするためのナラティブとして機能してきたとして、カンボジア人権状況決議、先住民族の権利、ビジネスと人権を例に、今後、日本が取り得る人権外交の積極的アプローチを提示する。

続いて、書評セクションには4本の書評を掲載した。上野友也『膨張する安全保障：冷戦終結後の国連安全保障理事会と人道的統治』（明石書店、2021年）

は、国連安保理の権限拡大と介入主義的傾向の定着を「安全保障の膨張」とみなし、国連安保理が「なぜ人間の生命の安全の保障のために任務と権限を膨張させてきたのか」という問いに答えるものである。同書については、千知岩正継会員が解説している。

リチャード・フォーク著・川崎孝子監訳・川崎晋共訳『人道的介入と合法的闘い：21世紀の平和と正義を求めて』（東信堂、2020年）は、学問・実践の綜合的な視座から、パレスティナ問題のほか、コソヴォ、イラク、シリアなどの事例を分析し、国際社会の「構造的な問題」、その表出とも言える「人道的介入（または不介入）」とその代替策としての「Legitimacy Wars（合法的闘い）」、さらに、グローバル化の進展などのより広い文脈を視野に入れた「世界秩序のゆくえ」を問うものである。同書については、西海洋志会員が解説している。

西谷真規子・山田高敬編『新時代のグローバル・ガバナンス論：制度・過程・行為主体』（ミネルヴァ書房、2021年）は、主権国家を基礎単位とするウェストファリア体制は、その揺らぎが指摘されてすでに久しいとして、現代グローバル・ガバナンスについて、その特徴として多主体性、多争点性、多層性、多中心性を指摘し、これを国際関係論の理論と実態の両面から把握することを目的とする論文集である。同書については、坂根徹会員が解説している。

真嶋麻子著『UNDPガバナンスの変容：ラテンアメリカにおける現地化政策の実践から』（国際書院、2023年）は、国連開発計画（UNDP）が、主権平等原則と内政不干渉原則という縛りのなかで、いかにして機関が掲げる開発理念をプロジェクトに落とし込めるのかという問題に対して、「現地化政策」によって対処してきたことを、著者は具体的な事例をもとに明らかにしている。同書については、大平剛会員が解説している。

加えて、学会の活動として、国連システム学術評議会（ACUNS）研究大会と東アジアセミナーについての報告を掲載した。ACUNS報告については川口智恵会員が、東アジアセミナーについては玉井雅隆会員が報告書を作成した。

2024年3月末日

編集委員会

I 特集テーマ

主権国家体制と国連

1 主権国家体制と国連：
グローバル化の潮流のなかで

本 多 美 樹

はじめに

　主権国家体制[1]はグローバル化の大きな潮流によって脅かされていると言われながら、国家は依然として国際社会の中心に居続け、これまでいく度となく主権の回復力を証明してきた[2]。この体制に弔鐘をならすのは時期尚早だろう[3]。

　世紀の変わり目に起きたグローバル化に即して国境がもつ意味は大きく低下したが、ここ数年で起きた新型コロナウイルス感染症（COVID-19）の世界的な拡大、ロシアによるウクライナ侵攻、イスラム組織ハマスとイスラエルの衝突から再燃したパレスチナ問題によって国境線は再び強く意識され、国家にとって緊急事態にいかに対応するかが至上命題になった。このような非常時の国家の役割は非常時であるがゆえに制限されることなく拡大し、国民も国家による解決を期待する。これらは国家主権の再興を意識させるような現象であり、私たちがグローバル化と国家との関係を改めて問い直すきっかけになっている。

　主権国家体制が激しく揺らぐなか、グテーレス（António Guterres）国連事務総長は、戦争、感染症、気候変動などの複数の危機が根深く相互に結びついてその規模と深刻性が一層増していることを挙げ、「国連の活動はかつてないほどに必要とされている」[4]と述べた。そして、グテーレスは、国連が危機を予防し、リスクを管理し、持続可能な未来のために強靭性を構築し、苦難を軽減する強い意欲を示した。

　本号の特集テーマは「主権国家体制と国連」である。『国連研究』ではこれ
までも「多国間主義の展開」（第18号）、「変容する国際社会と国連」（第20
号）、「国連と大国政治」（第21号）を特集テーマに据えて国家と国連との関係
性を問う十分な論考がなされてきた[5]ことから筆者ができることは限られてい
るが、本稿では、主権国家から成る国連が加盟国とりわけ大国による主権拡大
の主張によって物事が容易に決まらないという本質的な制約を孕みながらも、
国際社会で担ってきた役割と意義について考察する。

　本稿では、まず、グローバリゼーションの進行と主権国家の役割についての
議論を追いながら、グローバル化の中での国連の活動を加盟国の主権との関係
を意識して整理する。その際に、国連が主権の尊重のもとに行ってきた活動、
主権に干渉しながら行ってきた活動、主権という大きな壁に挑んでいる活動な
どを挙げる。そして最後に、国連の中での主権の平等について問題提起する内
容としたい。国際政治の環境変化が大きく反映される国連総会と、大国による
主権の拡大の主張と組織による主権の制約というジレンマによってたびたび機
能不全に陥る安保理に注目する。

1　グローバル化と主権国家体制

（1）　グローバリゼーションと国家の役割

　グローバル化の概念やグローバリゼーションをめぐっては多くの論者がさま
ざまに定義してきた[6]。情報通信革命を媒介に経済的、社会的、政治的、文化
的位相の世界的な平準化が推進されるその過程で唱導されたのが自由主義的な
価値規範であり、市場主義経済の利益にあることについては他言を要さないで
あろう。旧共産主義圏の崩壊によって自由主義的経済圏は飛躍的に広がり、グ
ローバル経済が形を取り始めた頃には、国家主権は世界経済によって浸食され
ているといった議論がきわめて頻繁になされた。

　「国家の退場」[7]いう表現に象徴されるように、グローバル化が進むほど多
国籍企業などの活躍によって国家の権限と統治能力が相対的に低下し、結果的
に機能不全に陥るとする「国家衰退論」[8]もあれば、グローバル市場と国内市

場の間の交渉ごとを担うのは国家ならではの役割であることから必要性は高まるとする「国家健在論」[9]、また、国家はある面では機能の縮小を余儀なくされるが別の面では機能を強化する必要に迫られ、国家の権限や機能を再設計することを求める「国家変容論」[10] も登場した。それぞれの言い分は異なるものの、国家の機能と役割が変化したことについて意見は一致している。

このように、グローバル化が急速に進展していたときには国家の役割や地位が低下するかのように扱われたが、グローバル化が所与の事実となった現在は「ポスト・グローバル化」の時代[11] とも呼ぶことができ、感染症や人の移動をめぐる問題への対応のように、むしろ国家が存在感を示すような現象が見られる。グローバル化によって統治領域を格段に広げた国家は領域の統治のみならず、他国とのさまざまな関係の中で自らの権利を主張して、それを認めさせるために積極的な行動に出ることもある。

今日の状況から、かつてロドリック（Dani Rodrik）が示した政治的トリレンマの問題——国家は、国家主権、グローバル化、民主主義の政策目標や統治形態のすべてを実行することはできないという主張——が想起される[12]。近年では、途上国はトリレンマの状態にあるが、先進国では民主主義の度合いが安定していることから、トリレンマではなく、グローバル化と国家主権のジレンマにあると指摘される[13]。現在の国家は、国際協力の分野で負担の分担を求められるなど、主権の制約を強いられている。グローバル化が不可避で不可逆的であることを考えると、国家は、自国の国益の追求と国際社会全体の利益の追求にどう折り合いを付けたらよいのかジレンマ状態にある。

（2） 複合的な脅威と国連の役割

国連は、主権国家の集まりであるがゆえに、主権という大きな壁を前に、「できること」と「できないこと」の制約に常に苛まれている。「できないこと」については3節で述べるが、市民社会をはじめとする非国家主体（アクター）と連携することによって地球規模の問題への取り組みにおいて国連に「できること」は拡大した。

ここで国連に期待されているのは国家の集まりとしての側面よりも、むしろ

市民社会との協働、いわゆる「第三の国連」の機能であろう。ウィース（Thomas G. Weiss）らは、国連には三つの側面があるとする[14]。すなわち、「第一の国連」とは、動機、価値、イデオロギー、能力の異なる主権国家の多国間フォーラムで、国家間の政治が行われる場としての側面を強調した表現であり、「第二の国連」とは事務総長を頂点とする官僚組織であり、「第三の国連」とは、NGO、専門家、企業の代表、メディア、研究者と国連とのネットワークである。第二の側面や、第三の側面を通じて、主権国家も規範レベルで相互に影響を及ぼし合う。主権国家体制の下でも国家に共通する脅威、あるいは、国家に共通する利益があれば互いに協力できることは歴史的に証明されている[15]。

　国連が 1970 年代初頭から取り組んできた地球的規模の問題として、海洋と海底資源、環境、人口、科学技術、食糧、熱帯林、砂漠化、人間居住、麻薬、感染症などがある。政府と市民社会を繋ぎ、活動の管理と運営を調整する国連諸機関の役割は重要である。今や非国家アクターは国連の活動において欠かせない存在だが、国家も、「持続可能な開発目標（SDGs）」達成に向けて、地方自治体や民間企業への資金提供や働きかけを行うなど国内のガバナンスにおける役割は依然として大きい。SDGs の進捗状況のフォローアップと検証を行う責任は国家にあることから、国連は国家が主体的に当事者意識をもって目標の達成に取り組み、そのための国内的枠組を確立するよう強く求めている。

（3）　共通の目標への協働：規範の共有

　主権国家体制の下でも、国家とさまざまな非国家アクターとの連携を可能にしたのが価値規範の共有であろう。冷戦後の特徴の一つは自由主義的価値規範の権威がかつてないほど高まったことにある[16]。冷戦終焉後の宗教や民族を原因とする内戦の増加、その結果としての難民の急増、環境問題の悪化や感染症の拡大などの非軍事的な脅威が顕在化したことによって、国家は再び戦争を起こさないしくみだけでなく、国際社会にとっての共通の脅威に取り組むための機関を作り、新しい国際秩序作りを始めた。その際に、同じ目標に向かって多様なアクターと連携していくためには共有できる価値や規範、それらに基づい

た行動指針が求められた。

　国家中心の安全保障を補完する概念として、軍事に限らずあらゆる脅威から一人ひとりの安全を保障する「人間の安全保障」はまさに自由主義的規範のひとつである。暴力や紛争などの恐怖からの自由、欠乏からの自由、尊厳を持って生きる自由な人間として生活するうえで、安全、開発、人権の間の相互関連性を認識するこの規範は国家の安全保障の礎石とみなすものとされた。その第一義的な責任は国家が担うが、国家だけでなく、地域機関、国際機関、市民社会、コミュニティとも連携を強化する必要性が訴えられた。この規範はミレニアム開発目標（MDGs）、SDGs においても共有されている。国家主権という観点から言えば、グローバル・イシューの解決のためには、国家は市民社会や企業、研究機関などとともに問題解決にあたることからマネージメントが複雑化してきて、主権を行使しにくい状態にあるが、非国家アクターなしでは何も進展しない現実がある。主権国家体制下でも、さまざまなアクター間で規範を共有して共通利益のために協働するという新たな流れができ、その旗振り役を国連が務めてきたといえる。

2　国家主権の尊重と挑戦

（1）　主権の尊重と国連の活動

a　非植民地化

　国際機構は加盟国の主権合意が制約となって第二次世界大戦後の世界秩序の構築にはあまり効果をあげることができないと設立直後から指摘されてきた[17]が、国連が国家主権を全面的にコントロールした分野として、非植民地化の活動が挙げられよう。国連が、「人民の同権および自決」を謳った国連憲章の原則および従属人民の利益を規定した国連憲章[18]に基づいて国家主権の有用性を利用した結果、アジア、アフリカのナショナリズムとこれを支援したソ連東欧諸国の影響もあり、当初予想されなかった程のスピードで非植民地化は進んだ。

　非植民地化をめぐっては相当の議論がある[19]が、国連創設以来、かつて植

民地支配もしくは信託統治取り極めのもとにあった 100 カ国近くは独立し、主権国家として国連に加盟した。さらに、その他にも多くの地域が、他の独立国家との政治的連合もしくは統合によって自決を達成した。国連は、従属人民の願望を鼓舞するとともに、国連は彼らの独立達成を早めるための目標や基準を設定して独立達成を支援する役割を担ってきた。一方で、国連が国連憲章の冒頭に記されている主権平等原則[20]に則って、ある領域を持つ政治単位を独立国、主権国家として承認し、国連のメンバーシップを付与してきたことについての政治性は増大しているとの指摘もある[21]。

　1960 年以降は、国連総会が採択した「植民地と人民に独立を付与する宣言」[22]も非植民地化の指針のひとつである。加盟国はこの宣言のもとに、植民地主義を早急に終わらせる必要があることを宣言したが、旧植民地の国境などに関する取り極めはそのまま容認され、民族自決との関連で禍根を残したケースも多い。非植民地化に向かって大きな進展が見られたものの、未だに非自治地域[23]は多く存在する。国連は、残った非自治地域でも自決を達成できるように、施政国に対してその施政のもとにある地域の経済的、社会的、教育的状態に関する情報を定期的に事務総長に送付する義務を課すなどして支援を続けている[24]が依然として問題は未解決のままである。

b　平和構築活動

　国家主権の尊重の原則のもとに国連が活動を展開した分野として平和維持活動（PKO）も挙げられる。PKO の原則がほぼ確立された 1950 年代後半に、当時の国連事務総長ハマーショルド（Dag Hammarskjöld）は、平和構築活動において、国連の行動が国家に受け入れられるためには国家に対して最大限の自由裁量を残さなければならないと強調するなど、自身の考えをたびたび披露していた[25]。しかし、本質的に国内紛争にかかわる PKO の効果は乏しく、事態を長びかせ膠着せしめる傾向もある。

　平和構築活動における国家主権の尊重とオーナーシップ（当該国家が自身の課題として主体性をもって取り組む姿勢）の大切さについて、国連がさらに強調していくのは 2000 年代後半である。活動範囲を限定する趣旨もあるとはいえ、平和構築委員会を設立したときに国連安保理と総会が強調したのはオー

ナーシップとの整合性だった[26]。国連 PKO 局・フィールド支援局が作成した「国連平和維持活動：原則と指針（キャップストン・ドクトリン）」ではオーナーシップを発展させることの重要性が強調されている[27]。現地のことはその社会の人びとに委ねるべきとするオーナーシップ原則は平和構築の文脈においてだけではく、開発の分野においても広く認められた考え方である。

　現在では、これまで自由民主主義を掲げる西側諸国が主導する形でモデル化され、行われてきた自由主義平和構築（LPB）が、主権国家としての地位や制度の確立、人権の尊重、民主主義、国際社会への参加に加えて、当該社会に特有の平和構築の関連するアクター、制度や価値に着目して、それとの対話を通じてより多様な平和構築を進めようとするハイブリッド平和構築が議論されている[28]。

（2）　主権への干渉

a　人権をめぐる問題

　国連発足後初期においては、加盟国の国内における人の権利および保護に関する問題は各国の主権内にある事項で、国連が関与できる範囲は限られるという見解が有力だったが、国連はこの点に関して大きな変化と発展をもたらした。国連の歴史は人権をめぐる諸問題が数多くの人権条約によって規律されるようになり、加盟国による国内管轄権の範囲を縮小して国際社会の最も重要な国際関心事項のひとつに発展した歴史でもある[29]。たとえば、南アフリカによるアパルトヘイトに対しては、国連を中心とした国際社会が、加盟国による国内管轄権の抗弁を封じる国際関心事項の概念の確立に大きな影響を与えた。人権問題がもはや国内管轄権内の事項ではないことは国際慣習法の一部として確立したと評価されるようになった[30]。

　国連は、人権問題を国連憲章第2条7項の内政不干渉の原則の例外として、加盟国の国家主権と対立しながら国際的な問題として関与・干渉してきた。国連のこの志向性は、「世界人権宣言」や「国際人権規約」で具体化されている。「世界人権宣言」採択後に採択された数多くの人権条約は、その履行確保のための規定に従って条約加盟国の協力を引き出し、人権・人道の主流化を進めて

きた。国家のみならず、個人、NGO、人権擁護団体、特定の民族などを権利義務の主体とする規定が含まれていることも重要である。国家主権と相互依存が併存する国際社会においては、国際社会の連帯性を基盤とした発展の権利、平和の権利、環境の権利など一連の「第3世代の人権」の問題とともに、その確立と発展が強く意識されてきた。ただ、人権を基礎として国際体制の在り方を考えるという姿勢を突き詰めてみれば、主権国家体制そのものへの疑問にも行き着いてしまう。南アフリカ、ローデシア、シリア、パレスチナの人権問題などをめぐり、当事国の反対を押し切って決議は繰り返し採択され、安保理によって制裁措置もとられたが、これら一連の決議が直接目指す目的を達成することができたのかは疑問である。

2022年のウクライナ侵攻を受けて、国連は人権理事会緊急会合でロシアによる国際人道法違反を調査する委員会設置の決議を採択し[31]、国際刑事裁判所（International Criminal Court：ICC）は本件の戦争犯罪に関する捜査を開始することを発表した[32]。2023年10月以降激化するイスラエルとハマスの紛争はガザ地区を中心におびただしい犠牲者を出し、「人道危機を越えた人類の危機」[33]の状況にある。国連と人権問題が国連と平和の問題と密接不可分なものであることを改めて私たちに強く認識させている。

b　人の移動をめぐる問題

グローバル化時代の人の国際移動については、移民の権利の拡充が賞賛される一方で、主権・国境管理の強化が難じられている。認識の懸隔といえばそれに相違ないものの、これらの見解は基底において国家主権の退潮を意味している[34]。グローバル化の過程で経済や技術、文化など多くの分野で外部からの挑戦を受けている国家が死守したい「主権の最後の砦（last bastion of sovereignty）」[35]が移民管理である。誰の入国、在留を許可するのか、入国許可にどのような条件を付けるのかなど国境管理を先鋭化させている。

近年の企業活動の広がり、情報通信技術の進展、移動の簡易化などを背景に、国境移民は急速に増えて2億7,200万人に達し、そのうち紛争、迫害、暴力、人権侵害、災害が原因で強制移動せざるをえない人びとは1億1,000万人にのぼる[36]。人の移動はもっぱら国家によって国境で管理されてきたが、渡航

先での労働問題や人権問題、教育問題、保健と衛生、治安などの問題が複雑化してきたことから、条約の作成、会議の開催、市民社会との連携など、国際機関の役割が重要になっている。

　国家によって保護されない人びとを受け入れる国は減少傾向にあり、難民の6割をわずか10カ国で受け入れている現実がある。加えて、難民が流入する国は同様に貧しく、少数民族などの問題も抱えることから、難民が追い返され、難民の人権が無視されることもしばしばである。そこで、国連総会は難民と移民の保護を掲げた「ニューヨーク宣言」[37]を採択し、それぞれを柱にしたグローバル・コンパクト[38]を提示した。ニューヨーク宣言は、国連総会で難民・移民に関して初めて採択された文書であり、難民条約の難民保護の原則を確認した点、国際責任の分担に言及した点に意義がある[39]。国際責任の分担とは、安全を求めて逃げる人びとに庇護を提供する責任は国際機関のみならず、難民の出身国、受入国、流入国、NGO などを含む国際社会全体にあることを指す。しかし、人の移動を管理する第一義的責任は国家にあるとして、これらの取り極めを主権への侵害とみなす排他的な風潮は北米だけでなくヨーロッパにも広がっている。

（3）　主権への介入

a　「責任」としての介入

　人の移動の分野でも用いられているように、「責任」という考え方は、国家に対して、国際社会共通の目標を実現するために、主権を越えた自覚と協力、負担の分担を求める概念として、とくに2000年以降の国連の会議や文書に盛り込まれてきた。

　しかし、加盟国の人口規模、領土の広狭、軍事力、経済力などはまちまちであることから、同等の協力と負担を求める考え方に賛同できない国家は多い。また、それを主権の制約と捉える国家もいる。たとえば、環境分野では、環境保全を後回しにして発展を遂げた先進国から環境配慮を求められることに合理性を感じない途上国は多い。そこで、この政治的ゆきづまりを打開するために提示されたのが、「共通だが差異ある責任（differentiated responsibilities）」で

ある[40]。国家が裁量を行使する際に自国の能力や状況に応じて変化する義務を「事実上の義務の差異化」と捉える考え方である[41]。

　「責任」概念で人道的介入の倫理的根拠を模索したのが「保護する責任（Responsibility to Protect）」である。「保護する責任」は、国家主権に内在している責任が適切に発揮されない時に国際社会がその責任を代行するが、それは主権の否定ではなく展開と考える。

　国連憲章は、「この機構はすべての加盟国の主権平等の原則に基礎をおいている」（憲章第2条1項）と明記し、「国連憲章のいかなる規定も本質上いずれかの国の国内管轄権内にある事項に干渉する権限を国際連合に与えるものではなく、また、その事項をこの憲章に基く解決に付託することを加盟国に要求するものでもない」（憲章第2条7項）として、いずれの国の国内管轄権内にある事項に干渉することを明確に禁じている。つまり、仮に国連が介入するとしても、それは解決を目的とする介入ではなく、あくまでも国際平和の保持を目的とする介入である[42]。これに対して、カナダ政府を中心とする「干渉と国家主権に関する国際委員会（International Commission on Intervention and State Sovereignty：ICISS）」はその報告書[43]の中で、「介入の権利から、保護する責任へ」という議論の展開において従来の主権の理解の仕方を変えた[44]。ICISS は、「主権は二重の責任を含意する。つまり、外的には他の諸国の主権の尊重、内的には国家内部のすべての人々の尊厳や基本的権利の尊重である」[45]とした。

　ICISS 報告書を受けて、アナン（Kofi Annan）国連事務総長（当時）の諮問機関である「脅威、挑戦及び変革に関するハイレベル委員会」が報告書[46]で ICISS と共通する考えを示したことを受けて、アナンは、国家が保護する責任を果たせない場合にはその責任は国際社会が負い、国連憲章の下に手段を講じる必要を述べた[47]。さらに、2005 年の国連首脳会合では、国家は大量虐殺、戦争犯罪、民族浄化、人道に対する罪から自国の国民を保護する責任を負うが、国家が機能しない場合には、国連憲章に則り、安保理を通じて強制行動をとることを含んだ成果文書[48]が採択された。国連は「保護する責任」に基づく主権介入を認めたことになるが、この考え方は武力の行使と結びついてい

ること、法的根拠と介入の基準が不明確であることから政治的なレトリックとも評される[49]。

b 強制措置

強制措置は主権を乗り越えて内政に介入することを指すが、誰にどのような強制措置を実施するは、国際政治のダイナミクスによる。

先に挙げたように、国連憲章はいずれの国の国内管轄権内にある事項に干渉することを明確に禁じている。但し、この原則は「第7章に基く強制措置の適用を妨げるものではない」（憲章第2条7項）と続く。そのため、安保理の権限はきわめて強固で、常任理事国には大きな役割が与えられている。安保理は、平和に対する脅威、平和の破壊または侵略行為の存在を決定し、国際の平和と安全を維持、回復するために勧告し、武力を伴わない措置あるいは武力を伴う措置を決定することができる（憲章第39条）。

平和に対する脅威については、脅威の存在が即時に強制行動に繋がるわけではなく、平和的な解決を求める根拠ともなる（憲章第34条）。何をもって脅威の存在や平和の破壊、侵略行為と判断するかについては安保理内で共通の理解があるわけではなく、また、安保理の対応も一貫していない。常任理事国自体が紛争に関わっている場合は自国に不利な決議は拒否権で葬ることができるため、これまでの事例のように、適切な対応がとれないことも多い。一方、常任理事国の国益を損なわないケースでは、内戦であっても国際平和と安全への脅威であると判断して介入するケースは増えている。

国連が持ちうる強制措置には、武力行使を伴う軍事的措置（憲章42条）と武力の行使を伴わない非軍事的措置（憲章41条）[50]、いわゆる経済制裁がある。軍事的措置をとる場合として、経済制裁では不十分であろうと認識した時を挙げているが、これは必ずしも経済制裁をとってからでないと武力行使が行使できないというわけではない。経済制裁と武力行使の関係には実際にはかなりの曖昧さが存在する。

国連経済制裁は当事者を除く全加盟国による決議の履行が義務づけられることから即効性があると思われがちだが、決議を忠実に履行する国は多くない。加盟国の中には経済が脆弱で制裁に加わる能力が低い国もあれば、自国の経済

的政治的利益を優先して決議の履行を怠る国もいる。いかに緻密に設計された制裁でも加盟国の履行が不十分であれば実効性は低下する。安保理で採択された決議は加盟国が受諾し、履行して初めて実効性が担保できるが、加盟国の多くは自国の国益を優先して自らの権限を国連に移譲することをためらう。決議の遵守は国家に委ねられるというもどかしい現実がある。

3 主権の壁と国連

（1） 総会

国連総会はすべての加盟国が参加する場であることから、国際情勢が反映されやすく、「国際世論の指標（global barometer）」[51] としての役割をもつ。安保理入りするチャンスがほとんどない加盟国にとって自国の意見を表明できる重要な場でもある。

総会は人口の規模、領土の広狭、国富の大小にかかわらず、一国一票の原則に基づいて運営されていることから民主的な機関とみなされているが、常に国際政治の影響を受けている。たとえば、ロシアに対してウクライナからの即時撤退などを求める安保理決議が否決された後、「平和のための結集決議」[52] に基づいて国連総会緊急会合が開かれ、「ウクライナに対する侵略」の決議案が圧倒的多数で採決された[53] が、反対や棄権などに回ってロシアへの政治的配慮を示した国はおよそ 50 カ国にのぼり、国際政治環境が色濃く反映される結果となった。

総会でのこれまでの投票行動は、その時代時代の国家間関係を示してきた[54]。国連創設後間もない頃は、アメリカを中心とした西側諸国が多数を握り、投票行動もきわめて類似していたことから、「平和のための結集決議」のように、安保理の拒否権使用による制約を一部乗り越えるような決議が採択されたこともあった。しかし、1950 年代末から急速に非植民地化が進んで新興独立国が次々と国連に加盟したことで、途上国が数のうえで有利になったことによって総会の政治力学は大幅に変化し、西側諸国と途上国の対立が表面化した。1990 年代に入ると、中国が経済のみならず政治の分野でも影響力を強め

はじめ、総会でも中国と同様の投票行動をとる国家が増えた。この傾向は近年益々強くなり、中国を中心とするクラスター（類似の集合体）の周りには中南米、アフリカ諸国、アジア諸国などのいわゆるグローバル・サウスが大きな勢力を形成している。他方、ヨーロッパ諸国を中心とするクラスターには日本、韓国、トルコ、オーストラリアが含まれる程度で、総会でも中国による主権拡大の傾向が見られる。ちなみに、アメリカは新興独立国の数が増えた頃から総会より安保理に行動の重点を置くようになり[55]、1980年代以降はヨーロッパ諸国とも距離をおき、孤立する傾向が強い。

　国連では、欧米的な歴史に由来する自由主義的な規範やソフトパワーが優勢な価値体系が維持されているため、別の価値体系を掲げて全体を覆すことは不可能に近いとされる[56]が、近年、欧米とは異なる多様な価値を有する国家、個別利益を優先させる国家が増えており、総会での大国による投票行動を見ながら実利重視で動くグローバル・サウスの動向が目立つ。

（2）　安保理

　安保理の冷戦終焉以降の「責任」の範囲は国際社会の安全保障上の脅威の多義化とともにも広がってきた[57]。2001年の米国同時多発テロ後に、安保理は初めて、脅威の対象として非国家アクター、テロに関与する特定の人物への制裁決議を採択した[58]。また、非軍事の問題であってもその越境性と広範性という脅威の性質から、決議には至らなくても、安保理議長によって声明が出されたり、事務総長によって報告書が出されたりする機会が増えた[59]。たとえば、内戦や大規模災害などを原因とする難民・避難民の流出、紛争下での子どもの保護、ジェンダー、アフリカにおける HIV/AIDS の状況、気候変動、麻薬取引、感染症は国際社会の共通脅威として頻繁に議論されるようになった。

　しかし、安保理の構造は設立当初から変わらない。1966年に非常任理事国の数が増えたことを除けば、外見上も特権を有するメンバーが存在する点でも変わらない。現在も安保理改革への複数の案は立ち消えていない[60]が、拒否権をもつ理事国を増やすという案は国連創立60周年の政府間交渉で提起されたものの、たちまち脇に追いやられた。

　安保理は国連の集団安全保障体制の要となる存在であり、憲章上、国際の平和および安全の維持のために第一義的な責任を負い、この責任のもとに任務を遂行する。それにあたって、「国際連合の加盟国は、この憲章に従って、安全保障理事会の決定を受諾し且つ履行することに同意する」（憲章第25条）と規定されている。よって、安保理での議決は、実に大きな効果をもつ多数決による議決といえる。安保理事国外の加盟国は白紙委任をしているようなもので、実質的には少数者による多数者支配である。安保理事国の中でも、拒否権を有する常任理事国とそれをもたない非常任理事国との間には圧倒的な投票力の差がある[61]。

　安保理に拒否権[62]が認められた根拠として、「権利としての拒否権（veto as a right）」と「責任としての拒否権（veto as a responsibility）」の2つの側面がある[63]。前者は、常任理事国が自らの重大利益が危機に瀕していると考える場合に利益を守るために行使しうる側面であり、後者は、自国の重大利益が危機に瀕していない場合でも国連の利益に合致する形で行使しうる側面である[64]。いずれにしても、拒否権の壁を前に、常任理事国以外の加盟国は無力だが、ロシアによる拒否権発動をきっかけに、常任理事国に拒否権行使の説明責任を求める決議案が総会の総意に基づいて無投票で採択された[65]。残念ながら、この決議は拒否権の行使を制限したり、説明や出席を強制したりはできないが、今後は、安保理事国でなくとも総会で拒否権の乱用を批判できるようになった。

　しかしその後も、パレスチナ情勢をめぐって拒否権が次々と発動されている。即時停戦を求めるロシア案は賛成数が揃わず否決[66]、戦闘休止を求めるブラジル案[67]と即時停戦を求めるUAE案[68]にはアメリカが拒否権を行使、一方、戦闘休止を求めるアメリカ案には中国とロシアが拒否権を行使[69]するなど拒否権の応酬が止まらない。このような状況に対してグテーレスは、事務総長就任以降初めて国連憲章第99条[70]に基づいて安保理議長に書簡を送り、ガザ地区の人道的大惨事の回避を求めた[71]。パレスチナ問題は国連史上最も長く困難な課題[72]であることから、グテーレスは、「安保理の分断によって国連の権威は失墜している」として安保理を非難し、組織改革の必要性を述べた[73]。

　安保理が機能するのは、大国の考えが一致している場合と、拒否権の発動によって他の大国の意図が妨害されない場合のみである。安保理の構造に欠陥があることは誰もが認めていても、どう修正するのかについては誰も手が届かない。安保理は、国家主権の壁と主権の拡大を主張する常任理事国という大きな難問とともに存在している。

（3）　主権の平等か否認か

　国連憲章は、各人民の同権を認め（第1条2項）、その行動の基本原則として平和愛好国の主権平等の原則（第2条1項）を謳っていることから、国家はとくに合意しない限り、平等の一個の議決権をもつ。しかし、安保理における拒否権は一種の加重主義（あるいは差別主義）を採用していて、事実上の不平等によって現実に大きな変化が加えられている。表決についても、国連は総会や経社理の議決などでは多数決制を採用しているが、安保理では手続問題に多数決の原則が認められるものの、他のすべての問題については常任理事国の賛成投票を必要とする制限的多数決の形式が採用されていて、実質的には常任理事国の全会一致の原則に他ならない結果を招来している。国連における多数決主義の採用は、国家主権の絶対性の大胆な否認との厳しい見方もある[74]。

　総会や安保理でなされる多数決による決定は、より多数はより少数よりも善に一層近づくという理念に支えられているはずである。国連憲章が認める主権平等の原則に基づいて、国連は多数決の原則を採用したのだから、便宜的な多数決制度ではなく、多数決の倫理にまで高揚することが課題であろう[75]。

おわりに

　国連憲章の前文は、「われら連合国の人民は」で始まり、人類の活動に関して驚くほど大胆で理想主義的な宣言が盛り込まれている[76]が、結局のところ、「よって、われらの各自の政府は、（中略）、この国際連合憲章に同意したので、ここに国際連合という国際機構を設ける」で終わる。そして、続く条文は、国連で重要な役割を果たすのは各国とその政府であることが繰り返し確認されて

いる。このように、国連憲章が政府間の条約とされ、主権国家を構成員とする前提をとったことは、国連の活動を実質的に政府間機構の枠にはめ込んだ結果、政府間機構の限界を踏襲する結果となっている。

　近年では、グローバル化の中で国家が国際協力を要求される場面が急激に増えて、国家もそれに応えてきたが、負担の分担など国家主権を一部制限するような事態や主権への干渉ましてや介入と思われる事態に対して国家は敏感に反応し、既存の条約やレジームからの脱退もいとわない。行き過ぎたナショナリズム、自国第一主義、排外主義の高進、他国の領域への侵攻などの利己的な政策と行動をとる国家によって国際関係は不安定化している。

　加盟国による主権拡大の主張などによって十分にその役割を発揮できない国連に対して、これまで多くの有識者から改革案が発表された[77]。これまでも、たとえば、活発な NGO や国連の活動に関心の高い企業のトップが世界会議を創設して国際機関の民主的な監視にあたるという案[78]もあれば、権限が偏っている国連にかえて各自が 1,000 万人を代表する 600 人の議員からなる世界議会を創設すべきだという案[79]も提示された。しかし、国家が何らかの形で国連に主権を移譲しないまま、国連憲章の背後にある前提、つまり各国間の合意を無視して、世界議会なるものがいったいどのような権限を主張できるのか、実際的、政治的な問題は数知れない[80]。国連は市民社会を取り込むような大胆な改革を加えない限り、国家とくに大国の政治に今後も振り回され続けることになろう。

　今日、私たちが主権国家体制と国連に思いをめぐらしていくうえで、哲学者カントが戦争の絶えないヨーロッパ情勢を憂いて最晩年に執筆した『永遠平和のために』は原理的な省察で満ちている。カントは、フランスとプロイセンの間で結ばれたバーゼル条約が一時的な平和条約（実際、フランスとプロイセンは 10 年ほど後に戦火を交えた）との批判を込めて、永遠平和のためには、「平和連合とでも名づけることができる特殊な連合」が必要だとした。続けて、「連合制度は次第にすべての国家の上に拡がり、そうして永遠平和へと導くことになろうが、連合制度のこうした理念の実現可能性は、おのずから証明されるのである。なぜなら、もし幸運にもある強力で啓蒙された民族が一共和国を

形成することができたら、この共和国がほかの諸国家に対して連合的結合のかなめ役をはたすからで、その結果諸国家はこの結合に加盟し、こうして諸国家の自由な状態は国際法の理念に即して保障され、連合はこの種の多くの結合を通じて次第に遠くまで拡がっていくのである。」[81] と書き残している。

このような連合的結合の「かなめ役」を果たせる国家（できれば国家群）が市民社会と連携して平和のネットワークを紡いでいくことが望まれる。既に概観したように、現在の主権国家体制下でも、国家は市民社会とネットワークを構築して規範レベルで相互に影響を及ぼし合っていて、この現象は国連の活動においても十分に確認できる。このネットワークを基礎としてさまざまなレベルでの共生のしくみが重層的に成熟していく国際体制に国連がこれからどれほど近づくことができるのか、注視したい。

注

1　本稿では、主権国家体制を「国家より上位の権力を認めず、国家間が対等な立場におかれることを前提とする体制」と定義する。主権と主権国家体制について詳しくは、遠藤乾「主権とヨーロッパ統合—主権の絶対性・一体不可分性・永遠性を中心に」日本国際政治学会編『日本の国際政治』有斐閣、2009 年、157-175 頁；中沢和男「国際政治における主権の機能とその将来」『東海大学紀要政治経済学部』第47 号、2015 年、33-50 頁；篠田英朗『「国家主権」という思想—国際立憲主義への軌跡』勁草書房、2012 年を参照されたい。

2　Luzius Wildhaber, "Sovereignty and International Law," in *The Structure and Process of International Law: Essays in Legal Philosophy, Doctrine and Theory*, eds. R. St. J. MacDonald and Douglas M. Johnston (The Hague: Martinus Nijhoff Publishers, 1983), p.444.

3　*Ibid.*

4　"Determined Report of the Secretary-General on the Work of the Organization 2023," *Report of the Secretary-General on the Work of the Organization*, UN Document, A/78/1, 78th session, 15 September 2022.

5　『国連研究』第 18 号（2017 年）には渡邉昭夫「なぜいま多国間主義が問題なのか？」、第 21 号（2020 年）には山田哲也「国連と大国：『自国第一主義』と『グローバル・ガバナンス』の時代に」が所収されている。

6　グローバリゼーションの定義については多々ある。たとえば、渡邊昭夫、土山實男編『グローバル・ガヴァナンス―政府なき秩序の模索』東京大学出版会、2001年；Commission on Global Governance, *Our Global Neighbourhood: The Report of the Commission on Global Governance* (New York: Oxford University Press, 1995)（グローバル・ガバナンス委員会、京都フォーラム監修『地球リーダーシップ―新しい世界秩序をめざして』NHK 出版、1995 年。）などを参照されたい。

7　Susan Strange, *The Retreat of the State: The Diffusion of Power in the World Economy* (Cambridge University Press, 1996)（スーザン・ストレンジ、櫻井公人訳『国家の退場―グローバル経済の新しい主役たち』岩波書店、1998 年。）

8　たとえば、Daron Acemoglu and James A. Robinson, *Why Nations Fail: The Origins of Power, Prosperity, and Poverty* (New York: Crown Publishing Group, 2012) などがある。

9　Saskia Sassen, *Losing Control? Sovereignty in an Age of Globalization* (New York: Columbia University Press, 1996)（サスキア・サッセン、伊豫谷登士翁訳『グローバリゼーションの時代―国家主権のゆくえ』平凡社、1999 年）を参照されたい。

10　詳しくは、岩崎正洋・坪内淳編『国家の現在』芦書房、2007 年、193-223 頁；サッセン、前掲書などを参照されたい。

11　詳しくは、岩崎正洋編『ポスト・グローバル化と政治のゆくえ』ナカニシヤ出版、2022 年を参照されたい。

12　Dani Rodrik, *The Globalization Paradox: Democracy and the Future of the World Economy* (New York: W. W. Norton, 2011)（ダニ・ロドリック、芝山桂太・大川良文訳『グローバリゼーション・パラドクス』白水社、2013 年。）

13　たとえば、Joshua Aizenman and Hiroyuki Ito, "The Political-Economy Trilemma," RIETI Discussion Paper Series 20-E-018, Research Institute of Economy, Trade and Industry, March 2020、を参照されたい。

14　Thomas G. Weiss, David P. Forsythe, Roger A Coate, and Kelly-Kate Pease, *The United Nations and Changing World Politics* (8th ed.) (New York: Routledge, 2020), pp.7-13.

15　詳しくは、山田哲也『国際機構論入門』(第 2 版) 東京大学出版会、2018 年、22-32 頁を参照されたい。

16　篠田、前掲書、304-305 頁。

17　Héctor Gros Espiell, "Sovereignty, Independence and Interdependence of

Nations," in *The Spirit of Uppsala*, eds. Atle Grahl-Madsen and Jiri Toman (Berlin: De Gruyter, 2019), pp.277-288; Evan Luard, *International Agencies: The Emerging Framework of Interdependence* (London: Palgrave Macmillan, 1977).

18 国連憲章第11章、第12章、第13章に由来する。

19 詳しくは、Raymond F. Betts, *Decolonization: The Making of the Contemporary World* (Routledge, 2004) などを参照されたい。

20 国連憲章第2条1項。

21 半澤朝彦「21世紀の国連——非公式帝国の展開と国際組織」『21世紀の国際秩序』岩波書店、2023年、132-136頁。

22 "Declaration on the Granting of Independence to Colonial Countries and People," UN Document, A/RES/1514 (XV), 14 December 1960.

23 国連憲章第11章の「非自治地域に関する宣言」は、人民がまだ完全に自治を達成するに至っていない地域を施政する加盟国は、「この地域の住民の利益が至上のものである」という原則を承認し、かつこの地域の住民の福祉を増進する義務を「神聖な信託」として受諾する、と規定している。

24 国連広報センター (https://www.unic.or.jp/activities/peace_security/independence/, 2023年12月17日)。

25 例えば、Dag Hammarskjöld, "The element of privacy in peacemaking" address at Ohio University, UN Press Release SG/656, 3 February 1958; "Do we need the United Nations?," address before the students' association, UN Press Release SG/812, 1 May 1959 などがある。

26 UN Document, S/RES/1645, 20 December 2005.

27 UN Department of Peacekeeping Operations and Department of Field Support, "United Nations Peacekeeping Operations: Principles and Guidelines," 2008.

28 山下光「平和構築における自由主義とハイブリッド性」『安全保障戦略研究』第1巻第1号、2020年8月、37-53頁。

29 たとえば、国際法上の人権保障と国連憲章2条7項に基づく「国内管轄権」との関係の歴史的展開を分析したものとして、Bruno Simma, Daniel-Erasmus Khan, Georg Nolte and Andreas Paulus (eds.), *The Charter of the United Nations, A Commentary* (3rd ed.), volume I (Oxford: Oxford University Press, 2012), pp. 296-299 がある。

30 植木俊哉「国連と人権：77年の歩み——その出発点と到達点」『国連研究』第23号、国際書院、2022年、21-43頁。

31　"Situation of human rights in Ukraine stemming from Russia aggression," Resolution adopted by Human Rights Council, UN Document, A/HRC/RES/49/1, 4 March 2022.

32　"Statement of ICC Prosecutor, Karim A. A. Khan, on the Situation in Ukraine," 28 February 2022, accessed 20 December 2023, https://www.icc-cpi.int/news/statement-icc-prosecutor-karim-aa-khan-qc-situation-ukraine-i-have-decided-proceed-opening.

33　Secretary-General's press conference on the Middle East, 6 November 2023, accessed 20 February 2024, https://www.un.org/sg/en/content/sg/speeches/2023-11-06/secretary-generals-press-conference-the-middle-east.

34　阿部浩己「グローバル化する国境管理」『世界法年報』37 巻（2018 年）、41 頁。

35　Catheline Dauvergne "Irregular Migration, State Sovereignty and the Rule of Law," in *Research Handbook on International Law and Migration*, eds. Vinvent Chetail and Celine Bauloz (London: Edward Elgar Publishing, 2014), p.80.

36　*Global Trends Report 2022*, UNHCR, 14 June 2023.

37　"New York Declaration for Refugees and Migrants," UN Document, A/RES/71/1, 3 October 2016, http://undocs.org/a/res/71/1.

38　*Global Compact on Refugees*, UN Documentation, A/RES/73/151, 17 December 2018; *Global Compact for Safe, Orderly and Regular Migration*, UN Documentation, A/RES/73/195, 11 January 2019.

39　小尾尚子「難民に関するグローバルコンパクト」『国連研究』第 19 号、2018 年、23-46 頁。

40　「環境と開発に関する国際会議」（1992 年、リオデジャネイロ）の宣言、「気候変動枠組み条約」の前文やおもな条文、「パリ協定」にも明記されている。

41　遠井朗子「『共通であるが差異ある責任（CBDR）原則』再考─個別的でかつ動態的な差異化の意義と課題の検討を中心として」大久保規子他編『環境規制の現代的展開』法律文化社、2019 年、81-95 頁。

42　ハリー・ヒンズリー、佐藤恭三訳『権力と平和の模索─国際関係史の理論と現実』勁草書房、2015 年、510 頁。

43　International Commission on Intervention and State Sovereignty (ICISS), *The Responsibility to Protect: Report of the International Commission on Intervention and State Sovereignty* (Ottawa: International Development Research Centre, 2001).

44　篠田、前掲書、311 頁。

45　ICISS, *op.cit.*, p.8.

46　"A More Secure World: our shared responsibility. Report of the High-level Panel on Threats, Challenges and Change," *A more secure world: Our shared responsibility*, 2 December 2004.

47　"In larger freedom: towards development, security and human rights for all," UN Document, A/59/2005, 21 March 2005.

48　2005World Summit Outcome, UN Document, A/RES/60/1, 16 September 2005.

49　Carsten Stahn, "Responsibility to Protect: Political Rhetoric or Emerging Legal Norm?" *The American Journal of International Law*, vol.101（1）（2007）, pp.99-120.

50　狭義には、経済制裁（財政・金融上の措置、貿易・通商上の措置、渡航の制限・禁止、武器禁輸）を意味するが、広義には、鉄道、航海、航空、郵便、通信、無線通信その他の運輸通信手段の制限・中断、外交上の制限、不承認主義、非難・抗議内部的制裁の措置も含む。詳しくは、本多美樹『国連による経済制裁と人道上の諸問題―「スマート・サンクション」の模索』国際書院、2013 年を参照されたい。

51　Paul Kennedy, *The Parliament of Man: The Past, Present and Future of the United Nations*（London: Penguin Books, 2007）, p.211.（ポール・ケネディ、古賀林幸『人類の議会―国際連合をめぐる大国の攻防（上・下）』日本経済出版社、2007 年、105 頁。）

52　UN Document, S/RES/2623, 27 February 2022.

53　UN Document, A/RES/ES-11/1, 2 March 2022.

54　1946 年～ 2015 年の国連加盟国の総会での投票行動の類似性を分析したデータに拠る。Erik Voeten Dataverse, accessed 20 December 2023, https://dataverse.harvard.edu/dataset.xhtml?persistentId=hdl%3A1902.1%2F12379; Erik Voeten, "Data and Analyses of Voting in the UN General Assembly," in *Routledge Handbook of International Organization*, ed. Bob Reinalda（London: Routledge, 2019）.

55　植木安弘『国連総会―その役割と機能』日本評論社、2018 年、71-72 頁。

56　半澤、前掲論文、142 頁。

57　安保理の「責任」の変化については以下を参照されたい。Holger Niemann, *The Justification of Responsibility in the UN Security Council: Practices of Normative Ordering in International Relations*（Routledge, 2019）, pp.20-51.

58　UN Document, S/RES/1368, 12 September 2001.

59　本多美樹「安全保障概念の多様化と国連安保理決議」『アジア太平洋討究』早稲田大学アジア太平洋研究センター、2018 年、121-138 頁。

60　国連改革案については、竹内敏隆・神余隆博編著『国連安保理改革を考える―正統性、実効性、代表性からの新たな視座』東信堂、2021 年を参照されたい。

61　会議での採決や投票で各投票者の投票力を表示するシャープレイ＝シュービック指数によると、常任理事国は非常任理事国の約 105 倍のパワーを有する。詳しくは、篠原拓也「拒否権のパワー―国連安保理で常任理事国と非常任理事国の投票力格差は？」ニッセイ基礎研究所、2022 年 3 月 1 日を参照されたい。筆者は、「国連安全保障理事会における非常任理事国の役割と影響力について」（研究基盤 C、19K01530）と「国連安全保障理事会と「拒否権」―はたして拒否権は絶対的なパワーなのか？」（研究基盤 C、23K01279）において、関連する研究を進めている。

62　拒否権をめぐる論争について本稿では深入りしないが、「時代錯誤である」（Peter Nadin, *UN Security Council Reform*, Routledge, 2016, pp.133-34）とする批判もあれば、「重要なセーフガード」（T.G. Weiss and Kuele, Giovanna, "The Veto: Problems and Prospects," *International Studies Perspectives*, 11, no.4（2010）, pp.354-374）として支持する見解もある。瀬岡直『国際連合における拒否権の意義と限界』信山社、2012 年も参照されたい。

63　拒否権の二面性について詳しくは、瀬岡直「国際連合における拒否権の本質的制約」『国連研究』第 24 号、2022 年、103-130 頁を参照されたい。

64　瀬岡、同上論文 109-117 頁。

65　"Standing mandate for a General Assembly debate when a veto is cast in the Security Council," UN Document, GA Resolution 76/262, 26 April 2022.

66　UN Document, S/2023/772, 16 October 2023; S/2023/795, 25 October 2023.

67　UN Document, S/2023/773, 18 October 2023.

68　UN Document, S/2023/970, 8 December 2023.

69　UN Document, S/2023/792, 25 October 2023.

70　国連憲章 99 条は、事務総長に対して、国際社会の平和と安全の維持にとって脅威となる可能性があると判断するあらゆる事項について安保理に注意を促す権限を与えている。

71　"Secretary-General's remarks to the General Assembly on Priorities for 2024," 7 February 2024, accessed 25 February 2024, https://www.un.org/sg/en/content/sg/speeches/2024-02-07/secretary-generals-remarks-the-general-assembly-priorities-for-2024.

72　1947 年の総会での「パレスチナ分割決議」の採択、1993 年のパレスチナ暫定自治合意の支援、2012 年の総会でのパレスチナへのオブザーバー国家の地位を認める決議の採択など、75 年にわたって国連を舞台にした国家の攻防が続いてきた。

73　UN Document, SG/SM/22137, 26 February 2024.

74　一又正雄「国際社会における多数決」『法哲学年報』1961 巻、1962 年、6 頁。

75　一又、同上論文、14-15 頁。

76　Kennedy, *op.cit.*, p.206.

77　実務家や研究者などからの提言を得て、国連自身もグテーレスの指揮のもとに改革を進めている。詳しくは、"United to Reform," https://reform.un.org/ を参照されたい。

78　Richard Falk and Andrew Strauss, "Toward Global Parliament," *Foreign Affairs* 80, no.1 (January-February 2001), pp. 212-220.

79　George Monbiot, *The Age of Consent: A Manifesto for a New World Order* (London: New Pr, 2003), chapter 4.

80　Kennedy, *op.cit.*, p.214.

81　イマヌエル・カント、宇都宮芳明訳『永遠平和のために』岩波文庫、1985 年、44-45 頁。

2 国連システムと法の支配：

主権国家体制を前提とした国際法秩序の課題

清 水 奈 名 子

はじめに

自由主義的な国際秩序の動揺に直面する国連

多くの犠牲を出した二度の世界大戦の反省を受けて設立された国際連合（国連）は、今日深刻な危機に直面している。その歴史を振り返れば、いずれの時代においても国連は多様な「危機」に直面してきたと言えるが、2024年現在の問題状況は、国連の存在意義を大きく揺るがす性質をもっている。

特に2022年2月に始まったロシアによるウクライナ侵略は、国連安全保障理事会（安保理）の常任理事国である大国が、「言語に絶する悲哀を人類に与えた戦争の惨害から将来の世代を救い」と謳われた国連憲章に規定された基本原則と、その後の国連の歴史のなかで蓄積されてきた幾多の国際法規範[1]を、空洞化させる事態をもたらしている。さらに2023年10月に始まったイスラエルによる大規模なガザ攻撃に対しても、国連は実効的に対応できていない。国連創設の際に最も重視された「国際の平和と安全の維持」という、その中核的な活動目的を達成できないだけでなく、多様な国連機関による活動によって積み上げられてきた人権保障のための国際法規範の深刻な違反に対処できないという意味において、まさに国連の存在意義が問われる事態が継続している。

このような状況は、国連創設以降に志向された国際社会における「法の支配」が深刻な危機に直面していることを意味する。国連は、国家間紛争や国内での人権侵害を防止するために必要な国際法規範とその履行確保体制の発展を促し、国際関係における「力の支配」を抑制し、「法の支配」を追求するため

の法的基盤を提供する、という重要な働きを担ってきた。国連機関自体は立法
機関ではないが、国際法委員会による法典化作業や、国連総会及び各国連機関
の決議によってソフトローが蓄積された結果、国連において多数の条約が締結
されてきた。さらに国連機関によって条約の履行確保のための勧告や報告が
行われきたことは、周知の通りである。加えて、国際司法裁判所をはじめとす
る多数の司法機関が、現在に至るまで判決や勧告的意見、暫定措置命令を通し
て法に基づいた紛争解決に貢献し続けている。

　これらの一連の実行を通して、国連システム[2]に属する多様な機関が長年に
わたり、国際社会に「あるべき法」を出現させ、加盟国の行為規範や裁判規範
として機能するよう促してきた。その過程においては多くの問題が指摘される
ものの、国連システムは国際社会における「法の支配」の実現を促進し、「力
の支配」を乗り越えるうえで重要な機能をはたしてきたとの評価は可能であ
る[3]。

　一方、国連システムが促進してきた国際社会における「法の支配」において
核心的な価値とされたのは、国家間の主権平等と個人の人権や自由の尊重をは
じめとする、自由主義的な価値であった。この点に関連して本稿が注目する
は、ロシアによるウクライナ侵略開始の以前から指摘されている、「自由主義
的な国際秩序」の動揺という問題である。「自由主義的な国際秩序」とは、「自
由民主主義、経済的相互依存、国際制度を構成要素として成立する、開放的で
あり、合意されたルールや制度に基づいた主権国家間の秩序[4]」と定義され
る。世界各地で権威主義体制が台頭し、また自由主義を採用する各国において
も自国中心主義を支持する世論の高まりを受けて、第二次世界大戦後に支配的
であった「自由主義的な国際秩序」は転換点を迎えているのではないか、とい
う議論が続けられているのである[5]。

　ロシア・ウクライナ戦争やガザへの武力攻撃を国連が止めることができない
事態は、「自由主義的な国際秩序」を侵食し、その結果として国連システムが
支えてきた国際社会における「法の支配」の危機につながる現象であると言え
るのであろうか。本稿は、「自由主義的な国際秩序」の動揺は、いかなる課題
を国連システム並びに国際社会における「法の支配」に突き付けているのかに

ついて考察することを目的とする。第1節では、国連創設後の国際社会における「法の支配」として追求される規範的な価値の変遷を考察する。第2節では、ロシアによるウクライナ侵略と、イスラエルによるガザ攻撃後の緊急特別総会での各国の投票行動について概観し、現在国連が直面する状況が、「自由主義的な国際秩序」を基調とした国際社会における「法の支配」に与える影響について考察する。そして最後に、「法の支配」の危機を招いている要因である国際法規範の恣意的な運用を批判的に検証し、変革していくために、国際社会、国内社会の双方において自由主義的な価値を尊重することの重要性を指摘する。

1　国際社会における「法の支配」：国連創設以降の変化

（1）　伝統的な国際社会における法の支配：「力の支配」の維持・正当化

　国連が促進してきた国際社会における「法の支配」は、国連憲章前文に刻まれた「基本的人権と人間の尊厳及び価値と男女及び大小各国の同権」を前提とし、自由主義的な価値を基調としてきた。他方で、国連創設以前の時代におけるいわゆる「伝統的国際法」が追求していたのは、欧州列強による植民地支配の正当化に見られるような大国中心的・国家中心的な価値であった[6]。主権国家体制が揺籃期を迎えた17世紀の欧州においてその必要性が議論された国際法は、国家間の外交関係の制度化や国境を越えた経済社会活動の円滑化、そして武力行使の一定の管理を主な機能とする慣習国際法を中心としていた。この時代における対等な国際法主体は欧州各国に限定され、欧州以外の地域においては軍事力や経済力を背景にした植民地支配や、不平等条約の締結は容認されていたのである。従って、伝統的国際法の時代に追求されていた国際秩序とは、欧州の主要な大国間の紛争抑制と協調体制の維持であり、この時代の国際法による「法の支配」は、欧州列強による「力の支配」を維持し、正当化する機能を意味していた。

　こうした大国中心的・国家中心的な国際秩序観は、第一次世界大戦後に初めて普遍的国際機構を創設した国際連盟規約にも受け継がれた。1919年にヴェ

ルサイユ講和条約の第一篇として署名され、翌 1920 年に発効した同条約は、連盟総会において全ての加盟国に参加を認め、一国一票の議決権を付与する（同規約第 3 条 1 項、4 項）など、主権平等原則の制度化に一定の貢献をした。しかし、戦勝各国による植民地支配体制は温存されるとともに、敗戦国ドイツが支配していたアフリカ及び太平洋の植民地と、オスマン帝国の支配下にあった中東地域は、イギリス、フランス、日本、ベルギー等の「先進国」が「文明ノ神聖ナル使命」（同規約第 22 条 1 項）としてこれらの領域を後見する「委任統治領」とされたのである[7]。

　さらに、人種的・宗教的・言語的少数者の保護規定を連盟規約に盛り込む提案は、講和会議における外交交渉の過程で、主に大国による反対を受けて実現しなかったことが記録されている[8]。また少数民族保護の条項を盛り込むことについても、主にイギリスが反対した結果、戦勝国と少数民族問題を抱えるとされたチェコスロバキア、ポーランド、ルーマニア、セルビア等の特定の国家との間に個別の条約を締結し、これらの特定国に少数者保護を求め、国際連盟がその保証を担うという、個別的な制度が構築されることになった[9]。

　一方、国際連盟規約は、国家間紛争が戦争に発展することを防止する必要性を、国際社会共通の課題として規定していた。新たに常設司法裁判所や連盟理事会における平和的な紛争解決手続きを定め（同規約第 12 条）、さらに初めて集団安全保障体制を導入することで、各国が単独主義ではなく、共同で安全保障上の課題を解決するマルティラテラリズムの制度化を目指したのである。この重要な発展は、その後の国連体制に引き継がれることとなった。

（2）　国連創設後の変化：自由主義的な国際秩序の模索

　国際法の歴史を振り返るならば、1945 年の国際連合の創設はまさに画期的な転換点として認識されてきた。その理由は、国家の「主権的な自由」として認められてきた武力行使を初めて一般的に禁止する国連憲章第 2 条 4 項に象徴されるような、国際社会の共通利益の実現を目指す、より公法的な国際法秩序を希求している点にあった[10]。

　国連憲章において特に注目すべき点は、「国際社会の共通利益」とされた政

策目標の多くが、自由主義的な価値を掲げていた点である。国連憲章第1条では国連の目的として、「国際の平和と安全の維持」に加えて、「人民の同権及び自決の原則の尊重に基礎をおく諸国間の友好関係を発展させること」が、「世界平和を強化するために他の適当な措置をとること」と併記され（同2項）、「人種、性、言語又は宗教による差別なくすべての者のために人権及び基本的自由を尊重するように助長奨励することについて、国際協力を達成すること」（同3項）が掲げられている。国際連盟規約の下でも植民地支配体制が温存され、また規約の規定として人種差別や少数民族保護を盛り込むことが拒まれた起草過程を想起するならば、これらの活動目的が加えられたこと自体、大きな変化であった。

　確かに、国連憲章には連盟時代の委任統治制度を引き継いだ「国際信託統治制度」（国連憲章第12章）や、「非自治地域に関する宣言」（同第11章）についての規定が残されていた。しかしながら、「人権」や「自由」の語がほぼ用いられることのなかった国際連盟規約とは異なり、国連の主要機関のうち総会と経済社会理事会の活動目的として、「人種、性、言語又は宗教による差別なくすべての者のために人権及び基本的自由」（同第13、55条）を尊重することが掲げられた。また主権をもたない地域に関しても、「自治を発達させ、人民の政治的願望に妥当な考慮を払い、且つ、人民の自由な政治制度の斬新的発達について人民を援助すること」（同第73条b）や差別の禁止（同第76条c）が規定されていた。

　これらの国連憲章に掲げられた自由主義的な価値の実現と、そのための法典化作業は、その後の国連活動のなかで展開されることになった。主権平等に由来する一国一票制度を採用した国連総会は、欧米諸国を中心とする大国も、かつて植民地とされた経験をもつ中小国も形式的には対等な立場で参加することが可能であったことから、国際社会における共通利益を析出し、「あるべき法」とは何かを議論する主要なフォーラムとなった[11]。1945年には欧米を中心に原加盟国51か国の機構として発足した国際連合は、その後の植民地独立という国際社会の構造的な大転換を経て、2024年2月現在では193か国が加盟する、文字通り普遍的な機構へと変貌している。国連総会決議は、たとえ全会一

致で採択されたとしても法的拘束力をもたない勧告であるものの、その後ソフトローとして認識され、またこれらの宣言の内容を取り入れた国際人権条約の締結につながった事例は多い。特に第二次世界大戦後に急速な発達をみせた国際人権法分野における国連総会の貢献には、目覚ましいものがあった[12]。

　これらの国連における自由主義的な価値の推進と尊重をもたらした要因の一つは、国連創設の際に中心的な役割を演じた米国が、自由主義的な価値をその内政と外交において重視しており、その後も国際社会における覇権国であったことである。加えて、国連憲章を採択したサンフランシスコ会議（1945年）に参加した中小国や、ロビー団体として関わった米国内の民間団体が「人民の同権及び自決の原則の尊重」や人種等による差別なくすべての人のために人権と自由が、その活動目的として憲章に規定されることを要求した[13]。

　第二次世界大戦下での国家による重大な人権侵害を受けて，各国内の人権保障を国際社会の共通利益として捉え直す動きは、国連の活動目標に人民の自決や人権といった自由主義的な価値を導入することになった。その後の植民地の相次ぐ独立や国際人権法の発展は，各国の国家主権を抑制，制限，さらには責任追及を目指すことからも，従来の国家中心的な国際法と国際秩序に対して、現状変革的な性質を色濃く帯びることになった。国際法秩序にこうした転換を生み出す媒体となったのは，第二次世界大戦後に設立された国際連合であったのである。それは言い換えるならば、自由主義的な価値の実現を目指す国際法の蓄積によって達成される「法の支配」によって、国際社会における大国中心的な「力の支配」を乗り越えようとする動きであった。

　しかしながら、こうした自由主義的な国際法規範による「法の支配」は、それらの規範の空洞化や恣意的な適用をめぐる問題によって危機的な状況を迎えている。続く第2節では、2022年から開始されたロシアによるウクライナ侵攻と、2023年10月以降のイスラエルによるガザ攻撃を事例に、危機的な状況について検討する。

2　ロシアとイスラエルによる武力行使が浮き彫りにした　国連の課題

（1）　ロシアによるウクライナ侵略をめぐる法的な論点

2022 年 2 月 24 日に開始されたロシア軍によるウクライナ侵略は、多大な犠牲を生み続けているだけでなく、国連創設以来積み重ねられてきた自由主義的な国際法規範と国際秩序を揺るがしていることから、国連にとって深刻な危機をもたらしている。国連憲章に規定され、その後の活動によって強化されてきた非人道的な武力行使の禁止や、国際人権法・人道法の尊重を求める規範群に対する重大な違反行為が継続している状況を、国連は止めることができずにいる。

ロシアははたして、国連憲章体制が前提とする価値や規範を否定しようとしているのだろうか。確かに実際の軍事行動に関してはそのように見える一方で、ロシア政府は国連憲章の諸原則そのものを正面から否定するのではなく、その原則に則った形で自らの行動を法的に正当化しようと試みてきたことは、注目に値する。例えば、ロシアはこの戦争を「特別軍事作戦」と呼び、2022 年 2 月 24 日にロシア政府常駐代表から国連事務総長に宛てた書簡 [14] において、国連憲章第 51 条に基づいた自衛権の行使として説明している。またこの書簡の付属文書には、侵略開始当日にロシアのプーチン大統領がロシア国民に向けて行った演説の内容が記載されているが、ロシアの行動を法的に正当化する根拠として、国連憲章第 51 条に基づく個別的・集団的自衛権や、「ウクライナの非軍事化・非ナチ化」「犯罪実行者の訴追」を進めウクライナ政府による「ジェノサイド」から住民を保護することがあげられている。

こうしたロシアが主張する自らの行動を法的に正当化するための根拠については、すでに国内外の国際法学者が批判的に検証してきた。自衛権に関しては、特定されていない将来における、漠然とした急迫性のない攻撃に対しては個別的・集団的いずれの場合においても自衛権行使の要件を満たしていないこと、さらにドネツク人民共和国、ルハンスク人民共和国についても国家として

独立したとみなされる状況にはなく、ロシアによる「尚早な承認」であること、また、ウクライナ政府の政権交代を視野にいれた人道的介入・在外自国民保護による法的な正当化も、現行国際法の下では困難であるという[15]。

　以上のように、ロシアによる戦争行為を現存の国際法規範によって正当化することは困難である一方で、ロシア政府は前述したように国連憲章に則った形で正当化を試みてきた。このような「自衛権の行使」と「住民の保護」を正当化根拠として掲げたロシアによる主張を、国際社会はどのように受け止めたのであろうか。

（2）　ロシアによる侵略後の緊急特別総会における加盟国の認識

　2022 年 2 月に端を発する常任理事国のロシアによる武力侵略のように、大国による国連憲章違反行為を前に安保理が機能不全に陥る事態は、国連創設以降繰り返し発生してきた。常任理事国五大国間のみに全会一致制を残した、いわゆる「拒否権」が認められている現状では、今回の事態もまた、安保理が機能することが予定されていない場面での機能不全であると言わざるを得ない。2022 年 2 月 25 日に開催された安保理でも、ロシアによる侵略（aggression）を国連憲章第 2 条 4 項違反として非難し、ロシアによる武力行使の即時停止とウクライナ領域からの即時、完全かつ無条件の撤退を命じる決議案 S/2022/155 が 84 か国による賛同を得て提出されたが、賛成 11 カ国、反対 1 カ国（ロシア）、棄権 3 カ国（中国、インド、アラブ首長国連邦）となり、ロシアの拒否権によって否決された[16]。

　一方で、国際の平和と安全に対する重大な脅威が発生しているにもかかわらず、安保理が機能しない際には、朝鮮戦争時の「平和のための結集決議[17]」（1950 年）が先例となり、緊急特別総会が開催されてきた。安保理では、決議案 S/2022/155 が否決された 2 日後の 2 月 27 日に、本事案に関するウクライナ情勢に関する緊急特別総会の開催を決定する決議案が提出され、票決に付された。同決議案の採択は拒否権を行使できない「手続き事項」であるため、ロシアは反対したが賛成多数として決議案は採択され、第 11 回目となる緊急特別総会の開催が決定されたのである[18]。

　第11回緊急特別総会は、2022年2月の侵略以降2024年1月までに合計6回の会合がもたれ、表1にまとめたように6本の決議が採択されている。多数の加盟国が賛成票を投じた一方で、アフリカ、中東、アジア、中南米諸国の一部は棄権、無投票を選択している。しかし表2に示したように、賛成票を投じた加盟国以外の投票行動の内訳をみると、2014年のロシアによるクリミア併合時に国連総会において採択された決議「ウクライナの領土保全」（A/RES/68/262）の表決では賛成100ヵ国、反対11ヵ国、棄権58ヵ国、無投票24ヵ国となった結果と比較すれば、2022年以降ロシアを非難する決議に賛成した加盟国の数は約140か国へと増加している。

　2022年のロシアによる侵略に関して、最初に採択された総会決議は96か国が共同提案国となった決議「ウクライナに対する侵略（Aggression against Ukraine）」（ES-11/1）である。この決議では、ロシアの拒否権行使によって否決された安保理決議案と同じ文言が使用され、「国連憲章第2条第4項に違反した、ロシアによるウクライナに対する侵略を最も強い言葉で遺憾とする」としたうえで、ロシアに対して、ウクライナに対する武力行使を直ちに停止し、即時・完全・無条件に全ての軍隊を撤退させるよう要求した。さらに、ウクライナのドネツク及びルハンスクの特定地域の地位に関する2022年2月21日のロシアの決定は、ウクライナの領土保全及び主権の侵害であり、国連憲章の原則に反すると述べ、全ての当事者に対し、国際人道法・人権法の尊重を求めた。

　賛成国が143ヵ国と最も多かった決議「ウクライナの領土保全：国連憲章の諸原則を擁護する」（ES-11/4）は、2022年9月30日に、プーチン大統領がウクライナ東部・南部の4地域をロシアに編入することを定めた条約に署名し、住民投票で大多数が賛成したことがその根拠とされたことを受けて採択された。同決議では、ロシアの軍事的支配下で実施された住民投票と、その後の併合の試み行は法的効力を有するものではなく、当該地域の地位を変更する根拠にはならないことを宣言している。

　さらに、141か国が賛成した2023年2月の総会決議「ウクライナにおける包括的、公正かつ永続的な平和の基礎となる国連憲章の諸原則」（ES-11/6）

では、武力による威嚇又は武力の行使から生ずるいかなる領土取得も合法的な
ものとして承認してはならないことを再確認し、ロシア軍の即時・完全・無条
件の撤退と国際人道法の遵守を改めて要請した。さらにウクライナ領域内で犯
された国際法上の最も重大な犯罪について、適切、公正かつ独立した調査及び
訴追を通じて責任を追及する必要性を強調した。

　これらの緊急特別総会における決議の内容と各国の投票行動を見る限り、ロ
シアが主張した武力行使の正当化根拠を支持する加盟国は限定的であり、ロシ
アと密接な外交関係を維持している中国も総会での投票は毎回棄権するなど、
国連憲章が掲げる武力不行使や人権の尊重を求める原則を、正面から否定する
行動や認識は確認できない。

　一方、合計すると世界の約半数の人口を有する 40 ヵ国以上のアフリカ、ア
ジア、そして一部の中南米諸国は常に棄権ないし無投票を選択し続けている点
は注目に値する。2022 年 4 月の決議「人権理事会におけるロシアの理事国資
格の停止（ES-11/3）」に至っては、反対国 24 ヵ国に棄権 58 ヵ国、無投票

表 1　ロシアによる侵略後に緊急特別総会で採択された決議とその投票結果

採択日	決議	投票結果			
		賛成	反対	棄権	無投票
2022/3/2	ES-11/1　ウクライナに対する侵略 [19]	141	5	35	12
2022/3/24	ES-11/2　ウクライナに対する人道的帰結 [20]	140	5	38	10
2022/4/7	ES-11/3　人権理事会におけるロシアの理事国資格の停止 [21]	93	24	58	18
2022/10/12	ES-11/4　ウクライナの領土保全：国連憲章の諸原則を擁護する [22]	143	5	35	10
2022/11/14	ES-11/5　ウクライナに対する侵略の救済及び賠償の推進 [23]	94	14	73	12
2023/2/23	ES-11/6　ウクライナにおける包括的、公正かつ永続的な平和の基礎となる国連憲章の諸原則 [24]	141	7	32	13

出典：国連ホームページをもとに筆者作成。

表2　総会決議に関する賛成以外の投票行動の内訳

採択日	決議	賛成以外の投票行動の内訳		
		反対	棄権	無投票
2014/3/27	A/RES /68/262 ウクライナ の領土保全 [25]	アルメニ ア、ベラ ルーシ、ボ リビア、 キューバ、 ニカラグ ア、北朝鮮、 **ロシア**、 スーダン、 シリア、ベ ネズエラ、 ジンバブエ (11)	アフガニスタン、アルジェリア、 アンゴラ、アンティグア・バー ブーダ、アルゼンチン、バング ラデシュ、ボツワナ、ブラジル、 ブルネイ、ブルキナファソ、ブ ルンジ、カンボジア、**中国**、コ モロ、ジブチ、ドミニカ国、エ クアドル、エジプト、エルサル バドル、エリトリア、エチオピ ア、フィジー、ガボン、ガンビ ア、ガイアナ、インド、イラク、 ジャマイカ、カザフスタン、ケ ニア、レソト、マリ、モーリタ ニア、モンゴル、モザンビーク、 ミャンマー、ナミビア、ネパー ル、ナウル、パキスタン、パラ グアイ、ルワンダ、セントクリ ストファー・ネイビス、セント ルシア、セントビンセント・グ レナディーン、サントメ・プリ ンシペ、セネガル、南アフリカ、 南スーダン、スリランカ、スリ ナム、スワジランド、タンザニ ア、ウガンダ、ウルグアイ、ウ ズベキスタン、ベトナム、ザン ビア (58)	ベリーズ、ボス ニア・ヘルツェ ゴビナ、コンゴ 共和国、コート ジボアール、赤 道ギニア、ガー ナ、グレナダ、 ギニアビサウ、 イラン、イスラ エル、キルギス、 ラオス、レバノ ン、モロッコ、 オマーン、セル ビア、タジキス タン、東ティ モール、トンガ、 トルクメニスタ ン、ツバル、 UAE、バヌア ツ、イエメン (24)
2022/3/2	ES-11/1 ウクライナ に対する侵 略 [26]	ベラルー シ、エリト リア、北朝 鮮、**ロシア**、 シリア (5)	アルジェリア、アンゴラ、アル メニア、バングラデシュ、ボリ ビア、ブルンジ、中央アフリカ 共和国、**中国**、コンゴ、キュー バ、エルサルバドル、赤道ギニ ア、インド、イラン、イラク、 カザフスタン、キルギス、ラオ ス、マダガスカル、マリ、モン ゴル、モザンビーク、ナミビア、 ニカラグア、パキスタン、セネ ガル、南アフリカ、南スーダン、 スリランカ、スーダン、タジキ スタン、タンザニア、ウガンダ、 ベトナム、ジンバブエ (35)	アゼルバイジャ ン、ブルキナ ファソ、カメ ルーン、エチオ ピア、エスワ ティニ、ギニア、 ギニアビサウ、 モロッコ、トー ゴ、トルクメニ スタン、ウズベ キスタン、ベネ ズエラ (12)

出典：国連ホームページをもとに筆者作成。太字、下線は常任理事国。

18ヵ国を含めると、世界人口の三分の二を占めることになる。この数字は、賛成国数である93ヵ国の総人口をはるかに上回っているのである。戦争を継続するロシアとの貿易関係を継続する国は、中国、インド、ブラジル、南アフリカをはじめ少なくないため、欧米諸国が主導してきた対ロシア経済制裁に参加する国はさらに限られている[27]。その結果、侵略開始から2年が経過しようとする現在もロシア・ウクライナ戦争は継続中であり、2024年2月現在、戦争終結の見通しは立っていない。

　本事例では、ウクライナに侵攻したロシア自体は国連憲章の価値規範を意識しつつ自己の行動の法的な正当化を行おうとしたことを示した。一方、安保理の機能不全時に国際の平和と安全の維持のため行動するとした総会においては、多数の加盟国はロシアの主張を否定しつつも、棄権や無投票といった形で自国の立場を明確にしない加盟国も少なからず見られた。このような実態に基づけば、常任理事国による「力の支配」を押しとどめることができない現状において、国連憲章の原則と自由主義的な価値を前提とした「法の支配」は、空洞化していると言わざるを得ない。

　こうした現下の問題状況は、国連システムにいかなる問題を提起しているのだろうか。続く第3項では、イスラエルによるガザ攻撃の関する緊急特別総会での投票行動の分析を通じて、グローバル・サウスの国々による自由主義的な国際秩序に対する懐疑という課題について検討する。

（3）　自由主義的な国際秩序に対する懐疑：イスラエルによるガザ攻撃への批判

　ロシアによる侵略以降、欧米諸国がウクライナへの支援とロシアに対する制裁を実施してきた一方で、少なくない数のアフリカ、アジア、中南米諸国がロシアに対する非難決議や制裁の実施に距離を置いている現状は、「西洋（West）対グローバル・サウス（Global South）」の対立として分析されてきた。グローバル・サウスと一括りにされている国々も個々の事情は異なり、石油や天然ガス、武器、穀物などの輸入をロシアの依存している事例、国内の反政府運動の「取り締まり」をロシアの民間軍事会社に委託している事例、冷戦

時代から続く友好関係や軍事・経済援助関係など、その背景には多様な要因が存在している[28]。

これらの個別的な国益に関わる要因に加えて、グローバル・サウスの国々には、国連憲章を含めた国際法の原則と自由主義的な国際秩序に対する懐疑的な見方が広がっているという課題もある。具体的には、欧米諸国による恣意的な国際法規範の運用や意思決定に関する「二重基準（double standard）」への批判である。例えば、難民の受け入れを厳しく制限していた欧州では、ロシアによるウクライナ侵攻を受け、特例的にウクライナからの避難者に入国を認めた。一方、ウクライナ領域から避難した人々であっても、アフリカ出身の避難者が受け入れを拒否される事態も発生した。結果として、アフリカ連合（AU）は、このような「二重基準」に基づく避難民受け入れの方針は人種差別的だとして声明を出している[29]。グローバル・サウスが直面する食料危機、気候変動、パンデック、グローバルな経済格差等の問題の解決や支援には消極的な欧米諸国が、ウクライナ支援には巨額の予算を注ぎ続けるという支援の落差も批判を招いている[30]。

さらに、欧米諸国による恣意的な国際法規範の運用をめぐる二重基準も深刻な問題として批判されている。欧米諸国は、他の国々には国連憲章や国際人権法・人道法の遵守を求める一方で、自国や同盟国の政策や実行に関しては例外扱いを繰り返してきた。特に2001年の「9.11同時多発テロ事件」以降展開されてきたアフガニスタン、イラク、シリア、パキスタンをはじめ、世界各地で展開されてきた武力行使とそれらに伴う文民の犠牲、違法な捕虜や「テロ容疑者」の扱いをめぐる国際法違反行為は「対テロ戦争」として正当化する国々が、ロシアによる違反行為を批判する資格があるのかと問われている[31]。

こうした国際法規範の運用をめぐる「二重基準」問題は、2023年10月のハマス等によるイスラエル国内での襲撃事件後に開始された、イスラエルによるガザ地区への大規模な武力攻撃を、米国、ドイツをはじめとする欧米諸国が擁護し続けることで、より鮮明に浮かびあがることになった。

状況の悪化を受けて安保理では2023年12月8日に、即時の人道的停戦、双方の当事者による文民の保護を含めた国際法上の義務の遵守、全ての人質の即

表3　総会決議「文民の保護と法的・人道的義務の遵守」(A/RES/ES-10/22)
賛成以外の投票行動の内訳

反対（10ヵ国）	棄権（23ヵ国）	無投票（7ヵ国）
チェコ、エクアトリアルギニア、グアテマラ、イスラエル、リベリア、ミクロネシア連邦、ナウル、パプアニューギニア、パラグアイ、**米国**	アルゼンチン、オーストリア、ブルガリア、カーボベルデ、カメルーン、ジョージア、ドイツ、ハンガリー、イタリア、リトアニア、マラウィ、マーシャル諸島、オランダ、パラオ、パナマ、ルーマニア、スロヴァキア、南スーダン、トーゴ、トンガ、ウクライナ、*イギリス*、ウルグアイ	ブルキナファソ、エスワティニ、ハイチ、キリバツ、サントメ・プリンシペ、トルクメニスタン、ベネズエラ

出典：国連ホームページをもとに筆者作成。太字、下線は常任理事国。

時かつ無条件での解放と人道的アクセスの確保を要請する決議案が、97 の加盟国と共同でアラブ首長国連邦によって提出されたが、米国の拒否権行使によって否決された[32]。そこで 2023 年 12 月 12 日には緊急特別総会[33] において、否決された安保理決議と同じ内容の総会決議「文民の保護と法的・人道的義務の遵守」(A/RES/ES-10/22) が、153 ヵ国の賛成を得て採決された。表3 は、賛成票以外を投じた国々の投票結果を示している。ここでは、常任理事国の米国が反対、イギリス、ドイツ、オーストリアなどの欧州諸国を含む 23 ヵ国が棄権していることが示されている[34]。

　ロシアによる侵略への非難決議採択時と比較すると、賛否の陣営は入れかわったものの、拒否権行使による安保理決議の否決と緊急特別総会の開催という、まさに同じ経緯をたどりつつ、いずれも暴力の停止の目途は立っていない。ロシアによる国際人道法違反を批判する欧米諸国が、ガザ地区の多くの文民を巻きこんで続けられているイスラエルによる攻撃を前にして、「文民の保護と法的・人道的義務の遵守」と題する決議に反対または棄権する行動は、「二重基準」の批判を招く要因となっている。

　今日では、安保理や総会以外の国連機関においても、イスラエルの武力攻撃に対し、グローバル・サウスの国々が「法の支配」の観点から疑義を投げかける行動も見られる。例えば、南アフリカは、多数の文民を巻き込みながら継続されているイスラエル軍による武力攻撃はパレスチナ人に対するジェノサイド

にあたるとして、2023 年 12 月 29 日にイスラエルを国際司法裁判所（ICJ）に
提訴した。ICJ は 2024 年 1 月 26 日、イスラエルに対してジェノサイド条約第
2 条の範囲内の全ての行為を防止するために、その権限内にあるあらゆる措置
を講じること、またイスラエル軍が上記のいかなる行為も行わないことを直ち
に保証すること等を求める暫定措置を命じている[35]。しかしその後もイスラエ
ル軍の攻撃は継続しており、2024 年 2 月時点で、ガザ保健省の発表によれば、
ガザでの死者は 2 万 9 千人を超え、その 3 分の 2 は女性や子どもであるとい
う[36]。「法の支配」に基づき実行を積み重ねてきた国連機関の行動が無視され、
結果として、武力不行使原則といった現代国際法の重要な原則が遵守されない
事態が続いているのである。

おわりに：
国連システムが抱える法の支配をめぐる課題

ウクライナで、そしてガザで続く武力行使を止めることのできない国連と、
国連を舞台に積み上げられてきた自由主義的な国際法規範は、いずれも同じ隘
路に直面している。

第 1 節でみたように、国際法規範とは時代を超えても変化しない静態的な存
在ではなく、その時代を生きる人々の利益や願望を反映して変化する動態的な
存在である。欧米列強の「力の支配」を維持し、正当化していた伝統的国際法
の時代から、自由主義的な価値を追求する時代へと変化を促した重要な媒体の
一つが国連システムであったことは、その 80 年にわたる歴史に跡付けること
ができる。国連憲章の起草時点では理想論でしかなかった「人民の同権と自決
の原則」や「人種、性、言語又は宗教による差別なくすべての者のために人権
及び基本的自由」を促進するという任務は、その後も地道に継続されてきた。
人々が必要としていた国際法規範は法典化され、その履行確保を支援し、監視
するための国際的な制度や手続きも増殖し続けている。

ここで問題となるのは、国際法規範やその実現のための制度がどれほど整備
されたとしても、それらが存在するだけでは規範の実効性は担保されない点で

ある。国際法規範も制度も、実効的であるためには、それらを遵守し、適切に運用することが重要であると考える運用主体を必要とする。すなわち、国際法規範や制度を用いて、平和的、非暴力的、そして持続可能な世界を実現しようとする人々の意思と能力が不可欠となるのだ。

　第2節でみたように、国連憲章が掲げる武力不行使原則や人権の尊重を正面から否定する加盟国はわずかである。国連憲章を中心に戦後発展してきた自由主義的な国際法規範は、原則としては浸透し、地域や立場を超えて「あるべき法」として認識されていると言えるだろう。しかしながら、国際社会の共通利益としての「武力行使の禁止」や「ジェノサイドの禁止」に同意する国々が、ひとたび「国家安全保障」のような「国益」に直結すると考える事態が発生すると、「法の支配」の枠外で処理しようとする例外主義の主張が続いてきた。

　第2節（1）で取り上げた「特別軍事作戦」の正当化根拠を述べたプーチン大統領の演説では、コソボ、イラク、リビア、シリアにおいてNATO諸国が行使してきた「安保理決議違反」の武力行使が言及されている。そしてそれらが人道的介入や自衛権の行使によって正当化されてきたことを逆手にとるように、同様の根拠を用いて自らのウクライナへの武力行使を正当化していた。「二重基準」を採用し続けることで、国際社会における「法の支配」と国連システム全体への懐疑を招いた責任は、ロシアやイスラエルだけではなく、米国をはじめとするNATO諸国もまた担わなければならない課題である。国際法が掲げる人権をはじめとする自由主義的な価値は「普遍的」であるにもかかわらず、その価値の実現主体が「個別」の国家であるという、構造的な離齬がもたらす問題を、21世紀の世界は克服できていない。

　同時に問題となるのは、自由主義的な国際法規範と親和性の高い新自由主義的な経済政策によってもたらされたグローバルな格差という課題を、国際法規範は人権の問題として捉えられず、格差によってもたらされる問題を解決できずきた。欧米諸国において排外主義や自国中心主義的な主張が台頭している背景には、深刻な社会問題がしばしば国際法規範の規制の対象外となってきたことから、市民の間に自由主義的な国際・国内秩序に対する不信感や冷笑主義が増幅してきたことが指摘されている[37]。

　国連システムが支えてきた自由主義的な国際秩序は、これらの課題にいかに対応できるのだろうか。第二次世界大戦後、国連活動において影響力をもった先進諸国において自由民主主義が発展したことは、各国内で平和的、非暴力的、かつ持続可能な社会を求める人々の利益や願望を、国連システムに届けることを可能にしてきた。自由民主主義の長所の一つは、主流となっている体制や思想を批判する自由を保障することで、自らの問題点を修正し、さらにより望ましい体制や思想への転換を可能にする点にある[38]。同時に、自由主義的な価値を推進しようとする主体自身もまた、自由主義的な規範の遵守が求められる。紛争後社会の平和や人権を保障するために派遣された国連平和維持活動が、活動現場において性的搾取・虐待を行ってきたことが厳しく批判され、組織をあげた対策が求められてきたことは、その一例である[39]。

　国際法規範や制度自体に問題があれば、またはその運用をめぐる恣意性があるならば、自由に批判的な議論を展開し新たな規範や制度へと変革する余地を、国際関係においてだけではなく国内社会においても確保していくことが、「法の支配」の危機を前にして何よりも必要であろう。なぜなら国際法が実現しようとする価値は、各国国内社会において人々が重視する価値観を、色濃く反映するからである。ウクライナで、ガザで、そして世界の各地で平和の破壊が継続し、また経済的格差によって漸進的な人権侵害が蔓延するなかで、それらの物理的・構造的暴力を国際法規範の言葉を用いて非正当化し、同時に国家を含む多様な主体が平和的に、非暴力的に共通の利益を推進しようとする試みを正当化すること、こうした地道な営みを続ける場として、また各国国内で「法の支配」のために尽力し続ける人々を支援する主体として国連システムが機能するかどうかが、いま問われているのである。

注

1　本稿でいう「国際法規範」とは、法的拘束力を有する国際条約や慣習法のみでなく、国連総会決議のなかでもソフトローと認められた勧告、宣言なども含めた意味で用いる。

2　本稿でいう「国連システム」とは、国連主要機関とその付属機関、専門機関の総

称として用いる。

3　佐藤哲夫「国際連合の 70 年と国際法秩序：国際社会と国際連合における法の支配の発展」『国連研究』第 17 号、2016 年、45-76 頁。

4　G.J. Ikenberry, *Liberal leviathan：The Origins, Crisis, and Transformation of the American World Order*, (Princeton: Princeton University Press, 2011), pp.18, 62, 283. 池嵜航一「リベラルな国際秩序論の再検討：G・ジョン・アイケンベリーの議論を手がかりに」『北大法学論集』、2019 年、第 70 巻第 1 号、89-107 頁。

5　G. J. Ikenberry, "The end of liberal international order？" *International Affairs*, Vol.94, Issue 1, January 2018, pp. 7-23.

6　Antony Anghie, *Imperialism, Sovereignty and the Making of International Law*, (Cambridge: Cambridge University Press, 2004), pp.13-99. 最上敏樹『国際法以降』みすず書房、2024 年、62-69 頁。

7　*Ibid.*, pp.115-195.

8　Naoko Shimazu, *Japan, Race and Equality: The Racial Equality Proposal of 1919*, (London and New York: Routledge, 1998), pp.13-37, 137-163. 外務省「五巴里講和会議ニ於ケル人種差別撤廃問題一件」『日本外交文書デジタルコレクション大正 8 年（1919 年）第 3 冊上巻』、436-515 頁。

9　篠原初枝「国際連盟と少数民族問題　なぜ，誰が，誰を，誰から，どのようにして，保護するのか」『アジア太平洋討究』第 24 号（2015 年 3 月）、73-75 頁。

10　石本泰雄『国際法の構造転換』有信堂高文社、1998 年。

11　最上敏樹『国際機構論講義』岩波書店、2016 年、251-276 頁。

12　植木俊哉「国連と人権：77 年の歩み―その出発点と到達点」『国連研究』2022 年、第 23 号、21-43 頁。

13　Mary Ann Glendon, *A Word Made New: Eleanor Roosevelt and the Universal Declaration of Human Rights*, (New York: Random House, 2002), pp.3-7, 10-19.

14　Letter dated 24 February 2022 from the Permanent Representative of the Russian Federation to the United Nations addressed to the Secretary-General, U.N. Document, S/2022/154, 24 February 2022.

15　山田哲也「国際法からみた一方的分離独立と『併合』　ウクライナ東部・南部 4 州の法的地位」『国際問題』2022 年、No.710、5-14 頁。和仁健太郎「ロシアによるウクライナ軍事侵略の合法性と国際社会の対応」『国際問題』2022 年、No.710, 15-24 頁。浅田正彦「ウクライナ戦争と国際法」浅田正彦・玉田大編著『ウクライナ戦争をめぐる国際法と国際政治経済』東信堂、2023 年。阿部達也「ロシアの武

力行使」浅田正彦・玉田大編著、同上書。James A Green, Christian Henderson, Tom Ruys, "Russia's Attack on Ukraine and the Jus ad Bellum," *Journal on the Use of Force and International Law*, 2022, Vol.9, Issue 1, pp.4–30.

16　U.N. Documents, S/PV.8979、25 February 2022, S/2022/155, 25 February 2022.

17　U.N. Document, A/377/V, 3 November 1950.

18　U.N. Documents, S/PV.8980、27 February 2022, S/RES/2623, 27 February 2022.

19　U.N. Document, A/RES/ES-11/1, 18 March 2022.

20　U.N. Document, A/RES/ES-11/2, 24 March 2022.

21　U.N. Document, A/RES/ES-11/3, 8 April 2022.

22　U.N. Document, A/RES/ES-11/4, 13 October 2022.

23　U.N. Document, A/RES/ES-11/5, 15 November 2022.

24　U.N. Document, A/RES/ES-11/6, 2 March 2023.

25　UN Digital Library, Territorial integrity of Ukraine: resolution / adopted by the General Assembly, A/RES/68/262, 27 March 2014, Voting Summary, accessed 1 February 2024, https://digitallibrary.un.org/record/767565.（なお、本稿で閲覧しているインターネット上の資料は、いずれも 2024 年 2 月 1 日が最終アクセス年月日である。）

26　UN Digital Library, Aggression against Ukraine: resolution / adopted by the General Assembly, A/RES/ES-11/1, 2 March 2022, Voting Summary, https://digitallibrary.un.org/record/3959039.

27　IDOS (German Institute of Development and Sustainability), Blog, "UN General Assembly voting on Ukraine – What does it tell us about African states' relations with external partners?" 4 March 2022, , https://blogs.idos-research.de/2022/03/04/un-general-assembly-voting-on-ukraine-what-does-it-tell-us-about-african-states-relations-with-external-partners/. David Miliband, "The World Beyond Ukraine: The Survival of the West and the Demands of the Rest," *Foreign Affairs,* May/June 2023. 鈴木一人「経済制裁のジレンマ」浅田正彦・玉田大編著『ウクライナ戦争をめぐる国際法と国際政治経済』東信堂、2023 年。なお、対ロシア経済制裁の国際法上の位置づけについては、同書のなかの以下の論文に詳しい。林美香「対ロ経済制裁（2022.2. ～ 2022. 夏）の特徴とその国際法上の位置づけ」浅田正彦・玉田大編著、同上書。中谷和弘「ロシアに対する金融制裁と国際法」浅田正彦・玉田大編著、同上書。

28　Chris Alden, "The Global South and Russia's Invasion of Ukraine," Michael Cox ed., *Ukraine: Russia's War and the Future of the Global Order*, (London: LSE Press, 2023,) pp.359-377.

29 African Union, "Statement of the African Union on the reported ill treatment of Africans trying to leave Ukraine," 28 February 2022, https://au.int/en/pressreleases/20220228/statement-ill-treatment-africans-trying-leave-ukraine.

30 Miliband (2023), *op. cit.*

31 Kai Ambos, "Ukraine and the Double Standards of the West," *Journal of International Criminal Justice*, No.20, 2022, pp.875-892.

32 U.N. Document, S/2023 /970, 8 December 2023.

33 安保理の機能不全を受けて、1997年にマレーシアの提案によって招集された第10回緊急特別会合は、イスラエル＝パレスチナ紛争をその議題としており、2023年10月時点においては休会中であった会合が再開され、2023年10月27日に総会決議「文民の保護と法的・人道的義務の遵守」（A/RES/ES-10/21）が採択された。

34 UN Digital Library, Protection of civilians and upholding legal and humanitarian obligations : resolution / adopted by the General Assembly, A/RES/ES-10/22, 12 December 2023, Voting Summary, https://digitallibrary.un.org/record/4029732?ln=en.

35 ICJ, "Application of the Convention on the Prevention and Punishment of the Crime of Genocide in the Gaza Strip (South Africa v. Israel)," Summary, 26 January 2024, https://www.icj-cij.org/sites/default/files/case-related/192/192-20240126-sum-01-00-en.pdf.

36 Waffa Shurafa and Samy Magdy, "More than 29,000 Palestinians have been killed in Israel-Hamas war, Gaza Health Ministry says," Associated Press, *World News*, 20 February 2024, https://apnews.com/article/israel-hamas-war-news-02-19-2024-81c2d362340b611a98e4b929b4b5d0a4.

37 阿部浩己『国際法を物語るⅢ　―人権の時代へ』2020年、朝陽会、101-110頁。

38 Ambos, (2022), *op.cit.*, p.892. 最上 (2024) 前掲書、1-15頁。

39 清水奈名子「性的搾取・虐待の被害者救済と防止 ―国連平和活動が関わる事例を中心として」『平和構築と個人の権利 ―救済の国際法試論』広島大学出版会、2022年、142-177頁。

3　ウクライナ戦争以後の国連とアフリカ：

「アフリカによる行動」と「アフリカをめぐる行動」の視点から

山 根 達 郎

はじめに

　国際連合（以下、国連）は、2022 年 2 月 24 日に始まったロシアによるウクライナへの軍事侵攻（以下、ウクライナ戦争）について、その侵略行為をめぐる討議を続けている。本稿は、その中でも、国連を通じたアフリカ諸国の行動に着目する。193 の国連加盟国の内、国連アフリカ・グループに属する国々は 54 か国を数える。本件について、国連安全保障理事会（以下、国連安保理）でロシアが拒否権を発動する中、全加盟国の 4 分の 1 以上を占めるアフリカ諸国が国連総会（特に後述する第 11 回緊急特別会合）で示す意見や投票行動が、国連憲章に基づく国連の行動意義を問う意味で、そして国際秩序の行方にとって重要と見られているのである。

　後述するように、アフリカ諸国による本件に関する議題案に対しては、棄権あるいは不参加という投票の選択が目立つ。そこで本稿は、国連憲章に反する行為としての侵略行動の認定について、主権国家体制を基盤とする国連の場で、アフリカによる行動の意味を検討する必要があるという立場をとる。また、ウクライナ戦争に対する国連を通じたアフリカによる行動の一方で、国連安保理は、アフリカ地域におけるテロや紛争など、国際の平和と安全の維持の問題として継続的に取り組んでいる。紛争予防、平和維持、平和構築など、ウクライナ戦争以後も、国連安保理はその中心的課題として、アフリカをめぐる行動を取り続けている。こうしたアフリカをめぐる行動の対象は、非国家主体としての武装集団の台頭に翻弄されるなど、主権国家の統治が著しく脅かされ

る国や地域となっている。本稿の問題意識は、非国家主体による国家の崩壊を
修復しようと国連が行っているアフリカをめぐる行動が、今般のウクライナ戦
争をめぐり主権国家たるアフリカ諸国による行動との間に生じうる課題に向け
られている。

　したがって、本稿は、ウクライナ戦争以後の国連におけるアフリカ諸国の動
向にどのような特色があるのかについて、「アフリカによる行動」と「アフリ
カめぐる行動」の両側面から考察する。これまでのウクライナ戦争をめぐり、
国連との関連では国連安保理や国連総会での関係各国の行動分析の蓄積がある
ものの、新たに本稿が着目する視点からの考察が加わることには意義があると
考える。このことについては、第1節で先行研究の整理の後に言及する。続く
第2節では、今般のウクライナ戦争が始まった年にあたる2022年から2023年
までの国連安保理及び国連総会（第11回緊急特別会合）の動向について国連
公式文書をもとに調査し、これに対するアフリカ諸国による、及びアフリカ諸
国をめぐる行動について整理する。ただし、アフリカ地域54か国の全てにつ
いて言及することは避け、国連安保理のアフリカ地域から参加をする非常任理
事国、また、決議案に対して反対、棄権を表明、あるいは不参加であった国々
のうち、国連が平和活動を展開している地域と重なる国々の行動を中心に調査
をする。そして、これらの調査内容をもとに、本稿が着目する二つの視点か
ら、第3節にて考察を進めていく。

1　ウクライナ戦争をめぐる国連とアフリカの研究視点

　継続中のウクライナ戦争を前にして様々な研究が見られる中、例えば、国際
関係論や国際法の分野においては、ウクライナ戦争を大局的にどのようにとら
えたらよいかという視点から共著が編纂され、個別の考察が提示されつつあ
る[1]。しかし、国連の役割についての考察は、ウクライナ戦争をめぐる複雑な
国際関係に対する多角的分析に比べて極めて少ないものにならざるを得ない。
したがって、国連とアフリカという分析視角ではなく、ロシアとアフリカとの
今日的な関係性について、ウクライナ戦争を契機として捉えようとする論考が

先行している。例えば、アフリカを国際関係論の視点で考察することを目的としている国際ジャーナル「South African Journal of International Affairs」は、2022年に「アフリカにおけるロシア」と題して特集号を出版している[2]。その特集号の中で、ダースマ（Duursma）とマシュール（Masuhr）は、旧ソ連とアフリカ諸国の政治指導者との歴史的結びつきに着目し、その紐帯に基づいて、いくつかのアフリカ諸国では現在のウクライナ戦争以後もロシアとの外交上の連携を大切にしているとの分析を示した[3]。こうした視点は、ロシアによる一部のアフリカ諸国に対する政治的な働きかけが、リベラル秩序を主導している欧米諸国への対抗軸を構築する一助になっていると見るのである[4]。他方で、侵略行為について真っ向から対抗する軸として、リベラル秩序の維持の側から論じる傾向をもつ論考も見られる[5]。そうした視点からは、現状の国際秩序を構築し、かつ維持してきたと見られる国や地域の影響から離れ、かつ対抗してくる国々のまとまりを指す、「グローバル・サウス」との分析枠組みで省察される場合がある[6]。この文脈では、「アフリカ」はその巨大な枠組みの一部でしかない。ただし、この巨大な設定枠組みについては、アフリカの国際関係が専門である武内が、単にグローバル・サウスという分類化によるだけでは、ウクライナ戦争に対するアフリカ諸国の合理的な対外戦略としての側面が見えてこないと指摘している[7]。

　以上に加え、本稿が着目する国連とアフリカのテーマについては、スタージャー（Staeger）による論考が2023年に国際ジャーナル「African Affairs」で発表されている[8]。スタージャーによる分析の視角は、地域機構であるアフリカ連合（AU）がウクライナ戦争によってどのような影響を受けているのかにあり、特に国連におけるAU関係者の発言や、アフリカ各国が第11回国連総会緊急特別会合（詳細は後述）を通じてどのような対応を取っているのかについて分析をしている。これによれば、アフリカの国際機構であるAUや、アフリカの関係各国の政治的プレゼンスがウクライナ戦争を契機として国連やマルチ外交の場で高まりを見せるようになった側面が強調されている[9]。アフリカにとって利するものでなければ、ロシアの軍事侵攻についての侵略行為の認定とロシアへの非難をめぐって討議される議案については判断を避けるとい

う行動への理解をこの論文は提供してくれている[10]。

　このように、2022 年以降のウクライナ戦争については、国連とアフリカの文脈での論考は全体像の一部分としての位置付けに留まっており、必ずしも十分な研究蓄積には至っていない。また、この場合の分析の視角は、国連でのアフリカの意思表明をどのように理解したらよいのか、という点について、ロシアとの結びつきとの関係や、各国の国益の表明の側面について描かれていた。そこで本稿では「はじめに」で述べた通り、新たに、「アフリカによる行動」を、「アフリカをめぐる行動」に照らし合わせながら論じることにしたい。

2　国連安保理及び国連総会緊急特別会合とアフリカの動向

　本節では、2022 年 1 月から 2023 年 12 月までの期間を対象に次の内容を時系列で概観する。すなわち本節は、第一に、ウクライナ戦争をめぐり開催された国連安保理会合と国連総会緊急特別会合においてアフリカ諸国がどのような対応をしたのか概観しつつ、第二に、同時期にアフリカの平和と安全をめぐって国連安保理がどのような活動を実施してきたのかを併せて説明していく。

（1）　国連安保理決議案否決と国連総会緊急特別会合招集

　ロシア側がウクライナ国境近くへと兵力を集中させる中、2022 年 1 月 10 日にジュネーブでは米国・ロシア間によるウクライナ問題をめぐる安全保障上の危機を回避するための実務者協議が開催されていた[11]。同日、国連安保理では、サヘル地域をめぐる、こちらも深刻な治安悪化の問題について公開討議が行われていた[12]。その際、参加国によるサヘルの平和と安全についての意見表明がなされたが、ロシアの反応には特別なものが見られた。国連関係者等によるサヘル情勢についてのブリーフィングの後、まず、アフリカ非常任理事国の 3 か国（ケニア、ガボン、ガーナ）、すなわち、A 3（African three）を代表して、ガーナが発言を行った。その発言の中で A3 は、マリ及びガボンのクーデター政権が選挙の実施に向けた具体的な道筋を提示していないことに対する西アフリカ諸国経済共同体（ECOWAS）による制裁（ECOWAS 参加資格の

停止等）を容認し、かつ国連安保理にも ECOWAS の制裁を支持するよう求めた[13]。これに対し、ロシア側は、マリ政権が同国の政治秩序を取り戻そうとしている努力を軽視している国々（暗に ECOWAS を支持する側の国々）の態度を強く非難した[14]。また、その翌日の国連安保理では、マリ情勢についての討議が行われたが、その際、フランスは、民主的手続きを早期に進めようとしないマリ軍事政権が同国に展開中の国連平和維持活動（国連 PKO）を通じた国家建設のための支援を受け続けている事態への懸念を表明したが、一方で、ロシアは、国連も含めマリ政権の意向に反する介入をすべきではないと強く主張した[15]。このように、2022 年 1 月の国連安保理会合では、ロシア側のアフリカをめぐる行動で他と異なる発言が際立っていた。

ウクライナへのロシア軍の侵攻が開始された翌日にあたる 2 月 25 日、国連安保理会合が招集され、ウクライナの主権及び領土保全を尊重し、国連憲章第 2 条 4 項に反するウクライナに対するロシアの侵略を非難する旨の共同決議案が審議された[16]。82 か国が同決議案の共同提案国となったが、その内、アフリカからはボツワナ、ガンビア、レソト、リベリア、ニジェールの 5 か国に留まった[17]。結果は賛成 11（A3 諸国を含む）、反対 1（ロシア）、棄権 3（中国、インド、アラブ首長国連邦）の否決であった[18]。その 2 日後の 2 月 27 日、国連安保理では、ロシアによる侵略の問題を国連総会で討議する道筋を作るために、前述の 2 月 25 日付の国連安保理の議題案を国連総会特別会合の設置により国連総会で討議を実施するための決議を採択した[19]。同決議案に対する国連安保理理事国の投票行動の結果は、2 月 25 日の国連安保理会合の時と同様であったが、手続き事項にあたる本決議案では拒否権の適用はなく、採択に至った[20]。

これを受けて、2022 年 2 月 28 日～ 3 月 2 日には、第 11 回国連総会緊急特別会合（ES-11）の第 1 議題案の審議が行われ、ロシアによるウクライナへの侵略を非難する決議案が討議された。同決議案は、前述の 2 月 25 日付の国連安保理決議案の内容から加筆修正（ベラルーシの関与、憲章及び友好関係に関する宣言等諸原則の順守、などを加筆）されつつ、改めてロシアの侵略行為を非難する内容であった（決議名「ウクライナに対する侵略」）[21]。同決議案へ

の 96 か国の共同提案国の中、アフリカからは、ボツワナ、コンゴ民主共和国
(以下、DRC)、ガンビア、ガーナ、リベリア、マラウイ、ニジェールの 7 か
国であった[22]。結果としては、賛成 141 か国、反対 5 か国(ロシア、ベラルー
シ、シリア、北朝鮮、エリトリア)、棄権 35 か国、不参加 12 か国となり、そ
の内アフリカ 54 か国については、賛成 28、反対 1(エリトリア)、棄権 17、
不参加 8 という結果であった[23]。なお、2022 年の時点で、国連 PKO もしくは
国連特別政治ミッション(以下、SPM)の派遣を受けていたアフリカの国連
加盟国は、DRC、マリ、南スーダン、中央アフリカ共和国(以下、CAR)、リ
ビア、ソマリア、スーダン[24]であったが、同決議案への賛成国は DRC、リビア、
ア、ソマリア、棄権は CAR、マリ、南スーダン、スーダンであった[25]。

　なお、これらの国連 PKO や SPM は、国連安保理において定期的に討議の
対象として登場する。2022 年 3 月 15 日には、国連安保理において南スーダン
に派遣されている国連南スーダン・ミッション(UNMISS)の派遣延長決議案
が採択されたが、その際、ロシアは中国とともに棄権し、同決議案で人権問題
に国連安保理が触れるべきではないこと、そして理事国間で意見の相違がある
にもかかわらず提案国の米国が強引に決議採択に踏み切ったとして非難の弁を
加えていた[26]。一方、AU による AU 平和支援活動への国連との連携の必要か
ら国連安保理において討議されることがある。この時期では、2022 年 3 月 31
日、ソマリアにおける AU 平和支援活動(AMISOM)の後継となる AU ソマ
リア暫定ミッション(ATMIS)の設立に向けた議題案が国連安保理にて全会
一致にて採択されている[27]。この討議では、テロ対策を含む AMISOM の任務
を修正しつつ、新たな支援体制で臨む ATMIS を設置する内容が検討された。
ATMIS の職務権限にはテロ対策やソマリア正規軍の強化支援などが挙げられ
たが、アル・シャバーブ等テロ集団への対応は引き続き困難を極めることか
ら、討議中、ATMIS の容認に対する謝意を示すソマリア代表が、これまでの
国連による不十分な支援に対し不満を募らせるという事態となった[28]。なお、
ロシアは同決議案の討議において発言をすることもなく賛成票を投じてい
る[29]。

（2）　人道的結果、及び、違法な領土帰属に対する各非難決議

　続く ES-11 の会合として、2022 年 3 月にはロシアの侵略行為による人道的
結果について非難する第 2 議題案（ES-11/2 として採択）が、続いて、同年 4
月には国連人権理事会における理事国資格停止を求める第 3 議題案（ES-11/3
として採択）が討議された。第 2 議題決議案では、アフリカ諸国から共同提案
国となった国はなかった[30]。同年 3 月 24 日の投票結果は、賛成 140、反対 5
（ベラルーシ、北朝鮮、エリトリア、ロシア、シリア）、棄権 38、不参加 10 と
いう結果であった[31]。A3 各国は賛成、また、国連 PKO もしくは SPM が展開
中の CAR、マリ、スーダンは棄権であったが、DRC、南スーダン、リビアは
賛成、ソマリアが不参加であった[32]。前回の ES-11/1 と比べると、南スーダ
ンが棄権から賛成に回り、ソマリアが賛成から不参加となった。その後、同年
4 月 7 日に第 3 議題決議案が討議され、国連人権理事会でのロシアの理事国と
しての現在の資格を停止する内容にて、賛成 93、反対 24、棄権 58、不参加 18
で採択されている[33]。同決議案ではアフリカからはリベリアが共同提案国リス
トに入っていた[34]。ES-11/3 では、アフリカ諸国では DRC、リビアを含む 10
か国が賛成したが、A3 ではこれまでの関連決議への賛成と異なり、ガボンが
反対、ケニアとガーナが棄権に回った（表 1 参照）。また、棄権では、スーダ

表 1　第 11 回国連総会緊急特別会合第 3 議題へのアフリカ諸国の投票行動（全加盟
国中、賛成 93、反対 24、棄権 58、不参加 18）、決議 A/RES/ES-11/3（決
議案 A/ES-11/L.4）

投票行動	国数	国名
賛成	10	チャド、コモロ、コートジボワール、コンゴ民主共和国、リベリア、リビア、マラウイ、モーリシャス、セーシェル、シエラレオネ
反対	9	アルジェリア、ブルンジ、中央アフリカ共和国、コンゴ共和国、エリトリア、エチオピア、ガボン、マリ、ジンバブエ
棄権	24	アンゴラ、ボツワナ、カーボベルデ、カメルーン、エジプト、エスワティニ、ガンビア、ガーナ、ギニアビサウ、ケニア、レソト、マダガスカル、モザンビーク、ナミビア、ニジェール、ナイジェリア、セネガル、南アフリカ、南スーダン、スーダン、トーゴ、チュニジア、ウガンダ、タンザニア
不参加	11	ベニン、ブルキナファソ、ジブチ、赤道ギニア、ギニア、モーリタニア、モロッコ、ルワンダ、サントメ・プリンシペ、ソマリア、ザンビア

出所：UN Document, A/ES-11/PV.10, 7 April 2022, pp.13-14.

ン、南スーダン、を含む 24 か国、不参加ではソマリアを含む 11 か国がアフリカ諸国からであった[35]。なお、ES-11/3 の採択にあたっては、ウクライナの代表により、国連の不十分な対応で 1994 年のルワンダ虐殺が拡大した歴史をウクライナ戦争で繰り返さないよう要請する発言があった[36]。

　また、2022 年 10 月 12 日には、ロシアによるウクライナ東部 4 州の違法な領土帰属の宣言を非難する第 4 議題案（ES-11/4 として採択）が討議された。同議題決議案の共同提案国は欧米諸国を中心に 44 か国となったが、アフリカからはリベリアのみであった[37]。同決議案は、賛成 143、反対 5（ベラルーシ、北朝鮮、ニカラグア、ロシア、シリア）、棄権 35、不参加 10 で採択された[38]。アフリカ諸国の動向については、A3（ケニア、ガーナ、ガボン）、DRC、アリビア、ソマリアを含む 30 か国が賛成、CAR、マリ、スーダン、南スーダン、そしてこれまでの関連決議で反対を示してきたエリトリアを含む 19 か国が棄権、5 か国が不参加であった[39]。なお、賛成票を投じた DRC は、その発言の中で、自国が 1998 年から 2003 年の間に隣国のウガンダとルワンダから侵略を受け、かつルワンダについては現在も東部キブ州地域において支配を継続しているとし、これに対する国連の対応が不十分であると説明した[40]。DRC は賛成票を投じながらも、ウクライナと DRC への対応の差は二重基準によると批判し、ルワンダの行為に対する国際社会の対応を併せて求めたのである[41]。これに対し、批判の矛先を向けられたルワンダもこの発言の内容を否定する返答を行ったが、本件議題案の趣旨を議論する場合のアフリカでの文脈が一部で投影される結果となった（なお、ルワンダは賛成票を投じた。）[42]。

　一方、2022 年の春以降、ウクライナ問題で決議が出せずにいた国連安保理は、アフリカをめぐる紛争対応のための討議を重ねていた。すなわち、スーダン、南スーダン、DRC、マリ、CAR、リビア、ソマリアなどに関する議題が毎月のように議題リストに並んでいた[43]。これらに関する決議案の多くは国連 PKO や SPM の継続延長を求めるものであったが、継続延長決議案が否決されることはなく、むしろ全会一致で採択される場合も少なくなかった[44]。しかし、僅かではあるが、延長決議案に棄権する国が出るなど、全会一致とならない場合もあった[45]。2022 年 5 月 26 日には、南スーダンに対する制裁を延長す

る国連安保理決議が採択されたが、賛成 10、反対 0、棄権 5（中国、ガボン、インド、ケニア、ロシア）という投票結果となり、これまでに見られないほどの多くの国々が棄権した[46]。UNMISS による支援継続の中、同決議案は、南スーダンにおける武器・金融の不法取引により紛争状況が改善されていないことから、南スーダンへの武器移転等を禁止する決議内容であったが、ロシアは同決議案が、米国の国益に基づく介入であるとして非難の弁を述べていた[47]。

　また、同年 6 月 3 日、政治的統一国家が築けずに混迷が続くリビアに対する国連安保理制裁決議案についても、ロシアが棄権票を投じていた[48]。続く 6 月 29 日にはクーデター政権下という異常事態の中でマリに展開している MINUSMA の延長決議案が採択されたが、ロシアと中国は同決議に棄権をしている[49]。同決議では、米国とフランスの両代表から、ロシアの影響下にある民間軍事会社ワグネル（Wagner）がマリ国内における暴力を助長している旨の懸念が表明されていた[50]。さらにその翌日の 6 月 30 日には DRC への制裁決議の延長案が、そして翌月 7 月 29 日には CAR への制裁決議の延長案が国連安保理で審議され、いずれも賛成 10、反対 0、棄権 5（中国、ロシア、ガーナ、ガボン、ケニア）にて採択されている[51]。

（3）　2023 年の国連総会緊急特別会合と国連安保理

　2023 年 2 月 23 日、第 11 回国連総会緊急特別会合の第 6 議題案（ES-11/6 として採択）が討議された[52]。「ウクライナにおける包括的、正当かつ永続的な平和を強調する国連憲章の原則」と題した同議題決議案（A/ES-11/L.7）は、決議に先立つ同年 2 月 16 日、57 か国の共同提案国（アフリカからはリベリア 1 か国）により作成された[53]。その後、18 か国（アフリカからはカーボベルデとニジェール）が共同提案国に加わり、最終的に同議題決議案は、賛成 141、反対 7（ベラルーシ、北朝鮮、エリトリア、マリ、ニカラグア、ロシア、シリア）、棄権 32、不参加 13 の結果によって採択された[54]。その内、アフリカ諸国については、反対票にマリが加わり、棄権したのは、CAR、スーダン、そして 2022 年まで国連安保理非常任理事国であったガボン、また 2023 年からA3 に加わったモザンビークを含め 15 か国が、不参加は 7 か国となった（表 2

表 2　第 11 回国連総会緊急特会合第 6 議題へのアフリカ諸国の投票行動（全加盟国中、賛成 141、反対 7、棄権 32、不参加 13）、決議 A/RES/ES-11/6（決議案 A/ES-11/L.7）

投票行動	国数	国名
賛成	30	ベニン、ボツワナ、カーボベルデ、チャド、コモロ、コートジボワール、コンゴ民主共和国、ジブチ、エジプト、ガンビア、ガーナ、ケニア、レソト、リベリア、リビア、マダガスカル、マラウイ、モーリタニア、モーリシャス、モロッコ、ニジェール、ナイジェリア、ルワンダ、サントメ・プリンシペ、セーシェル、シエラレオネ、ソマリア、南スーダン、チュニジア、ザンビア
反対	2	エリトリア、マリ
棄権	15	アルジェリア、アンゴラ、ブルンジ、中央アフリカ共和国、コンゴ共和国、エチオピア、ガボン、ギニア、モザンビーク、ナミビア、南アフリカ、スーダン、トーゴ、ウガンダ、ジンバブエ
不参加	7	ブルキナファソ、カメルーン、赤道ギニア、エスワティニ、ギニアビザウ、セネガル、タンザニア

出所：UN Document, A/ES-11/PV.19, 23 February 2023, pp.7-8.

参照）。また、国連 PKO が展開する DRC と南スーダン、SPM が展開するソマリアとリビアについても引き続き賛成票を投じる結果となった（以後、2023年末まで ES-11 会合は開催されなかった。）。

　一方、アフリカをめぐる行動について、2023 年中の国連安保理では、2022年と同様、マリ、ソマリア、CAR、リビア、スーダン、南スーダン、DRC などに関する議題が並んだ[55]。その内、マリと DRC における国連 PKO は撤退へ、またスーダンに派遣されていた SPM も撤退の運びとなるなど、アフリカをめぐる国連安保理の行動は大きな変化の局面を迎えた。2023 年 4 月にはスーダン政権の治安組織として共に存続していた正規軍と準軍事組織「即応支援部隊（RSF）」との間で、両者の統合をめぐる対立により大規模な軍事衝突が起こり、国内秩序の構築から崩壊の局面へと逆戻りしている。その後のスーダン政権による要請により、同年 12 月 1 日、国連スーダン統合移行支援ミッション（UNITAMS）の 2024 年 2 月 29 日をもって撤退する旨の決議が国連安保理において採択された[56]。採択後の投票理由の説明の場では、スーダンについての議題担当国である英国がスーダンでの惨状を前に UNITAMS の終了を本来望みたくはなかったと述べる一方、A3 を代表してガーナが紛争当事者による

解決を望みつつ、スーダンの独立と主権、そして領土保全を尊重し、同国への不介入の要請があった[57]。また、同決議の採択にあたっては14か国が賛成票を、そして棄権票をロシアが投じていた。ロシアによる棄権の趣旨は、スーダン政府が国連へのUNITAMS撤退要請の理由として訴えていたUNITAMSの任務実行の不十分さへの国連としての反省の言葉が本件決議案に示されていないとの批判にあった[58]。同時にロシアは、UNITAMSによる最新の報告書が提出されていないままでの本件決議案の採択が、西側諸国による植民地主義時代からの精神に基づくグローバル・サウス諸国への軽蔑的な態度を表しているとの発言を加えていた[59]。

その他、国連安保理では、マリのクーデター政権の要請を受けてMINUSMAが2023年末をもって撤退することが同年6月の会合にて全会一致で決定された[60]。A3を代表して発言したガーナが引き続きマリ暫定政権と国連との間の協調を望むと述べるとともに、ロシアもマリ政権の要請に沿っての決議案を歓迎したが、米国はマリ政権による撤退要請について深く遺憾の意を述べつつ、マリ政権が自国民に対し保護する責任を有する旨を確認する同決議案を称賛すると発言した[61]。その後、同年8月30日には、2015年の和平合意に違反する者への資産凍結と移動の禁止に関する制裁について、改めて国連安保理にてその継続を承認する決議案が討議された[62]。投票は2回行われた。第1回目の投票については、賛成13、反対1（ロシア）、棄権1（中国）によって否決される[63]。賛成国の内、A3を代表してモザンビークがロシアの拒否権行使に遺憾の意を述べるなどした[64]。その直後、ロシアは本件制裁決議については今回が最後であり、本件制裁委員会の活動も終了する旨の決議案を再度提出したところ、賛成1（ロシア）、反対1（日本）、棄権13で否決され、結局、制裁延長の決議が採択されぬままとなった[65]。なお、アフリカ関連議題での拒否権行使としては、国連ウェブサイトを見る限り、本件は2008年の議題「平和と安全、アフリカ（ジンバブエ）」に対するロシアと中国によるもの以来であり、冷戦終結後のアフリカの武力紛争関連では初めての事例となった[66]。なお、治安情勢が改善しないDRCでも政権による撤退要請により国連コンゴ民主共和国安定化ミッション（MONUSCO）の撤退が2024年中に進められることが同年12

月 19 日の国連安保理会合にて全会一致で決定している[67]。

　以上、ウクライナ戦争以後の国連安保理及び国連総会（緊急特別会合）での
アフリカによる行動と、国連安保理によるアフリカをめぐる行動について国連
公式文書の内容を概観してきた。以上の内容を踏まえ、続く第 3 節では、ウク
ライナ戦争以後の「アフリカによる行動」と、「アフリカをめぐる行動」に分
けつつ検討していく。

3　考察
──「アフリカによる行動」と「アフリカをめぐる行動」

（1）　アフリカによる行動

　上述のような国連を通じたアフリカによるウクライナ戦争への対応は、改め
て主権国家体制を基盤とした国連の仕組みの特色を想起させる。ウクライナ戦
争以後のアフリカによる行動の全てが、今回のロシアによる侵略を非難する要
素を含むリベラル国際秩序を積極的に推進する側に寄っているわけではなかっ
た。だからといって、このような侵略の認定について、賛成を表明しない国連
加盟国の中に、どうして（リベラル国際秩序に寄って立つと期待されるはず
の）アフリカ諸国が多く含まれてしまうのか、といった問題性を構築するの
は、国連という組織を考えた場合には必ずしも妥当ではない。なぜなら、功刀
が指摘するように、国連は当初から主権国家の集合体により課題解決を図る政
府間機構の枠組みであり、各国による独自の意見の表明の場だからである[68]。
国連に関するオックスフォード・ハンドブックが自問しているところによれ
ば、国連がとりわけ国際の平和と安全の維持という目的を達成するために行動
を取る姿は、主権国家体制の強化にもつながるし、あるいは主権国家体制の侵
食にもつながる行動に見えるという[69]。国連は発足以来、加盟国の主権を尊重
してきたし、故に紛争後の平和構築についても主権に基づく国家建設を是とし
てきた。一方で国連は、国際人権や人道問題については、保護する責任や、人
間の安全保障といった概念を整理・発展しつつ、場合によっては国境を越えて
文民の保護を可能にする主権への介入の概念の共有を図ってきた[70]。

　このような国連における主権国家体制への両義的な対応の中で、今回のウクライナ戦争以後のアフリカによる行動を捉えてみる必要がある。ウクライナ戦争では、確かにロシアによる侵略行為について、2022年2月の国連安保理会合で問われ、その後は国連総会緊急特別会合で討議が重ねられ決議案が審議されてきた。国連総会緊急特別会合では多数の賛成票を得たことで、少なくともその侵略が認定されたものと考えられている[71]。しかし、アフリカ諸国の国連加盟国による A/ES-11/1 となる決議への投票行動は、賛成、反対、棄権、不参加と様々であった。ただし、継続的に反対票を投じ明確にロシア擁護の態度を示したのはエリトリアのみであった。そのため、ロシアの行為への判断を避けるという行動を取った国であっても、国連憲章に反する侵略行為が許されないと理解されているという推測の余地をここでは残している。

　A3諸国については、国連安保理においてロシアの侵略行為を非難していたし、同行為に対する国連総会緊急特別会合でも賛成票を投じていた。一方、マリについては、当初の棄権から2023年2月の ES-11/6 となる決議では、反対票へと態度を変更した。この行動変容については、マリのクーデター政権が国連安保理においてロシアによって擁護される現象からも理解されよう。一方、2022年末まで A3 を務め本件に賛成であったガボンは ES-11/6 では棄権に、南スーダンは棄権から賛成へと回り、その行動に一貫性は見られない。なお、エリトリアについて言えば、2021年にエチオピア北部紛争へのエリトリア軍の軍事関与により米国が同国に制裁を発動しており、長期独裁政権がそのような行動を取る現象も理解できる[72]。以上のように、本節で捉えようとする、「アフリカによる行動」は、主権国家体制を基盤とする国連体制の原則を重視する立場からすれば、国連の場で表明されるアフリカの各加盟国による外交行動の一側面として理解されよう。

（2）　アフリカをめぐる行動

　しかし、国連におけるアフリカ諸国の存在は、主権に基づく「アフリカによる行動」を執り行う行動主体であるとする見方のみには収まらない。なぜなら、アフリカをめぐる課題が国連安保理では審議の対象となり続けており、そ

こではアフリカを客体として位置付ける見方も理念的には可能だからである。1999 年にアナン（Annan）国連事務総長が自身の考えを披露した記事「主権の二つ概念」は、主権国家の原則では十分に対応できないと考えられていた国際的な人道的問題への主権を超えた対応への道筋を拓こうとした[73]。その際にアナンは、国連憲章が活動の基礎とする主権国家の内政不干渉義務の一方で、国境を越えた文民の保護を実現するための人道的介入を、国益を超えたグローバル・レベルの共通の利益の達成のために、来る 21 世紀における必須のツールとして模索すべきと提案したのである[74]。その契機の一つは、1994 年のルワンダ内戦での国連の介入が不十分であったとする反省から現れた。以後、アフリカ地域において多数形成されてきた平和活動は常任理事国による拒否権も行使されることもなく広く容認されてきた。「アフリカをめぐる行動」として、この場合、国連安保理は、国際の平和と安全の維持のために、アフリカを行為の対象として見てきたのである。

　ただし、国連安保理が、アフリカを対象として、国連 PKO 派遣の決定や、AU 平和支援活動の派遣を容認する場合には、受入国側の同意が少なくとも形式上は用意されてきた。この場合の平和活動による武力紛争への対応について共有される課題は、紛争で崩壊した受入国側の統治能力の強化であり、文民の保護を阻害する事態の除去にあった。もっとも、2011 年に南スーダンがスーダンから分離独立した事例はその例外と見られるかもしれない。同地域では、紛争解決の時期から国家の分離独立に至るまで、非国家主体である反政府武装集団を国家主体へと容認するという近年まれに見る変化が生じたからである。とはいえ、その後は UNMISS が中心となって国連が新政府の国家建設を支援し続ける構造は他の平和活動と変わらない。他方で、国家建設を描く和平合意に背く行動については、アフリカではスーダンや南スーダン、DRC、CAR、ソマリア（対アル・シャバーブ）、そして前述のマリなどを含め、国連安保理は制裁を課したが、これらは和平合意を中心に据える考えに基づいての行動であったと言える[75]。

　このようなアフリカをめぐる国連安保理による行動は、ウクライナ戦争以後の国連安保理での討議の様子からどのように観察されるであろうか。整理すれ

ば、治安情勢を悪化させ、国家主権を基盤とするガバナンスを脅かす存在としては、サヘル地域等でのイスラム過激派集団の影響力の拡大、クーデターが起こることによる政情不安定、そしてこれらが複合的に地域秩序に与えるリスクの増大があった[76]。国連安保理での議題となっている国の内、マリではクーデター政権の拒絶によりMINUSMAなどの平和活動が撤退を余儀なくされた。また、スーダンでも暫定政権内部の政情不安からUNITAMSが、また実質的に内戦状態が続くDRCからもMONUSCOに対する撤退要請があり、2023年末時点でそれぞれ撤退が決まっている。ソマリアではAUによるATMISが装備不十分なままテロ攻撃の無力化の任務を負っており、リビアでは二重の政治体制の統合に顕著な進捗が見えていない。また大規模なUNMISSが残る南スーダンでも政治情勢の不安が残る。国連安保理ではこれらの平和活動にかかる決議案を継続的に審議してきたが、上述のとおりロシアは国家の人権問題やクーデター政権の是非についての文言を議題文案に入れること、あるいは対象国に制裁を加えることは干渉に当たるとし、繰り返し批判をしてきた。他方で、フランスなどから、ロシアの影響下で行動するワグネルが違法な暴力行為をアフリカで起こしていることへの懸念も表明され、アフリカをめぐる行動の中に、ロシアと欧米との間の対立が鮮明になる場面も少なくなかった[77]。

　以上のように、「アフリカをめぐる行動」としては、ウクライナ戦争以後の現象として、受入国側の要請により平和活動の受け入れが拒否されるなど、国連安保理による行動に制約が増してきている。また、ロシア側が介入的な平和活動、あるいは国連安保理による制裁行動について反発を強めていることも観察されている。そのため、治安情勢の悪化について、その意味において、上述の主権国家体制の侵食への国連による対応がますます難しい状況が出現していると言える。

　また、「アフリカによる行動」についての検討内容と重ね合わせてみれば、主権国家体制を基盤とする国連の場で、アフリカによる行動、この場合、平和活動の受入国が、対象化されたアフリカをめぐる行動を受け入れない場合には、もはやアナンが示したもう一つの「主権」による介入の領域は失われてしまうのである。このことは、非国家主体による台頭を許し、国家の治安を揺る

がすリスクを増大させると考えられるが、問題は、国連安保理の協力を断る国々が、ウクライナに侵略する国家とその協力者と連携を深めることが可能な空間が現れるところにある。この現象については、国連を通じた多国間主義を是とする意識の共有がさらに失われてきている状態とも言えるが、一方で、アチャリア（Acharya）が「マルチプレックス世界」[78] と呼ぶような、多層的で複数の秩序構造の中で開催されるミーティング・ルームの一つとしての意義を現状の国連が維持しているとも言えよう。

おわりに

　以上、本稿は、ウクライナ戦争以後の国連におけるアフリカの動向にどのような特色があるのかについて、「アフリカによる行動」と「アフリカめぐる行動」の両側面から考察した。ウクライナ戦争以後は、ロシアによるウクライナへの侵略行為をめぐり、アフリカ諸国による行動が注目された。ロシアの拒否権行使により否決されることとなった国連安保理決議案では当時のA3諸国は何れも侵略を認定する側に立った。一方、続く第11回国連総会緊急特別会合では、アフリカ諸国の間では様々な反応が見られたのである。一方、アフリカでは、マリやスーダンなどのアフリカをめぐる議題が国連安保理において継続的に審議されている。こうした状況を前にして、国連におけるウクライナ戦争以後のアフリカによる行動は、国家主権体制を基盤として形成されている国連という政府間機構の特色を常に反映したものであった。すなわち、アフリカ各国は、それぞれの国家としての考えを国連憲章の理念に照らし合わせつつも、投票行動を通じて表明していた。一方、アフリカをめぐる行動では、国連安保理で議題となる紛争国のみが考察の対象であったが、テロの蔓延やクーデター政権の跋扈という事態を打開するための具体的対応が失われつつあることがわかった。その意味では、国連等の平和活動が撤退を余儀なくされていく事態の中で、ウクライナで侵略行為を継続中のロシアと、そのようなアフリカ諸国が協力関係を強化していく兆しが見て取れた。それでもなお、本稿での検討を通じ、国連が依拠する主権国家概念自体の解釈の変容の中で、国連総会緊急特別

会合でもその意思が示されたような国連憲章の理念の承認、すなわち本件では
侵略行為への非難についての重要な場が国連という政府間機構に託されている
という重要性が理解できた。

（謝辞）本研究は、科研費 20K01503 の助成を受けたものです。

注

1　例えば、浅田正彦・玉田大編『ウクライナ戦争をめぐる国際法と国際政治経済』
　　東信堂、2023 年、宮脇昇編『ウクライナ侵攻はなぜ起きたのか：国際政治学の視
　　点から』早稲田大学出版部、2023 年、など、多数の出版がある。

2　Steven Gruzd, Samuel Ramani and Cayley Clifford, "Russia in Africa: Who Is
　　Courting Whom?" *South African Journal of International Affairs*: vol.29, no.4
　　(2022), pp.401-405.

3　Allard Duursma and Niklas Masuhr, "Russia's Return to Africa in a Historical
　　and Global Context: Anti-imperialism, Patronage, and Opportunism," *South
　　African Journal of International Affairs*: vol.29, no.4 (2022), pp.407-423.

4　*Ibid.*

5　See, Trine Flockhart and Elena A. Korosteleva, "War in Ukraine: Putin and the
　　Multi-Order World," *Contemporary Security Policy*: vol.43, no.3 (2022), pp.466-481.

6　例えば、外交専門誌『外交（特集：グローバル・サウスからみた世界）』第 75 号、
　　2022 年 9 月／ 10 月。

7　武内進一「アフリカ諸国はロシアに忖度しているのか－非同盟運動と合理的な
　　『あいまい戦略』」『外交』第 75 号（2022 年 9 月／ 10 月）、56-61 頁。

8　Ueli Staeger, "The War in Ukraine, the African Union, and African Agency,"
　　African Affairs: in Print (2023), pp.1-28.

9　*Ibid.*, pp.26-27.

10　*Ibid.*, p.9.

11　US Department of States, "Briefing with Deputy Secretary Wendy R. Sherman
　　on the U.S.-Russia Strategic Stability Dialogue," Special Briefing, 10 January 2022,
　　accessed 19 January 2024, https://www.state.gov/briefing-with-deputy-
　　secretary-wendy-r-sherman-on-the-u-s-russia-strategic-stability-dialogue/.

12　UN Document, S/PV.8944, 10 January 2022.

13　*Ibid*, p.8.

14　*Ibid*, p.19.

15　UN Document, S/PV.8945, 11 January 2022.

16　UN Document, S/2022/155, 25 February 2022, paras.1-2.

17　*Ibid*.

18　UN Document, S/PV/8979, 25 February 2022, p.6.

19　UN Document, S/RES/2623, 27 February 2022.

20　UN Document, S/PV.8980, 27 February 2022.

21　UN Document, A/RES/ES-11/1, adopted on 2 March 2022, published on 18 March 2022.

22　UN Document, A/ES-11/L.1/Add.1.

23　United Nations Digital Library, Voting Record on Aggression against Ukraine adopted by the General Assembly (A/RES/ES-11/1), 2 March 2022, accessed 22 January 2024, https://digitallibrary.un.org/record/3959039?ln=en.

24　SIPRI, Multilateral Peace Operations (May 2022), May 2022, accessed 10 March 2023, https://www.sipri.org/sites/default/files/2022-05/mpo22.pdf.

25　United Nations Digital Library (A/RES/ES-11/1), *op. cit.*

26　UN Document, S/PV.8994 and S/RES/2625, 15 March 2022.

27　UN Document, S/PV.9009 and S/RES/2628, 31 March 2022.

28　*Ibid.*, S/PV.9009, pp.4-7.

29　*Ibid.*, p.2.

30　UN Document, A/ES-11/L.2, 21 March 2022.

31　UN Document, A/ES-11/PV.9, 24 March 2022, p.12.

32　*Ibid.*, p.12.

33　UN Document, A/RES/ES-11/3, adopted 7 April 2022, and published 8 April 2022.

34　UN Document, A/ES-11/L.4, 6 April 2022.

35　United Nations Digital Library, Voting Record on Suspension of the Rights of Membership of the Russian Federation in the Human Rights Council, adopted by the General Assembly (A/RES/ES-11/3), 7 April 2022, accessed 23 January 2024, https://digitallibrary.un.org/record/3967778?ln=en.

36　UN Document, A/ES-11/PV.10, 7 April 2022, pp.1-3.

37　UN Document, A/ES-11/L.5, 7 October 2022.

38　UN Document, A/ES-11/PV.14, 12 October 2022, pp.11-12.

39　*Ibid.*, pp.11-12.

40　*Ibid.*, p.20.

41　*Ibid.*

42　*Ibid.*, pp.18-20.

43　UN Website, UN Security Council Meetings & Outcomes Tables, Security Council Meetings in 2022, accessed 23 January 2024, https://research.un.org/en/docs/sc/quick/meetings/2022.

44　*Ibid.*

45　See, UN Website, UN Security Council Meetings & Outcomes Tables, Security Council Meetings in 2021, accessed 28 January 2024, https://research.un.org/en/docs/sc/quick/meetings/2021.

46　UN Document, S/PV.9045, 26 May 2022.

47　*Ibid.*, p.4.

48　UN Document, S/PV.9053, 3 June 2022.

49　UN Document, S/PV.9082, 29 June 2022.

50　*Ibid.*, pp.2-3.

51　UN Document, S/PV.9084, 30 June 2022, and S/PV.9105, 29 July 2022.

52　なお、ロシアに対する戦争賠償を求める第5決議案は、2022年11月14日に採択されている。See, UN Document, A/ES-11/5, adopted 14 November 2022, published 15 November 2022.

53　UN Document, A/ES-11/L.7, 16 February 2023.

54　UN Document, A/ES-11/PV.19, 23 February 2023.

55　UN Website, UN Security Council Meetings & Outcomes Tables, Security Council Meetings in 2023, accessed 25 January 2024, https://research.un.org/en/docs/sc/quick/meetings/2023.

56　UN Document, S/RES/2715, 1 December 2023.

57　UN Document, S/PV.9492, 1 December 2023, p.2.

58　*Ibid.*, p.3.

59　*Ibid.*, p.4.

60　UN Document, S/RES/2690, 30 June 2023.

61　UN Document, S/PV.9365, 30 June 2023, pp.2-3 and 7.

62　UN Document, S/PV.9408, 30 August 2023.

63　*Ibid.*, p.4.

64　*Ibid.*

65　*Ibid.*, p.9.

66　UN Website, UN Security Council Meetings & Outcomes Tables（Veto List）, accessed 25 January 2024, https://research.un.org/en/docs/sc/quick/veto.

67　UN Document, S/RES/2717, 19 December 2023.

68　功刀達朗「国連の諸活動と国家主権」『世界法年報』第 10 号（1990 年）、4 頁。

69　Thomas G. Weiss and Sam Daws, eds., *The Oxford Handbook on the United Nations（Second Edition）*（Oxford: Oxford University Press, 2018）, pp.7-8.

70　*Ibid.*, pp.8-9.

71　詳しくは、浅田正彦「ウクライナ戦争と国際法 – 政治的・軍事的側面を中心に」浅田・玉田編、前掲書、11 頁。

72　US Department of State, U.S. Relations with Eritrea, 2023, accessed 26 May 2023, https://www.state.gov/u-s-relations-with-eritrea/.

73　Kofi Annan, "Two Concepts of Sovereignty," *Economist*, 18 September 1999（retrieved by UN Website）, accessed 26 January 2024.

74　*Ibid.*

75　Department of Political and Peacebuilding Affairs（DPPA）, 2023 Fact Sheet（Sanction）, Subsidiary Organs of the United Nations Security Council, 3 April 2023, accessed 19 May 2023, https://www.un.org/securitycouncil/sites/www.un.org.securitycouncil/files/subsidiary_organs_series_3apr23_final.pdf.

76　UN Document, S/PV.9238, 10 January 2023.

77　UN Document, S/PV.9082, *op.cit.*, pp.2-3.

78　Amitav Acharya, *The End of American World Order（2nd Edition）*（Cambridge: Polity, 2018）.

4 主権国家体制の有意性を問いなおす 新たな環境ガバナンスの態様？

多国間環境条約と国連・UNEP によるオーケストレーション

渡 邉 智 明

はじめに

　気候変動、生物多様性の喪失など、地球環境問題は今なお国際社会にとって重要な課題である。これらの地球環境問題に対して、取り組みの中心となってきたのが、国家間合意を基礎とする多国間環境条約（Multilateral Environmental Agreements: MEAs）である。現在、200 を超える多国間環境条約が存在すると言われ、国際規範を創出し、国際環境法と呼ばれる法領域を確立してきた。

　多国間環境条約は、国家の行動に制約を課すものの、それは主権国家の意思と責任を基礎とするものであり、主権国家体制を逸脱するものではない。国家は、条約に参加することを通じて、地球環境問題に対する現状を理解し、とるべき政策を「学習」し、また、条約に関連する制度枠組みを通じて、国際社会から様々な支援を得て、能力を高めることができる。その意味において、主権国家体制を補完、強化するものであるといえる。

　しかし、今日、多国間環境条約の限界が指摘されるようになっている。すなわち、国家間の条約交渉の失敗、停滞による制度の「不在」、条約の不遵守、個別領域ごとに成立した環境条約の制度間の矛盾などの課題である。これらの問題に対して、近年、NGO（非政府組織）、企業などの非国家主体が大きな役割を果たすようになっている。これらの主体は、環境認証などの規制的ルール

を策定し、多国間環境条約を補完、代替する役割を果たしつつある[1]。

　国際連合、特に環境問題を担当する国連環境計画（United Nations Environmental Programme: UNEP）は、多国間環境条約の交渉から実施の過程に至るまで、積極的な役割を果たしてきた。UNEP は、多国間環境条約の課題に対して向き合い、機構改革を通じて多国間環境条約の履行が進展するよう努めたり、非国家主体を活用し地球環境ガバナンスのパフォーマンスを高めたりする試みを行っている。政治的、経済的資源が十分ではない UNEP は、ターゲットとなる行為主体に対して働きかけをする「仲介者」を支援する積極的な動きを見せている。国際関係論において「オーケストレーション」として理解される間接的・ソフトなガバナンス志向性は、地球環境問題の解決という視点に立つと、パフォーマンスの向上に資するものとして理解することができる。しかし、これらの動きが、既存の主権国家体制にどのような意味を有するのか、という点はなお考察する余地があるといえる。

　本稿では、国家が多国間環境条約などの国際法を通じて、国家の権能や国際法の主体として相互に権利や義務を確認してきたこと、その営為を通じて、主権を持つ存在として他の主体と区別される意味や必要性が、国際社会において共有されてきた点に着目する。その上で、主権国家体制という点から、地球環境ガバナンスにおける国連の新たなアプローチが持つ意味を考えたい。

　以下では、第 1 節において、主権国家体制と多国間環境条約の関係性について概観する。第 2 節においては、国連、特に UNEP が多国間環境条約の形成、実施において重要な役割を果たしてきたこと、そして、その多国間環境条約が近年様々な課題に直面していることを指摘する。第 3 節では、近年国連が民間主体などを通じて、これらの課題の解決を試みる、「オーケストレーション」が見られることを確認する。そして第 4 節では、特に気候変動に対する金融市場を活用しようとする例に言及しながら、そのアプローチが現在および将来の主権国家体制に与える示唆について論じる。

1 主権国家体制と多国間環境条約

（1） 主権国家体制をめぐる議論

　主権国家をめぐって、これまで国際法学、国際政治学が様々な議論を交わしてきたが、主権国家が特定の領域内において排他的な統治の権利を有する主体である、という定義は一応認めてよいであろう。

　この主権国家は、1648 年のウェストファリア条約[2]を神話的な起源として、西ヨーロッパに広がり、19 世紀以降、南北アメリカ、さらにはアジア、アフリカに広がり、現在、広く地球上を覆うものとなったとされる。主権国家は、このような歴史的な産物であり、変化していくものであることは度々指摘されてきた。

　国際社会という言葉で表現され、ほぼ同義として用いられている主権国家体制において、国家の規模や能力にかかわらず、主権の名の下に国家が平等であると見なされ、他の主体に対して主権国家の優位性（絶対性）が主張されるのは、ある時代における問題の解決法として国際社会にとって必要である、という共通認識が存在したからに他ならない[3]。従って、ある国家が他の国家の主権性を否認したり、特定の国家が個別的利益に基づいて行動しただけでは、直ちに主権国家体制を結論づけることはできない。国際社会の利益に資するものとして普遍化し、正統化することによって、その国家の国益に沿った行動や主張の実現可能性が高まるのであれば、普遍化を可能にするメカニズムである主権国家体制は、むしろ必要かつ有効であると判断されることになるだろう[4]。

　しかし、20 世紀後半以降、経済のグローバル化の進展、多国籍企業や NGOなど影響力の拡大によって、主権国家の終焉がしばしば指摘されるようになっている[5]。依然として主権国家体制の強靭さを主張するとしても、主権国家の終焉をめぐる議論が提起した論点は重要である。

　この点で興味深いのが、国際政治学者であるクラズナー（Stephen Krasner）の主権論である。クラズナーは、「主権」を、①国内的主権、②相互依存的主権、③ウェストファリア的主権、④国際法的主権、の 4 つに区分する。国内的

主権とは国家内における他の主体に対する権威的関係のことを指し、相互依存的主権とは、拡大するトランスナショナルな人、モノ、カネ、情報などの流れを支配、リスクを管理する能力を指す。また、ウェストファリア的主権とは、国家より上位の権力が存在しないアナーキー下における内政不干渉原則と関連したものであり、国際法的主権とは、外交権限や法的な平等性など国家権力の正統性が、国際法上対外的に認められていることに関わる権利である[6]。クラズナーは、主権国家の衰退がしばしば主張されるが、4つ全てが失われた訳ではないとする。さらに、ある主権への譲歩と引き換えに、他の主権を強化するといったこともありうるとする。すなわち、相互依存の進展の中で、国家が単独でそれを管理できない以上、国家行動が制約される、すなわちウェストファリア的主権に対する譲歩となったとしても、国家が相互依存を管理する国際制度を設立することを強く志向することになるかもしれない[7]。

　国際法は、主権を主張する国家間で生じる対立を防止し、調整する機能を持つが、それにとどまらず、国際社会の利益の観点から、国家が協力したり、特定の行動をとるよう規律する国際的な行為規範を設定する機能を有している[8]。国際環境法は、このような個別利益の調整や国際社会の共通利益という点から、国家の特定の行動を規制するという意味で国家主権を制約する方向で発展してきた[9]。しかし、それはあくまでも主権国家体制の範囲内であるといえる。地球環境問題という危機に直面する中では、国家の行動は制限されないという主権の絶対性を主張することが、国際社会において有用でないと考えられるからである。以下では、このような観点から、多国間環境条約の役割について概観しよう。

（2）　多国間環境条約と主権

　地球環境ガバナンスにおいて中心的な位置を占める多国間環境条約は、国家間の紛争を調整し、国際関係における行為規範としての役割を有している。

　国際環境法上の義務は、領域管理という伝統的な国家主権から派生する。すなわち、国家は特定の領域内において排他的な領域統治の権利主体として国際社会から認められているが、それは他の国家の領域管理に関する主権を認める

ことでもある。そして、このことは、自国内の領域管理を通じて、他国に対して越境的汚染損害を及ぼさない相互主義的な義務を負うことにつながるのである[10]。

このような防止の義務を定式化する形で、国際環境法は国家に対して原因となる環境汚染活動の規制や禁止を求めている。廃棄物などの海洋投棄を禁止する1972年ロンドン条約はその代表例である。また、越境的な環境リスクについて、通報や情報提供、環境影響評価といった手続き的な義務も複数の多国間環境条約に盛り込まれている[11]。

国際環境法を形成する過程は、国際法で認められた主権国家間の対等性を再確認し、新たな問題に対して、国家がどのような権利、義務を有するか、国際社会においてどのような役割が期待されているか、理解を共有する機会でもある。すなわち、環境リスクの管理に関して国家の役割や義務を議論することは、国家の主権性を再構成していく過程でもあり、国家を他の主体として区別する必要性が確認されて、結果として主権国家体制を強化する方向に働いてきたといえる。

例えば、バーゼル条約の交渉過程では、当該有害廃棄物の越境移動について、環境リスクを有する金属スクラップについて、輸入国の「主権的」権利に鑑み全面禁止論を採るのか、輸出国に対して当該廃棄物の環境リスクの選別を課すのが「主権」の制約になるのかといった点が議論された。これらの議論を通じて、越境的リスク管理に関する国家の主権性が確認され、各国は主権国家としての責任を共有していったのである[12]。

多国間環境条約については、様々な課題が指摘されてきた。特に、環境NGOなどは各国の個別的利益が重視された結果、条約の内容が不十分なものになっていると批判してきた。ただ、このような批判は主権国家体制を前提とするものであって、国家を他の主体と区別する優位性を否定することにはつながらない。上述したように、主権国家体制下において、唯一国家のみが普遍的な規範やルールを設定し、国家の行動を国際社会において位置づけるメカニズムは、その必要性が認められてきたし、かつ現実においてかなりの程度、機能してきたといえる。

　勿論、国家間合意を基礎とする多国間環境条約には限界がある。そもそも「（前略）越境的損害行為の原因である産業活動等は、一般に社会的に有用とされている行為であり、その禁止や規制について合意することが困難」[13]であり、仮に国家間で合意してもその範囲は限定的となるからである。このような課題が指摘される中で、産業界や環境 NGO は、多国間環境条約ではなく、民間主体のグローバルなルールや標準を策定し、企業や市民に対して、環境に配慮した行動を促していくことを重視するようになってきた。そして現在、国連・UNEP もこれらに積極的に関与するようになっている。

　第 2 節では、この動きの背景である多国間環境条約と国連の関係について見ていくことにしたい。

2　多国間環境条約と国連

（1）　多国間環境条約と国連の関わり

　多国間環境条約は、国家間の国際交渉を経て締結されるものであるが、同様に国家の同意を得て形成された国際機構である国際連合、特に環境問題の専門組織である UNEP もこれに大きく関わってきた。

　その創設時、UNEP は地球環境問題を一元的に扱う国連機関ではなく、地球環境問題に関わる国連諸機関の調整役として位置付けられていた。しかし、その後、地球環境問題に対する様々な取り組みが進展する中で、UNEP はそれらに積極的に関与するようになっていく。この中心を占めるのが、多国間環境条約である。

　縷言するまでもなく、多国間環境条約は、国家間の調整をしつつ、地球環境問題に関する国際協力を進展させるための国際法であり、主権国家体制の原則や規範を基礎とするものである。UNEP もこのような国家の主権を前提としている。1972 年の UNEP 設立時の国連総会決議では、「環境分野における国際協力プログラムは，各国の主権的権利を尊重し，かつ国連憲章及び国際法の原則に合致して実施しなければならないことに留意する」[14]と明記されている。

　UNEP の多国間環境条約に対する関与は、①条約形成段階、②条約交渉段

階、③条約履行の各段階にわたっている。

　まず、①条約形成段階に関して、形式的には UNEP 管理理事会における決議に基づいて条約交渉が開始されることが多い。UNEP 設立前の海洋投棄規制に関するロンドン条約などを除くと、気候変動枠組条約、有害廃棄物の越境移動に関するバーゼル条約など多くの環境条約はこの過程を経ている。また、世界気象機関（World Meteorological Organization: WMO）とともに、科学評価機関である気候変動に関する政府間パネル（Intergovernmental Panel on Climate Change: IPCC）を設立し、条約の基礎となるデータの収集、分析を提供する環境づくりにも貢献している。

　次に、②条約交渉段階における UNEP の関与である。国際機構である UNEP は、国家に対する「第三者」として、国家間交渉における「仲介者」の役割を果たすこともある。特に、第 2 代の事務局長であるトルバ（Mostafa Kamal Tolba）は、条約交渉に積極的な姿勢を示した。例えば、バーゼル条約交渉においては、先進国と発展途上国の間で、有害廃棄物の越境移動に関して「事前通知同意」論と「禁止」論をめぐって対立があり、条約の成立が危ぶまれたものの、「禁止」論を主張するアフリカ諸国を説得し、条約に関する合意を取り付けた[15]。

　最後に、③条約履行の段階である。現在、UNEP は、希少動植物の国際取引に関するワシントン条約、オゾン層保護に関するウィーン条約など多くの条約事務局を務めている。また、これらの国際環境法に関連して、各国における国内環境法の整備にも努力してきた。UNEP は、1982 年以降、発展途上国の環境法専門家の能力向上を図るために、「環境法の発展と定期的なレビューに関するモンテビデオ・プログラム」を展開してきた。また、環境リスクの評価、モニタリングといった、能力支援の例としては、世界自然保護モニタリング・センター（World Conservation Monitoring Centre: WCMC）を挙げることができる。

　以上、確認したように、UNEP は、多国間環境条約の形成に大きく貢献し、設立当初の本来の任務でなかったにもかかわらず、「国際環境法の発展は、UNEP の画期的な成功の 1 つである」[16] と評価されるに至っている。しかし、

21世紀を迎えて、UNEPが大きく貢献した多国間環境条約をめぐって、多くの課題が指摘されるようになっている。

（2） 多国間環境条約の課題

　1970年代から2000年代にかけて多くの多国間環境条約が締結されたが、その一方でそれらの抱える課題も浮き彫りとなってきた。それは、①国家間交渉の失敗、②条約への「参加」、③条約の履行、④条約間の重複、相克、そして、⑤条約という枠組みの限界の5点に分けることができる。

　まず、国家間の条約交渉の失敗である。他の分野においてもしばしば見られるが、地球環境問題に関する国際条約交渉も、国家間の利害、価値観の対立に彩られてきた。例えば、1980年代以降、発展途上国を中心に深刻化した大規模な森林破壊に対して、森林条約の形成が模索されたものの、各国の国益の対立もあり、実現していない。また、気候変動に関しては、1997年の京都議定書から、次の国際合意である2015年のパリ合意まで、20年近い「空白」期間が生じている。

　次に、「参加」の問題である。国際交渉における署名は、必ずしも条約への「参加」を意味しない。国際条約の発効には、国内の批准手続きを必要とするが、批准が行われない例もある。その代表がアメリカである。アメリカは、条約に署名したものの批准手続きが進まず、オブザーバー参加にとどまるものも多い。生物多様性条約、バーゼル条約などはその代表例であり、気候変動に関する京都議定書の脱退についても、そもそも国内における批准は得られない可能性が極めて高かったのである。また、多数の環境条約が併存することにより、特に発展途上国の負担が大きい点も指摘されている。UNEPの本部はケニア・ナイロビに置かれているものの、条約の締約国会合は各地で行われる。1年に数度の締約国会合が別の地で行われるとなると、予算や人員という点で大きな負担となる。

　さらに、条約の履行に関しては、特に、発展途上国の資金、能力面の不足に由来する課題がある。これまでも多国間環境条約において、各国が拠出する資金メカニズムが設立され、発展途上国の履行支援を行ってきた。また、UNEP

も専門家養成を行ってきたが、いずれも十分でない。さらに、気候変動の場合は「緩和」のための再生エネルギーの導入、「適応」のための自然災害対策にしても巨額の資金が必要であり、条約の枠内で対応することが難しくなっている。

　個別領域ごとに成立した環境条約の制度間の相克も大きな課題である。多国間環境条約は、限定的な問題への取り組みについての合意であるが、交渉に至る背景は多様なため、同種の問題であり関連が強いものの、別個の条約が形成され内容の重複するものもあれば、異なる規制の仕方を採っているものある。新たな条約が形成される度に、締約国は新たな義務を次々に負わされることになる。このような「条約渋滞（treaty congestion）」[17]について、「UNEP の政策機能に関する中心的な問題は、履行やアカウンタビリティよりもむしろ法や政策の発展に焦点を当ててきたことである。新たな問題が生じるたび、UNEP は新たな条約を形成し、各国政府は国際会議の度に新たな義務を引き受けている。各国政府は、それらの履行に関わることを考慮することなく、新たな条約を支持し、署名することが習慣となってしまっている」[18]と指摘されている。

　さらに、環境と他の分野における制度との関係も大きな課題である。環境問題は、「環境と…（開発、貿易、人権、安全保障など）」といった他の分野との規範の調整が課題となる。制度間における相互作用[19]を視野に入れて、協力・調整が求められるが、多国間環境条約は問題領域ごとに断片化していて包括的な規範は存在せず、またそれらを解決するメカニズムは内包されていない。

　最後の課題は、環境問題が、単に汚染防止にとどまるだけでなく、社会、経済にも関わる問題として広がりを持つにもかかわらず、多国間環境条約がこれらの分野を十分に包摂できていないことである。多国間環境条約は、あくまで主権国家から構成され国際社会にとっての課題を対象とするものであるが、そのような問題の定式化は、解決方法を限定的なものにしているのである。

　このような問題に対して、国連・UNEP は近年様々な形でアプローチしてきた。これらのうち特筆すべきものとして、国連自身が問題解決に資する十分な政治的・経済的資源を欠く状況下で、他の主体を介在して、ターゲットとなる主体に働きかけるという間接的でソフトな手法がある。第 3 節は、このよう

な国連・UNEP の試みを「オーケストレーション」としてとらえた上で、その特質を析出することにしたい。

3　国連・UNEP の新たな試み
「オーケストレーション」

（1）　UNEP の改革の試み

　上述したように、多国間環境条約を中心とする地球環境ガバナンスのあり方は、様々な課題に直面することとなった。これに対し、国連・UNEP も様々な試みを行ってきた。

　UNEP の改革については、1990 年代から提起されてきた。1995 年の世界貿易機関（World Trade Organization: WTO）の設立に合わせて、統合的な世界環境機関（World Environment Organization: WEO）を創設する案や、「環境安全保障理事会」を設置し強力な国連機関に再編する議論もあったが[20]、実際には、UNEP の漸進的な改革が推進されていく。

　第 1 には、意思決定機関の改革である。まずは、グローバル閣僚級環境フォーラムの設置である。これは、重要かつ新たな環境分野の事項について見直すことを目的に、閣僚級で毎年開催されることが合意されたものである。そして、これは、2013 年には、国連環境総会（United Nations Environment Assembly）へと改編された。これにより 58 か国の代表で構成される管理理事会（Governing Council）に代わって、全ての国連加盟国が組織の意思決定に参加することになった[21]。

　第 2 に、環境と他の問題領域との統合的な取り組みの進展である。特に、環境と開発の問題については、ブルントラント委員会の報告書で打ち出された「持続可能な開発（Sustainable Development）」という理念が知られている。この理念は、開発の問題を考慮することなく、環境問題の解決はできないこと、経済発展を遂げた後に環境に取り組むのではなく、持続可能性の観点から現在における取り組みが重要であることを強調するものである。持続可能な開発に関して、1992 年のリオ・サミットの際、UNEP は主導的な役割を果たす

ことができなかった[22]。しかし、ほどなく UNEP も含めた国連諸機関が連携する形で、この政策が推進されていく。2015 年に「持続可能な開発目標（Sustainable Development Goals: SDGs）」が採択される過程において、UNEP は主要な役割を果たしてきた。

第 3 に、非国家主体との連携である。1990 年代以降、国連・UNEP は、民間セクターとの積極的な協力関係を構築してきた。例えば、世界の金融セクターと協力して、持続可能な開発のために民間セクターの資金を動員するために 1992 年に設立された UNEP FI（UNEP Finance Initiative）である。UNEP FI は、銀行をはじめとして、保険会社や投資家などが加わったパートナーシップである。このような動きは、国連諸機関でも見られるが、特に地球環境問題、特に気候変動に関して顕著である。ここで重要なのは、UNEP がこれらを通じて、国家や企業などの行動を変化させようと試みている点である。

ガバナンスの主体が、ある組織を中間主体として活用し、ターゲットとなる主体の行動に影響を与えようとする動きを「オーケストレーション」としてとらえる議論がある。次に、この「オーケストレーション」の議論を手掛かりに、UNEP を中心とした国連機関が推進する地球環境ガバナンスの強化へ向けたアプローチを検討したい。

（2）　国連・UNEP による「オーケストレーション」の事例

国連・UNEP の近年の動きを、他の民間主体や組織を活用して、ターゲットとなる主体の行動変容を促していくオーケストレーションとして理解する議論がある。

「オーケストレーション」とは、「政府間組織のガバナンス目標を追求するためにターゲットとなる行為主体に対して働きかけをする仲介者としての行為主体を確保し、支援する行為」[23] と定義される。具体的には、①関係者の動員・招集、②アジェンダ設定、③既存制度間の調整、④既存制度への公的な支持および各種の支援[24] などである。オーケストレーションは、主体からの統制といった権威を及ぼさないという点で委任と区別される。ここでは、国際機構などのガバナンス主体（オーケストレーター）が、当該領域において中心的

（focality）であるものの、裁量の余地は有していても、規制権限や正統性など
の政治的資源を欠いている場合、目標を共有する能力ある主体（中間主体）の
協力を経て、ターゲットとなる企業や政府に働きかけ、目標達成を図ることが
想定されている[25]。

　国連・UNEP によるオーケストレーションの事例では、第一に、UNEP に
よる多国間環境条約の事務局を通じた途上国の遵守向上を図る動きがある。こ
の場合、UNEP がオーケストレーター、環境条約の事務局が中間主体、条約
の各締約国がターゲットとなる。ここでは、UNEP は条約交渉のホストであ
り、加盟国に影響を与える権限移譲がないため、環境条約事務局の協力を得
て、加盟国に間接的な影響を及ぼしていることが注目される[26]。

　第2には、持続可能な開発である。例えば、2013 年に設置された「持続可
能な開発に関するハイレベル政治フォーラム（High-level Political Forum on
Sustainable Development: HLPF）」に注目するものもある[27]。このフォーラ
ムは、持続可能な開発目標のフォローアップと評価を行うプラットフォームで
あり、各国は「自発的国家レビュー」を提出している。

　第3には、金融分野の事例であり、「地球環境ファシリティ（Global
Environment Facility: GEF）」が、その代表例として挙げられる。GEF は、
1991 年よりパイロット・フェーズが開始されたもので、生物多様性など6つ
の分野における発展途上国の環境保全の取り組みを支援するものである。これ
らの事業は、UNEP と国連開発計画（United Nations Development Programme:
UNDP）、世界銀行により行われている。GEF がオーケストレーター、世界銀
行、UNDP が中間主体、途上国がターゲットということになる[28]。また、
UNEP がオーケストレーターとして、UNEP FI（中間主体）に指針や原則の
策定を促し、銀行、保険といった金融セクターの主体に影響を与えていると指
摘されている[29]。

4　国連・UNEP にオーケストレーションと主権国家

（1）　国連・UNEP によるオーケストレーションの特徴

　ここまで、オーケストレーションとしてとらえられる国連・UNEP の動き
を概観したが、その特徴をまとめておきたい。

　第1に、UNEP 単独で行われるものだけでなく、他の国連機関と共同して
オーケストレーションを行う、「共同オーケストレーション」[30] が見られるこ
とである。これは、環境問題が広がりを持ち複雑化すると、政策領域が混在し、
UNEP の中心性が明確でなくなるためである。本来、調整機関としての性格
を有している UNEP は、このような共同オーケストレーションと親和的であ
る。

　第2に、近年の多国間環境条約や国連の政策において、目標志向が強くなっ
ていることが、オーケストレーションを促している側面がある[31]。例えば、気
候変動に関しては、1997 年の京都議定書が、各国に対して温室効果ガス排出
抑制に関する数値目標を課すなど法的規制を中心とするものであったのに対し
て、2015 年のパリ合意は「産業革命後の気温上昇を 2℃以内に抑える」という
目標を明記し、締約国が共有した上で、各国が削減目標を提出し、評価すると
いう仕組みとなっている。すなわち、規制よりも各国が具体的な目標を共有し
て、その目標に向かって努力することが想定されている。同じ目標志向は、
SDGs についても見られる。SDGs は文字通り「目標（Goals）」であって、具
体的な達成時期と達成すべき水準が明記されているが、法的な規制ではなく、
「目標を通じたガバナンス」[32] が志向されている。そして、オーケストレーショ
ンを行うことで、UNEP は自ら専門能力を高めたり、新たに政治的経済的あ
るいは行政的資源を獲得したりする必要性が減じる。また、中間主体が別に存
在することで、各国の政治的対立に巻き込まれず、環境ガバナンスにおいて必
要な政策を推進できるのである。

　第3に、国連・UNEP のオーケストレーションは、分野によって進展に違
いがある。環境問題においては気候変動を中心に見られるが、他の分野では必

ずしもそうでない。第2の点とも関連するが、リスク管理を重視し、規制が中心となっている化学物質・廃棄物の分野では、パートナーシップ、技術協力といった直接的な協力関係が中心である。また、開発と環境という問題領域間では、国連のオーケストレーションが見られるが、規制的で凝集性の高いレジームが存在する貿易分野については、オーケストレーション的な試みはあまり見られない。

　一方で進展が見られるのは、金融分野である。UNEP は事務局及び運営委員会を通じて UNEP FI の活動に対して影響力を有しているが、この UNEP FI は、金融セクターにおける環境配慮に関する原則や規範を確立しながら、アクターの行動に大きな影響を与えてきた[33]。2006 年に UNEP FI と国連グローバル・コンパクトによって設立された「責任投資原則」、2012 年に UNEP FI が設立した「持続可能な保険原則」、さらに 2019 年の「責任銀行原則」である。そして、これらは、GEF と違い、国家を対象とするものでない。ここでは、国家を他の主体と区別する主権は言及されないし、国家相互の義務や権利を確認することもない。

　このような特徴は、さらに近年の企業の環境関連情報の開示に関する国連・UNEP の関わりにおいて顕著である。

（2）　TCFD/TNFD における国家の関与の「不在」

　近年、企業に関して財務情報だけでなく、気候変動など今後予想される環境リスクによって自社の事業にどのような影響があると見込むかなどについて、投資家、より広く市場に対して、積極的に情報を開示するよう求める声が強くなっている。

　その最も代表的な例が、「気候関連財務情報開示タスクフォース（Task Force on Climate-related Financial Disclosures: TCFD）」である[34]。これは、2015 年に金融システムの安定化を監視する金融安定理事会（Financial Stability Board: FSB）によって設立されたもので、気候変動問題への意識が高まる中で、信頼性があり、比較可能な気候関連の財務情報開示を企業へ促し、それらを通じて投資家などに適切な投資判断を促すための指針を提言して

いる。そこでは、企業の年次報告書などにおいて「ガバナンス」「戦略」「リスク管理」「指標と目標」の４つの項目に言及することが求められている。

TCFD への賛同にとどまる企業もあるが、実際に情報開示を行う企業も大幅に増加しており、情報公開という点で、企業のグローバルな環境規範の１つになりつつあるということができる。

この TCFD については、UNEP が UNEP FI を通じて、積極的に関与してきた。2017 年の TCFD 最終報告書公表後、UNEP FI は銀行、投資家、保険会社を対象とした「TCFD パイロットプロジェクト」を開始し、気候リスクと機会の評価及び開示に関する方法の検討を行っている。また、国連の適応グローバル委員会 [35] と協力し、任意にとどまる TCFD についてその必要性を強調し、さらなる企業のコミットメントを求める動きを強めている [36]。

また、同様の流れは、生物多様性分野においても見られる。2021 年に設立された、「自然関連財務情報開示タスクフォース（Task Force on Nature-related Financial Disclosure: TNFD)」である。TNFD の目的は、企業が自然に関連した情報開示を行うことにより、資金の流れを「ネイチャー・ポジティブ」（自然に対して良い影響）へ転換させることである。そして、TNFD 自体は、自然資本や生物多様性に関連した幅広い情報開示の枠組みの策定を行っている [37]。TNFD は、2020 年から UNEP FI、UNDP、世界自然保護基金（World Wide Fund for Nature: WWF)、英 NGO グローバルキャノピー [38] の４者によって構想が進められてきた。現在、パイロット・フェーズを経て、2023 年 9 月 18 日に TNFD 最終提言 v1.0 が発行されている。

TCFD およびその枠組みを参照した TNFD の場合も、UNEP（UNEP FI）がオーケストレーターとなって、これらのタスクフォースの協力を得ながら、企業に対して環境に関する情報開示を促していると理解することができる。UNEP は、地球環境問題に関する国連の中心組織として、これらの中間主体に正統性を付与することになり、民間主体であるこれらのタスクフォースの規制ルール作成を支援していると見ることができる。

しかし、この過程において、他の主体と区別される国家の主権性は重視されないし、国家の関与は見られず、その必要性も高いとは言い難い。このアリー

ナでは、国際機構である UNEP とタスクフォース、そしてターゲットである企業が主体となるが、国家の姿は見えない[39]。国家は、むしろ、それを後追いしていると言ってよい。気候変動に関する情報開示を推進する民間組織である CDP が、2023 年 9 月が発表した調査レポートによれば、「G20 加盟国のほとんどは自然関連の情報開示に関わる政策を限定的にしか決めていない、もしくは全く決めていない」[40] ことが指摘されている。

　TCFD にせよ、TNFD にせよ、国家間相互の権利や義務について議論されることがない。つまり、国家が互いに地球環境問題における権利、義務、規範を確認し、リスク認識を共有するような、国際社会における「共感」を形成する機会はない。この点において、主権国家として国際社会においてどのような役割を果たすべきか、その責任はどう分担するか、が論点となる締約国会合とは異なる。

　さらに、重要なのは、企業の環境情報開示に関する規範の対象が気候変動から生物多様性にまで拡大している事実が示すように、主権国家体制というシステムの有意性が希薄になり、そのような領域が拡大していくのではないかという点である。少なくとも気候変動と金融に関連する政策領域においては、国連・UNEP が、多国間環境条約では十分に対応できなかった課題にアプローチし、環境ガバナンスの強化を図る試みとして、これらの動きを積極的に推進しているのである。

おわりに

　地球環境問題について、国家が単独で対応することが困難になっているからと言って、それは主権国家の衰退を意味するものではない。国家が自国の行動が制限されるという意味で主権の制約になったとしても、多国間環境条約に参加することで国家の権能を保持し高めることができる。すなわち、多国間環境条約が国家の権利・義務を確認し、行為規範を制定することで、国家が他の主体と区別される権能を有し、その必要性を主張することができたという点で、主権国家体制を強化するものであったといえる。

　今日、多国間環境条約が多くの課題に直面する中で、UNEPは、多様なアプローチを通して地球環境ガバナンスのパフォーマンスを高めようとしてきた。政治経済的な資源に制約がある中で、目標を共有する他の主体の協力を得て、ターゲットの行動変容を促す間接的でソフトな手法であるオーケストレーションが、多くの分野で見られることに本稿は着目した。

　そして、特に、UNEP FIを中心として、気候変動問題解決のための必要な資金の流れをつくり、さらに企業に対して環境関連の情報開示に関する行動規範を策定していく過程においては国家の関与がなく、むしろほとんどの国家が後追いする形で取り組みを検討するような形になっていることを確認した。本稿は、その過程の中で、国家が他の主体と区別される権威を持って普遍的な国際規範を形成したり、国際社会において主権国家としての義務や権利、役割を確認する機会が失われているという側面があることを指摘した。

　UNEPは、気候変動問題や生物多様性に関する環境ガバナンスの能力を高める上で、市場メカニズムを活用する戦略を推進しているUNEP FIを制約せず、むしろそれを利用し、正統性を与えて支援している。ガバナンスの機能という点において、これらの試みは評価されるが、他方で、特定の組織を選択し、正統性を与えることで、それらの組織にガバナンス空間の占有、寡占化を許すことになっている。気候変動への「適応」という観点から重要である環境リスクについて、それに直面する発展途上国が考えるリスクと企業や投資家が想定するリスク評価は異なるであろう。気候変動枠組条約事務局あるいは適応グローバル委員会など他の国連機関が、これらをリスク認識のギャップを埋め、国家の権利・義務、役割や責任分担について公平な方針を提示する意思と能力があるかが問われている。

　環境に関する企業情報開示のルールは、環境という価値を特定の形で普遍化するものであるが、それが適切かは問題視されないし、全ての国家が平等な権利を有する、という主権国家体制の理念・規範が反映されるか疑わしい。それらの情報にアクセスし、適応することができる国家のみが国際社会において影響力を高め、そうでない国家との非対称性を拡大することにつながるかもしれない。その意味では、特定の国家のパワーと権威を強化することになるかもし

れない。

特定の領域で起きていることが直ちに主権国家体制を脅かすことにならない
し、ある国家が、自らの優位を制度化した事例は枚挙に暇がないにもかかわら
ず、主権国家体制は依然として続いている。それは中小国、発展途上国にとっ
て国家間の非対称性の是正を求め、国際制度から排除された場合には、そこに
参加する権利を主張する上で、必要な理念だからである。しかし、非国家主体
を中心とした機能主義的なガバナンスの影響力が支配的になれば、主権国家体
制を必要とする文脈が希薄化するかもしれない。

制度の空白を埋めるように、非国家的ガバナンスが台頭したからといって、
今後、主権国家を中心とする国際社会の規範や原則と衝突や調整が起きないと
は限らない。実際に、これまで国際機構は、市民社会と国際社会との間で利益
や価値を調整する役割を果たしてきた[41]。気候変動、生物多様性などグローバ
ルな問題に対して、TCFD のように、条約の「外」の新たな制度空間が広が
りを見せる中で、国連がどこまで主権国家体制の必要性と意義を認めるのか、
今後注視していくことが重要であるだろう。

【付記】本稿は、2023 年度日本国際連合学会研究大会「研究報告セッション
1 脱主権国家体制の兆しと国連」における報告を元に、大幅な修正を加えた
ものである。また、本稿は、科学研究費・基盤研究 B「人権・環境ガバナンス
における『共感』メカニズムの解明」(課題番号：22H00817) ならびに同「グ
ローバル・ガバナンスの自省作用による民主的変革」(課題番号：23H00790)
の研究成果の一部である。

注

1　Benjamin Cashore, "Legitimacy and the privatization of environmental
governance: How non-state market-driven (NSMD) governance systems gain
rule-making authority," *Governance*, Vol. 15, No. 4 (2002), pp. 503-529.

2　明石欽司『ウェストファリア条約——その実像と神話』慶應義塾大学出版会、
2009 年。

3 篠田英朗『国際社会の秩序』東京大学出版会、2007 年、54 頁。

4 山田哲也『国際機構論入門』東京大学出版会、2018 年、212 頁。

5 これらの議論の嚆矢に、例えば、Saskia Sassen, *Losing Control?: Sovereignty in the Age of Globalization* (Columbia University Press, 1996).

6 Stephen D. Krasner, *Sovereignty: Organized Hypocrisy* (Princeton University Press, 1999), pp. 9-25.

7 *Ibid*, pp. 13-14.

8 山本草二『国際法（新版）』有斐閣、1994 年、16 頁。

9 岩間徹「国際環境における国家主権の位相」『国際政治』第 101 号（1992 年）、124 頁。

10 ストックホルム宣言原則 21、リオ宣言原則 2「国は国連連合憲章および国際法原則に従って、自国の資源をその環境政策に基づいて開発する主権的権利を有し、また、自国の管轄又は管理下の活動が他の国の環境又は国の管轄権の範囲外の区域の環境に損害を及ぼさないように確保する責任を有する」（訳文は松井芳郎ほか編『国際環境条約・資料集』東信堂、2014 年）。松井芳郎『国際環境法の基本原則』東信堂、2010 年、62-80 頁。

11 国際環境法上の手続き義務については、児矢野マリ『国際環境法における事前協議制度──執行手段としての機能の展開』有信堂、2006 年；一之瀬高博『国際環境法における通報協議義務』国際書院、2008 年などを参照。

12 渡邉智明『有害廃棄物に関するグローバル・ガヴァナンスの研究──政策アイディアから見たバーゼル条約とその制度的連関』国際書院、2022 年、99-120 頁。

13 松井、前掲書、67 頁。

14 United Nations General Assembly Resolution 2997 (XXVII) on *Institutional and financial arrangements for international environmental cooperation*, 15th December 1972.

15 渡邉、前掲書、111 頁。

16 Maria Ivanova, *The Untold Story of the World's Leading Environmental Institution: UNEP at Fifty* (The MIT Press, 2021), p. 163.

17 Bethany Lukitsch Hicks, "Treaty Congestion in International Environmental Law: The Need for Greater International Coordination," *University of Richmond Law Review*, Vol. 32, No. 5 (1999), pp. 1643-1674.

18 Ivanova, *op.cit.*, p. 169.

19 Sebasitian Oberthür and Thomas Gehring, eds. *Institutional Interaction in*

Global Environmental Governance (The MIT Press, 2006)；足立研幾「国際制度間関係とグローバル・ガバナンス」『国際政治』第 167 号（2012 年）、144-152 頁。

20　国連、特に UNEP の改革の提言については、United Nations Joint Inspection Unit, *Management Review of Environmental Governance within the United Nations System* (JIU/REP/2008/3)。また、国連内外の議論も含めた制度の構想については、横田匡紀「持続可能な発展のグローバル公共秩序と国連システムの改革プロセス——国連環境計画の事例」『国際政治』第 137 号（2004 年）、118-137 頁、を参照。地球環境機関などの構想については、渡邉智明「地球環境問題における「制度」と「管理」——「世界環境機関」構想の可能性と課題」大庭弘継編『超国家権力の探究』南山大学倫理研究所、2017 年、7-23 頁、を参照。

21　Franz Xaver Perrez, "The role of the United Nations Environment Assembly in emerging issues of international environmental law," *Sustainability*, Vol. 12, No. 14 (2020), p. 5680.

22　Ivanova, *op.cit.*, p. 141.

23　Kenneth W. Abbott, Philipp Genschel, Duncan Snidal and Bernhard Zangl, eds. *International Organization as Orchestrators* (Cambridge University Press, 2015), p. 3.

24　西谷真規子「多中心的ガバナンスにおけるオーケストレーション——腐敗防止規範をめぐる国際機関の役割」西谷真規子編『国際規範はどう実現されるのか——複合化するグローバル・ガバナンスの動態』ミネルヴァ書房、2017 年、203 頁。

25　Abbott, et al. *op. cit.*, p. 24.

26　宇治梓紗「国際環境条約と UNEP によるオーケストレーション」『法学論叢』第 189 巻 4 号（2021 年）、44-45 頁。

27　Marianne Beisheim and Felicitas Fritzsche, "The UN High-Level Political Forum on Sustainable Development: An orchestrator, more or less?" *Global Policy*, Vol. 13, No. 5 (2022), pp. 683-693.

28　Erin R. Graham and Alexander Thompson, "Efficient Orchestration? The Global Environmental Facility in the governance of climate adoption," in Abbott, et al. eds., *op.cit.*, pp. 114-138.

29　Thomas Hale and Charles Roger, "Orchestration and Transnational Climate Governance," *Review of International Organizations*, Vol. 9, No. 1 (2014), pp. 59-82.

30　西谷、前掲書、211 頁。

31 Rakhyun E. Kim, "The Nexus between International Law and the Sustainable Development Goals," *Review of European, Comparative and International Environmental Law*, Vol. 25, No.1（2016）, p. 17.

32 Kanie Norichika and Frank Biermann, eds. *Governing through the Goals: Sustainable Development Goals as Governance Innovation*（The MIT Press, 2017）.

33 川畑東陽「民間気候資金の動員に向けたオーケストレーションによるガバナンス」『グローバル・ガバナンス』第 6 号（2020 年）、119-130 頁。

34 TCFD および環境金融については、以下を参照。藤井良広『サステイナブルファイナンス攻防——理念の追求と市場の覇権』（きんざい、2021 年）、第 3 章。

35 適応グローバル委員会（Global Commission on Adaptation: GCA）は、2018 年に発足している。国際機関だけでなく、地域の NGO や国家も参加している。（https://gca.org/about-us/the-global-commission-on-adaptation/）［2023 年 11 月 30 日最終アクセス］。

36 Global Commisiton on Adaptation and UNEP Finance Initiative, *Driving Finance Today for the Climate Resilient Society of Tomorrow for the Global Commission on Adaptation*（United Nations Environmental Programme, July 2019）.

37 TNFD については、藤田香『ESG と TNFD 時代のイチから分かる 生物多様性・ネイチャーポジティブ経営』日経 BP 社、2023 年、201-216 頁；原口真「TNFD の最新状況」森林環境 / 森林環境研究会編『森林環境 2023』（2023 年）、125-131 頁。

38 グローバルキャノピーは、市場へのアプローチを重視した形で、森林問題を中心に取り組むイギリスの環境 NGO・シンクタンクである。（https://globalcanopy.org/）［2023 年 12 月 10 日最終アクセス］

39 TCFD が FSB と別の組織となったのは、国家の意向、特に、その時々のアメリカの政権の影響を受けることを避けるためであったと指摘されている、藤井、前掲書、88 頁。

40 https://fintech.global/2023/09/11/cdp-urges-g20-to-up-their-game-on-mandatory-nature-disclosures/［2023 年 12 月 1 日最終アクセス］

41 山田、前掲書、215 頁。

5 主権国家体制と国際刑事裁判所による逮捕状：

現職の国家元首に対する逮捕状執行をめぐるパラドックス

藤 井 広 重

はじめに

　国際刑事裁判所（International Criminal Court: ICC）は、2023 年 3 月 17 日にウラジーミル・プーチン（Vladimir Putin）大統領に対し、戦争犯罪に関与した疑いで逮捕状を発付した[1]。ロシアが、2022 年 2 月 24 日にウクライナへの侵攻を開始してから約 1 年後のことである。プーチンへの逮捕状は、ICC にとって現職の国家元首に対し逮捕状を発付した二例目となった。国際的にも注目を集め、同逮捕状発付を決定した予審部判事の一人である赤根智子はテレビ局のインタビューにて、逮捕状発付の決定は逮捕に至るか否かを踏まえて判断しているわけではなく、検察局から提示された証拠に基づいて判断に至っている旨を説明した[2]。このように、司法機関である ICC では、粛々と法と手続きに則り事件が審理される。だが、国家主権が掲げられ、法と政治の境界が非常に曖昧となるアナーキカルな国際社会において、現実が国際法で規定されているように展開するとは限らない。

　ICC が依拠するローマ規程は、ICC による国家主権の侵害を制限するために作成されたといっても過言ではない。たとえば、ローマ規程は、ICC が関連国家の協力なしに独自に強制執行を行う権限を認めておらず、逮捕状の執行義務を締約国にのみ課している。国内の司法とは異なり、ICC には逮捕状の対象者を自ら逮捕できるような内部執行メカニズムはないのである。したがって、国家元首に対する逮捕状が発付された事実は重く、その影響は ICC と当事国にとどまらず多方面に及ぶこととなる。

　本稿で取り上げる ICC による逮捕状は、検察官の請求によりローマ規程第58条に基づき、当該被疑者が罪に関与したと信ずるに足りる合理的な理由が存在し、かつ、出廷を確保するため、捜査や訴訟手続きを妨害したり脅かしたりしないよう確保するため、または犯罪の実行を継続することを防止するために、予審部にて発付が決定される。そして、ローマ規程第58条および59条に基づき、ICC には締約国に逮捕を要請する権限が認められている。ICC は2002年から活動を開始し、2010年代はアフリカ諸国との亀裂によって ICC からの脱退をめぐる騒動に発展したことはあったが[3]、執筆時の2023年末現在、124カ国がローマ規程を批准している。ICC 公式サイトで公開されている情報によると、これまでに ICC が捜査を開始した事態（situation）は17、事件（case）は31、そして、訴追された被疑者は51人、そのうち42人に逮捕状が発付され、現在13人に逮捕状が執行できていない。

　この13人のうちの一人が、スーダンにて大統領を務めていたオマル・バシール（Omar al-Bashīr）である。ICC が現職の国家元首に逮捕状を発付した初めての事例であり、在職中は幾度と逮捕状の執行をめぐって ICC と締約国との間に議論が沸き起こった。2019年4月に実質的なクーデターによってバシールは大統領職を辞したが、それでも現在までスーダン政府はバシールをICC に引き渡していない[4]。同様に、プーチンに対する逮捕状の執行にも時間を要すると考えられる。そこで、本稿では、国際的な協力義務の履行を法的な問題だけに限らず、これまで論じられることが少なかった国際的な刑事裁判所による逮捕状執行の実践を整理する作業を通して、主権国家体制下においてICC による国家元首への逮捕状執行がいかなる理由から極めて困難であるといえるのか明らかにする。

　以上の問題意識から、本稿は次節にて国際的な刑事裁判所が現職の国家元首に逮捕状を発付した先行事例として、旧ユーゴスラビア国際刑事法廷（International Criminal Tribunal for the former Yugoslavia: ICTY）によるスロボダン・ミロシェヴィッチ（Slobodan Milošević）への逮捕状執行に関与してきたアクターを確認することから始める。次にバシールに対する ICC 逮捕状発付と国連の関わり、さらに南アフリカ訪問時の出来事から ICTY とは異

なる ICC の現況を示す。最後に、逮捕状執行に対するローマ規程締約国会議
（Assembly of States Parties: ASP）の限界を考察し、結論にて、国家元首に
対する逮捕状をめぐって生起してきたパラドキシカルな課題に対し、ICC の今
後の展望を考える。

1　先行事例
旧ユーゴスラビア国際刑事法廷の経験

（1）　ミロシェヴィッチに対する逮捕状

　ICTY は国連憲章第 7 章下の安保理決議第 827 号によって 1993 年に設置さ
れ、1991 年以降に旧ユーゴスラビア領域内で行われた国際人道法に違反する
重大な犯罪を訴追することを任務とする[5]。1999 年 5 月 27 日に ICTY はミロ
シェヴィッチ他 4 人を、コソボ・アルバニア市民に対する戦争犯罪および人道
に対する犯罪に関与したとして逮捕状を発付した。ミロシェヴィッチは、1990
年にセルビア共和国の初代大統領に就任し、1997 年からはユーゴスラビア連
邦共和国（セルビア・モンテネグロ）の大統領に就任した人物である。

　ICTY 規程には、ICTY による逮捕状執行に関する具体的な規定は設けられ
ていないが、同第 19 条 2 項にて、起訴の確定後、逮捕状を検察官の求めに応
じて発付することが可能であることが明記されている。また、同 20 条 2 項に
は、ICTY への移送についても定められており、同 29 条 2 項にて国家は、被
疑者の逮捕や拘禁、または法廷への引渡しや移送の命令に限定されずに、
ICTY の出した命令や支援要請に遅延なく応じる義務がある。そして、安保理
決議第 827 号は、すべての国連加盟国が ICTY 規程第 29 条に基づく ICTY か
らの要請に完全に協力するよう決定した[6]。ただし、同安保理決議が ICTY に
国家に対する強制措置までも付与したとは考えられていない[7]。

　ICTY は被疑者を拘束する手段を有していないが、ICTY 規程第 15 条に基
づき手続き証拠規則が採択され、逮捕状執行に係る具体的な手続きが、同規則
第 54 から第 59bis に規定される。この手続き証拠規則にて逮捕状執行におけ
る国家の協力を明確に規定し、ICTY は国家がその執行に従わない場合に不履

行の通知を国連安保理に提出することができる（規則第59）。ここで注目したいのが、規則第59bis（A）は、被疑者の逮捕状の写しを適切な当局もしくは国際機関、または検察官に送付し、当局または国際機関が被疑者を拘束した場合には、速やかにICTYに移送するように求めていることである。この規則の成立は、現地で活動する国際機関に対してもICTYが逮捕状の執行を要求する固有の権限を与えることとなり、ボスニア・ヘルツェゴビナでのSFOR（Stabilisation Force）への協力要請につながった。

　このような逮捕状執行に係る枠組みのなかで、ICTYは、ユーゴスラビア連邦共和国の当時国家元首であったミロシェヴィッチ等に対し逮捕状を発付した。当然のことながら、ユーゴスラビア連邦共和国からの反発は強く、被疑者たちの逮捕および引渡しがICTYの要請に基づき行われることはなかった。そこでICTY検察官は、規則第59に基づき、非協力について国連安保理に付託するとともに、規則第61（D）に基づき、次のことを国連加盟国に求めた。それは、「(i) 被疑者のいずれかが自国の領土に資産を有しているかどうかを調査し、(ii) そのような資産が見つかった場合、被疑者が拘束されるまでその資産を凍結する暫定的措置を採用すること」である[8]。

　ICTYはミロシェヴィッチの逮捕実現に向けた外交を展開し、関係国に圧力をかけ続けた。たとえば、ICTY検察官はユーゴスラビア連邦共和国のICTYへの協力義務が果たされていないことを国連安保理だけではなく国連総会、NATOでの会合、また米国の高官と面会する際に訴え、ICTYの優先事項は未だ自由の身である有力者の逮捕であると繰り返し述べた[9]。ICTY裁判所長も、2000年11月の国連安保理会合にて、国連加盟国は自国の領土内にいる被疑者を逮捕し、法廷に移送するように訴え、法廷への協力義務を果たさなければそのすべての深刻な不履行を躊躇なく国連安保理に報告すると述べた[10]。

　ミロシェヴィッチの逮捕をめぐる状況が大きく変わったのは、2000年9月に行われた大統領選挙にて同氏が敗北したことによる。1999年6月9日にNATOはコソボのセルビア軍に対する空爆を停止し、翌日に国連安保理決議第1244号が成立した。これにより国連コソボ暫定行政ミッション（UNMIK）が展開され、コソボは国連の暫定統治下におかれ、治安維持のため同12日か

ら NATO 主導の KFOR（Kosovo Force）がコソボで活動を開始した。反政府運動も拡大しはじめたことで、ミロシェヴィッチは早期選挙の実施を決断する。だが、ミロシェヴィッチは大統領選挙で敗れた。2000 年 10 月 7 日にヴォイスラヴ・コシュトニツァ（Vojislav Koštunica）が大統領に就任し、新政権が誕生した。その後、2001 年 4 月 1 日にミロシェヴィッチはセルビア当局によって逮捕され、ICTY には 2001 年 6 月 29 日に移送された。注目すべきは、ミロシェヴィッチの退陣から ICTY への移送までの間、ユーゴスラビア連邦共和国は ICTY の要請を法に則り遵守したというよりも、外交的な利益を計算しながら動いた側面が強いということである [11]。そこで次項にて主要な関連アクターの対応について確認する。

（2）　逮捕状執行に向けた関連アクターの対応

　ミロシェヴィッチの逮捕に関与したアクターは国連、地域機構、国家と多岐にわたる。しかし、その動向を確認すれば、手足のない巨人と評された ICTY だけでなく [12]、国際機関も単独で ICTY の要請を執行する能力には限界があり、ミロシェヴィッチを逮捕する権限や資源を十分に備えていなかった。他方で、欧州連合（EU）と米国が制裁と経済援助を組み合わせ、ICTY への協力を条件とする外交を展開したことで、ミロシェヴィッチを逮捕し、ハーグに移送する政治的意思がユーゴスラビア連邦共和国から生まれてきた。

a　国際連合

　ICTY は国連憲章第 7 章下の安保理決議によって設立されており、ICTY は協力の要請に応じない国家を国連安保理に報告することができる。また、国連安保理決議第 1244 号は UNMIK と ICTY との協力を明記している [13]。国連は ICTY を支援する中心的な役割を担うことができる位置づけであった。だが、実際にはユーゴスラビア連邦共和国の態度を変化させるだけの実効性を伴う対応を確認することはできない。

　国連総会で採択された決議は、ICTY に非協力であったユーゴスラビア連邦共和国に対し、強い言葉で非難した。たとえば、ミロシェヴィッチへの逮捕状発付後の第 54 会期国連総会では、戦争犯罪によって訴追された者がユーゴス

ラビア連邦共和国の指導層に存在し、同国領域にて逃亡していることが指摘された。そして、同国が法治国家共同体に復帰し、民主的な政府を樹立するための第一歩として、被疑者の指導力を否定し、職を解任すること、ICTY に全面的に協力し、同氏を引き渡すように要求した[14]。ただし、総会での決議は国連加盟国を拘束せず、直接的な状況変化は生み出されなかった。

　他方で、国連安保理による憲章第 7 章下の決議は国連加盟国を拘束する。しかし、国連安保理は ICTY に協力しない国家に対し、決議を採択し、制裁を課すことに慎重であった。国連安保理は決議を採択しても、ICTY への協力を国連加盟国に求めるだけで、ICTY に非協力であったときの懲罰的措置について具体的な検討はされなかった[15]。

　国連事務総長は、ユーゴスラビア連邦共和国の ICTY に対する非協力について事務総長報告書で言及することはなく、UNMIK と ICTY の協力関係について言及したことが一度あるくらいであった。しかし、この UNMIK と ICTY との協力関係についても、設立決議にて求められていただけで両者の間に逮捕状執行に係る具体的な取り決めはなされなかった。ただし、そもそも UNMIK はコソボ領域外での活動についての任務は付与されておらず、治安維持を目的とした KFOR によるセルビア領域でのミロシェヴィッチ等の確保は想定されていなかった。

b　北大西洋条約機構（NATO）

　NATO は、1995 年デイトン和平合意および国連安保理決議第 1031 号に基づき、多国籍部隊の IFOR（Implementation Force）の展開を指揮し、1996 年から SFOR が国連安保理決議第 1088 号によって IFOR の任務を引き継いだ。当初、IFOR は警察業務を引き受けることに前向きではなかったが、1995 年 12 月 16 日に、NATO 理事会は、IFOR が任務の遂行において接触した ICTY の被疑者を拘束すべきであるとし、新たなルール・オブ・エンゲージメント（ROE）を発表した[16]。これを受け、1996 年 1 月に ICTY は手続き証拠規則第 59bis を採択し、同年 5 月に ICTY は欧州連合軍最高司令部（SHAPE）との間に、戦争犯罪で起訴された者の拘束と ICTY への移送、および IFOR/SFOR による ICTY への支援に関する実際的な取り決めを成文化した覚書を

締結した[17]。

　ここで問題となったのは、先にも触れた ICTY 規程第 29 条の協力義務が、国家のみに適用されるのか、それとも SFOR のような機関にも適用されるのかという点であった。文字通りに読めば、第 29 条は国家のみに適用されるように思われるが、ICTY は以下のように判断した。

　　　原則として、第 29 条が、国際機関、特に本件の SFOR のような権限ある機関の枠組みの中で、国家が行う集団的事業に適用されない理由はない。第 29 条を目的論的に解釈すれば、このような集団的事業にも国家と同様に適用されることになる。ICTY 規程第 29 条の目的は、旧ユーゴスラビアにおいて重大な国際人道法違反を犯したとして告発された者の捜査と訴追において、国際法廷との協力を確保することにある。このような協力の必要性は、国際法廷が独自の執行機関を持っていないこと、つまり警察力を欠いていることから明らかである。このような協力は、当然ながら国家に期待されるものであるが、国際人道法の重大な違反により国際法廷が起訴した人物に関連する情報を持ち、あるいはその人物と接触する可能性のある国際機関が、その所管機関を通じて協力することによっても達成可能である。SFOR と国際法廷の既存の関係は、そのような協力の実際を示している[18]。

　IFOR/SFOR はボスニア・ヘルツェゴビナにて ICTY が発付した逮捕状を何度か執行し、NATO は非常に協力的であったといえる[19]。しかし、コソボで従事した KFOR は、ミロシェヴィッチに対する逮捕状執行に前向きにはなれなかった。KFOR も SFOR と同様の ROE を持ち、ICTY への協力は可能であったが、先に言及したように活動地域がコソボ領域内に限定された。そして、ミロシェヴィッチ逮捕のために NATO 同盟国やユーゴスラビア連邦共和国政府内部にて追加の同意や協力も得られなかった[20]。つまり、ユーゴスラビア連邦共和国内に変化が生まれない限り、権限のある部隊が近隣に展開していたとしても、ICTY の要請に応じて UNMIK/KFOR によってミロシェヴィッ

チの逮捕が執行される可能性はほとんどなかった。

c 欧州連合

EU はユーゴスラビア連邦共和国に、様々な制裁を課した。たとえば、石油の禁輸措置である。EU は 1999 年 5 月 1 日にユーゴスラビア連邦共和国が国連安保理の関連決議に違反し続け、市民に対する弾圧などの人権および国際人道法に対する重大な違反に関与しているとして、同国への石油の販売・供給の禁止を採択した。この措置は、2000 年 10 月 7 日にコシュトニツァが新大統領に就任するまで継続した。また、ユーゴスラビア連邦共和国に対する貿易や投資も禁止され、同国の資産も凍結された。特に、1999 年 6 月には、資産凍結の対象を、資金および金融資源以外の特定の資産にまで拡大し、ユーゴスラビア連邦共和国 / セルビアが所有かつ支配する、または両国のために行動する人物または企業とのすべての金融取引を禁止した[21]。また、米国同様の基準にてビザも制限され、1999 年 5 月にミロシェヴィッチの側近約 800 人に対し発給禁止措置が取られた。

これら EU による数々の制裁は、ミロシェヴィッチが退陣したことで段階的に解除され始めた。また、2001 年 4 月に EU 委員会は、越冬のために 2 億ユーロ規模の緊急支援策を提案し、その第一弾としてトラック 7,000 台分の暖房用燃料の供給とセルビアの電力輸入の 70％分の支払いを決定した。また、ミロシェビッチのハーグへの移送を受けて、EU 委員会は、ブリュッセルで世界銀行と共催した国際ドナー会議にてユーゴスラビア連邦共和国に対し、総額 5 億3,000 万ユーロの資金援助を約束した[22]。

d 米国

米国と EU は連携を図りながらユーゴスラビア連邦共和国に制裁と援助を行なった。米国は ICTY がミロシェヴィッチに逮捕状を発付する前から一貫して、同氏の刑事責任を追及し、政権交代を求めてきた。ICTY がミロシェヴィッチ等に逮捕状を発付した翌日の 1999 年 5 月 28 日に米国財務省外国資産管理局は、ミロシェヴィッチ等の資産を差し押さえ、米国人がこれらの起訴された人物と取引することを禁じた[23]。また、米国国務省は、戦争犯罪報奨金プログラム（WCRP）を立ち上げ、人道に対する犯罪、ジェノサイド罪、戦争犯

罪によって国際法廷に起訴された被疑者の逮捕、移送、有罪判決につながる情報を提供した個人に対し、最高 500 万米ドルの報奨金を提供することを発表した。なお、当初の WCRP は ICTY、ルワンダ国際刑事法廷やシエラレオネ特別法廷で起訴された者を対象としていたが、オバマ政権下の 2013 年 4 月に ICC にて起訴された者も WCRP の対象となった[24]。

2000 年 9 月大統領選挙でのミロシェヴィッチ敗北を受け、米国はユーゴスラビア連邦共和国への制裁緩和を開始した。たとえば、クリントン政権は議会の承認を受け、セルビアの民主化のためにミロシェヴィッチの反対派に 5,000 万米ドルを提供し、条件付きでセルビアに 1 億米ドルの支援を提供した[25]。ここでの条件としてあげられたのが、ICTY への完全な協力であり、2001 年 3 月 31 日までにこの条件を満たさなければ資金援助を打ち切ると通告した。ミロシェヴィッチがセルビア警察に拘束されたのは、約束された期日の翌 4 月 1 日だった。そして、その後も米国はミロシェヴィッチをハーグに移送するように新政権に圧力をかけた[26]。ミロシェヴィッチがハーグに移送された 2001 年 6 月 30 日の前日は、EU でも触れたユーゴスラビア連邦共和国に対する国際ドナー会議が開催され、多額の拠出金が EU だけではなく、米国からも表明されていた。米国は同会議に参加するにあたって、ユーゴスラビア連邦共和国が完全に ICTY に協力する義務を果たさなければならないとの立場を明確にし、ミロシェヴィッチのハーグへの移送を強く求めた[27]。一連の米国や EU による制裁解除と資金援助は、ユーゴスラビア連邦共和国の新政権にとって、ミロシェヴィッチの逮捕と移送を実現するに足るインセンティブであった。

2 現職の国家元首に対する ICC 逮捕状
スーダンの事件での経験

逮捕状が発付されたミロシェヴィッチをめぐっては ICTY や国連だけではなく、NATO や EU、そして米国までもが積極的な外交を展開し、ミロシェヴィッチの逮捕と移送の実現が多くのアクターにとっての利益と結びついていた。だが、本節にて確認するバシールに対しては、国際社会が積極的に一致し

て ICC 逮捕状の執行を実現しようとはしてこなかった。

（1）　スーダンへの司法介入に至る経緯

　スーダンはローマ規程を批准していない。だが、国連安保理は憲章第 7 章下の決議を採択し、2005 年 3 月にスーダン・ダルフールの事態を ICC にローマ規程第 13 条（b）に基づき付託した。これは国連安保理が ICC に付託した最初の事例であった[28]。スーダン西部のダルフールは、スーダン政府と反政府勢力との激しい戦闘によって深刻な人道危機に陥っていた。反政府勢力であるスーダン解放運動 / 軍（SLM/A）や、正義と平等運動（JEM）による政府関連施設への攻撃に対し、スーダン政府はジャンジャウィードと呼ばれる政府軍に協力するアラブ系遊牧民の武装集団を集めた。そして、反政府勢力に関わりがあるとされたアフリカ系の人々が居住する村落にて、ジャンジャウィードは残虐な行為を繰り返し、2004 年末までにジャンジャウィードはダルフールの推定 700 の村々を破壊した[29]。

　2004 年までに約 160 万人がダルフール域内での移動を強いられ、約 30 万人が殺害された。2004 年には国連安保理はダルフールに対する国際調査委員会（International Commission of Inquiry on Darfur）を設置し、同年 9 月から調査が開始された。そして、翌 2005 年 1 月に同委員会は戦争犯罪と人道に対する犯罪が行われていたとの報告書（ジェノサイド罪については証拠不十分とした）をまとめ ICC への付託について言及した。これを受け国連安保理は決議第 1593 号を採択し、スーダン・ダルフールの事態を ICC へ付託した[30]。

　ICC 介入が決定された直後のスーダン政府は ICC を直接に否定するようなことをしなかった。たとえば、スーダン政府はダルフールでの事案に関する特別裁判所（Special Criminal Court on the Events in Darfur）を設置した。特別裁判所設置は、国内司法による訴追に向けた意思と能力を示すことで、補完性の原則の観点から ICC による司法介入を止めることを目的としていたと考えられる。スーダンの法務大臣も、「この裁判所は ICC の代わりになることを意図」したとのコメントを発表したが、だからといって ICC に対するネガティブキャンペーンが介入当初から積極的に展開されたというわけではなかっ

た[31]。しかし、スーダン政府は ICC 検察局の捜査が進むにつれて、イスラム
のイデオロギーを用いながら ICC が西洋的であると批判し、協力を拒むよう
になった。

　もうひとつ、注目すべきこととして、ICTY による逮捕状執行では多大な貢
献を果たした米国についてである。米国は未だローマ規程を批准していない。
米国は自国民が ICC から訴追されることを懸念し、否定的な立場を取ってき
た。ブッシュ政権下では、米国人を ICC に引き渡さないようにローマ規程締
約国との二国間協定を締結する外交を展開した。そのため、ダルフール付託時
も米国が拒否権を発動する可能性もあった。だが、ICC 付託決議では、ダル
フールの事態を通して米国や他のローマ規程非締約国に管轄権が及ばないよう
に文言が調整された[32]。これを受け、米国は国際社会が一致した態度をとる必
要があるとの理由から決議には反対せずに棄権を選択した[33]。

　スーダンを ICC に付託した安保理決議第 1593 号は賛成 11、反対 0、棄権 4
によって採択された。米国の他にはアルジェリア、ブラジルおよび中国が棄権
をした。興味深いことに、アフリカ地域から非常任理事国に選ばれていた 3 カ
国はスーダンの付託に対し反対票を投じていない。棄権したアルジェリア以外
の 2 カ国（ベナン、タンザニア）はこの決議に賛成票を投じている。なお、後
に ICC から脱退するフィリピンも当時は賛成票を投じていた。スーダンの事
例は、ICC による司法介入が国家元首にまでおよび、体制転換をもたらすリス
クが認知されたことで、その後の加盟国と ICC との関係性を捉える転換点と
なったといえよう。

（2）　繰り返された国外への渡航と国連の不作為

　ICC はバシールに対し、ダルフールにて人道に対する犯罪、戦争犯罪および
ジェノサイド罪に関与したとして、2009 年と 2010 年に逮捕状を発付した。し
かし、バシールはローマ規程締約国を含めたアフリカや中東諸国をこれまでに
幾度となく訪問した（表 1）。ローマ規程第 9 部には、「国際協力および司法上
の援助」が規定されており、ICC は締約国に対し、証拠の保全と提供、情報の
共有、ICC から逮捕状が発付された被疑者の逮捕および移送ならびに被害者や

証言者の保護を求めることができる。締約国は、ローマ規程に定められた管轄権の範囲内にある犯罪に関し、ICC が行う捜査及び訴追への十分な協力を求められ（ローマ規程第 86 条）、ICC も締約国に対し、協力を求める権限を有している（ローマ規程第 87 条）。しかし、ローマ規程には締約国が ICC からの協力要請に応じない場合に適用される罰則規定は設けられていない。また、ローマ規程締約国でバシールの訪問を受け入れたアフリカの国は、別の法的根拠として AU での ICC 非協力決定を持ち出し、自身の行為の正当性を主張してきた [34]。

　表 1 のような渡航歴をみてみると、バシールは ICC 逮捕状発付後も比較的自由に外遊を繰り返してきたことがわかる。この背景には、ICC がバシールを受け入れた締約国の非協力を認定し、これを第 87 条に基づき締約国会議や国連安保理に付託しても、何ら措置が取られてこなかったことがあげられる。特に、ICC に事態を付託した国連安保理は、ダルフールの付託決議（安保理決議第 1593 号）やリビアの付託決議（安保理決議第 1970 号）にて、当事国の協力義務には言及しながら、国連加盟国の協力義務については触れなかった。非協力について ICC から付託があったときも、会合で取り上げられたことはほとんどない。これは、1998 年に国連安保理が決議第 1207 号を採択し、ユーゴスラビア連邦共和国が ICTY の逮捕状を執行しないことを強く非難したときとは大きく異なる。また、リビアへの介入の際に国連安保理で掲げられた不処罰の終止というレトリックは、新しい暫定政府が発足すると消えてしまい、その後のリビア政府の非協力に対し、国連安保理は何も行動を取らなかったと指摘される [35]。

　さらに、そもそも国連は ICC の逮捕状を軽んじてきたと思われる出来事もある。たとえば、2012 年 1 月に国連・AU ダルフール合同ミッション（UNAMID）の特別代表は、出席した結婚式でバシールと交流し、これが報道された。重大な犯罪に関与し逃亡中の被疑者と、不処罰の終止や説明責任に言及したマンデートを与えられた国連平和維持活動のリーダーとの私的な交流は批判を受けた [36]。その後、国連は接見方針を策定し、ICC から逮捕状を発付された者との関わりを、不可欠な国連職務権限の活動を遂行するために厳密に必要とされる

表1 バシール訪問国リスト

回数	入国年月日	国名						
1	2009年3月23日	エリトリア	34	2013年3月26日	カタール	67	2015年9月3日	中国
2	2009年3月25日	エジプト	35	2013年4月12日	南スーダン	68	2015年10月11日	アルジェリア
3	2009年3月26日	リビア	36	2013年4月20日	エチオピア	69	2015年10月28日	インド
4	2009年3月30日	カタール	37	2013年5月24日	エチオピア	70	2015年11月3日	サウジアラビア
5	2009年4月1日	サウジアラビア	38	2013年6月13日	エリトリア	71	2015年12月9日	エチオピア
6	2009年4月21日	エチオピア	39	2013年6月27日	カタール	72	2016年1月30日	エチオピア
7	2009年12月29日	サウジアラビア	40	2013年6月30日	エチオピア	73	2016年2月20日	エジプト
8	2010年1月29日	エチオピア	41	2013年7月14日	ナイジェリア	74	2016年3月6日	インドネシア
9	2010年7月21日	チャド	42	2013年10月11日	エチオピア	75	2016年3月9日	サウジアラビア
10	2010年8月27日	ケニア	43	2013年10月13日	サウジアラビア	76	2016年5月8日	ジブチ
11	2010年11月22日	エチオピア	44	2013年10月22日	南スーダン	77	2016年5月11日	ウガンダ
12	2010年12月13日	エチオピア	45	2013年11月19日	クウェート	78	2016年6月15日	カタール
13	2011年1月4日	南スーダン	46	2014年1月6日	南スーダン	79	2016年6月30日	サウジアラビア
14	2011年5月8日	ジブチ	47	2014年1月16日	エリトリア	80	2016年7月16日	ルワンダ
15	2011年6月24日	イラン	48	2014年1月29日	エチオピア	81	2016年10月5日	エジプト
16	2011年7月9日	南スーダン	49	2014年2月17日	エチオピア	82	2016年10月24日	サウジアラビア
17	2011年8月7日	チャド	50	2014年2月25日	DRC	83	2016年10月31日	カタール
18	2011年10月10日	カタール	51	2014年3月12日	エチオピア	84	2016年11月8日	エチオピア
19	2011年10月13日	マラウィ	52	2014年3月25日	クウェート	85	2016年11月14日	モロッコ
20	2012年1月7日	リビア	53	2014年4月25日	エチオピア	86	2016年11月21日	赤道ギニア
21	2012年3月5日	カタール	54	2014年7月8日	カタール	87	2016年11月26日	UAE
22	2012年3月28日	イラク	55	2014年10月4日	サウジアラビア	88	2016年11月28日	UAE
23	2012年7月14日	エチオピア	56	2014年10月18日	エジプト	89	2017年1月23日	サウジアラビア
24	2012年8月1日	カタール	57	2014年12月8日	エチオピア	90	2017年2月19日	UAE
25	2012年8月30日	イラン	58	2015年1月23日	サウジアラビア	91	2017年3月29日	ヨルダン
26	2012年9月1日	エチオピア	59	2015年3月13日	エジプト	92	2017年4月11日	クウェート
27	2012年9月16日	エジプト	60	2015年3月25日	サウジアラビア	93	2017年8月3日	モロッコ
28	2012年9月24日	エチオピア	61	2015年5月23日	サウジアラビア	94	2017年10月4日	エジプト
29	2012年11月6日	サウジアラビア	62	2015年5月24日	カタール	95	2017年12月4日	バーレーン
30	2012年11月23日	エチオピア	63	2015年6月13日	南アフリカ	96	2018年1月28日	エチオピア
31	2013年1月4日	エチオピア	64	2015年7月27日	モーリタニア	97	2018年3月19日	エジプト
32	2013年2月16日	チャド	65	2015年8月6日	エジプト	98	2018年12月16日	シリア
33	2013年3月7日	サウジアラビア	66	2015年8月17日	エチオピア	99	2019年1月27日	エジプト

＊灰色はローマ規程締約国。なお、エジプトは署名のみ。（筆者作成）

接見に制限した[37]。なお、ダルフールに対する国際調査委員会報告書は「司法
手続きにかかるコストを国際社会で負担」することについても言及していた
が、ローマ規程第115条（b）に基づき、国連安保理や総会からICCに対し資
金が拠出されたことはない。

（3）　南アフリカ訪問と機能した国内司法

　バシールは自由に外遊を繰り返していたが、だからといって、自国内に封じ
込めようとすればするほどに、逮捕できる機会は失われていく。実際に国家元
首であったときのバシールが自国で逮捕されるような議論は全くなかった。バ
シールの逮捕が最も実現しそうだったときは、2015年南アフリカへの訪問時
であった。

　締約国が非協力であったとしてもICCは懲罰的措置を取れないが、ローマ
規程第88条は、締約国に対し自国の国内法の手続きがローマ規程第9部に定
めるすべての形態の協力のために利用可能であることを確保するよう要請して
いる。日本もローマ規程締約国となった2007年に、国際刑事裁判所に対する
協力等に関する法律を施行している。だが、すべての国がローマ規程を批准し
たからといって国内法を整備したわけではない。ローマ規程第88条に基づく
国内法を整備しない締約国も多い中、南アフリカはアフリカで最も早く、2002
年7月18日に同国議会での採択によって、ICCが行う捜査および訴追に対す
る協力の国内手続きが規定された南アフリカICC法を成立させた
（Government Gazette No. 23642）。南アフリカがローマ規程を批准後に、同規
程を国内法に編入し、国内法として義務を明確にしたことは、「南アが再び国
際社会の一員に加わったことを意味する重要な転換点」と評される[38]。そし
て、同法が、バシール訪問時に決定的な役割を果たすことになる[39]。

　2015年6月14日から17日にかけ第25回AUサミットが南アフリカのヨハ
ネスブルグ近郊で開催されることになり、バシール訪問の可能性が浮上した。
2015年5月28日にこの可能性を知ったICCは、口述書（Note Verbale）を在
オランダの南アフリカ大使館に通知した。口述書は、南アフリカがバシール逮
捕と引渡しの義務を有しており、この義務の履行に困難が生じるようであれば

ローマ規程第 97 条に基づいて ICC と協議するように求めた。

　南アフリカ政府は、AU サミットの開催に向け、2015 年 6 月 4 日に AU 委員会と受入国協定（host agreement）を締結した。この時、南アフリカ政府は、AU がバシールを招待し、またバシールも参加予定であることを公式に知った。翌日に南アフリカ国際関係協力大臣は、本件に関する政府からの公示（Government Notice No.470）を公表し、南アフリカ外交特権免除法第 5 条 3 項のもとでの AU との受入国協定第Ⅷ条に基づきサミットに出席中のバシールに対し逮捕を行わないことを開催国として決定したことを明らかにした[40]。

　バシールを受け入れることになった南アフリカ政府は、ICC から要請のあったローマ規程第 97 条に基づく協議を、バシールが南アフリカに到着する前日の 6 月 12 日に開始する。担当判事は、バシールが南アフリカを訪問した場合、迅速に逮捕する義務が南アフリカ政府にはあると伝え、第 97 条による協議によって協力義務が保留されるわけではないと主張し、協議は終結した。翌 13 日も再度協議は行われたが ICC 側の主張は変わらず、同日、バシールの南アフリカ訪問の事実が判明したことを受け、ICC 検察官から南ア政府に対し、バシールに対する南アフリカの義務を果たすよう機密に要求がなされた[41]。

　バシールが 6 月 13 日に南アフリカに入国したため、南部アフリカ訴訟センター（The Southern Africa Litigation Centre：SALC）は、バシールの逮捕を行わないならば、裁判所に本件を訴えることを政府に通告し、即時返答を要求した。SALC は司法の専門家が中心となって活動している国際 NGO である。これまでも南アフリカの裁判所に国際犯罪をはじめとする人権領域の訴訟を多く提起している。SALC の通告に対し、政府からの反応はなく、SALC は緊急の訴えを裁判所に提起した。日曜日ではあったが翌 14 日に高等裁判所（North Gauteng High Court）はバシール逮捕についての政府の義務に関する審理を開始した。

　審理を開始した同日に高等裁判所は、南アフリカ政府に対し、バシール逮捕の義務に関する決定が完全に下されるまで、バシールを出国させないよう仮命令を出した[42]。そして、高等裁判所は翌日に、南アフリカ政府がバシールを逮捕しないことが、国際的かつ憲法上の義務に一致しておらず、ICC からの協力

要請に応えなければならないと判断した[43]。また、AU との受入国協定は、国家元首に対する不訴追ではなく、サミットにおける AU からの代表に対してのみ与えられていると指摘した[44]。

　高等裁判所による仮命令が出されていたにもかかわらず、バシールは 2015年 6 月 15 日にウォータークルーフ空軍基地からスーダン機に乗り出国を果たした。バシールが軍用基地を利用したことで、南アフリカ政府が出国を支援したことは明らかであった。高等裁判所は 2015 年 6 月 24 日に最終的な判決を出し、南アフリカ政府がバシールを ICC の要請に応えず逮捕しなかったことは、憲法とローマ規程に違反していることを確認した。南アフリカ政府は、高等裁判所判決を不服とし、上訴最高裁判所でも本件は争われたが、2016 年 3 月に高等裁判所での決定が支持された。同裁判所は、通常バシールは国家元首として訴追免除が国際慣習法上供与されているが、南アフリカはローマ規程を国内法化する措置を採っており、この南アフリカ ICC 法によってバシールを逮捕する義務が生じていたと判断した[45]。したがって、バシールを逮捕しなかったことは、ローマ規程ならびに南アフリカ ICC 法に違反するとし、本件に係る政府の違法行為を「恥ずべき行い（disgraceful conduct）」であったと評した[46]。

　南アフリカ政府は、2016 年 3 月の上訴最高裁判所の判決も不服とし、憲法裁判所に上訴を行った。だが、同年 11 月 23 日に予定されていた最終審理の直前に政府は ICC からの脱退と南アフリカ ICC 法の破棄を閣議決定した。そして、即座に国際関係協力大臣が署名した ICC 脱退についての通告書が国連事務総長に送付されたため、憲法裁判所での審理は取り下げられることとなった。だが、この ICC の脱退をめぐっても、2017 年 2 月 22 日に南アフリカ高等裁判所が、議会の承認を得ず ICC からの脱退手続きを行ったことは憲法違反であるとの判決を下した[47]。これを受け、政府は ICC への脱退通告を取り下げ、翌 3 月に ICC からの脱退法案を国会に提出することも一旦取りやめることを明らかにした。

3 ローマ規程締約国会議での議論と限界

前節で確認したバシール訪問をめぐる南アフリカの事例は示唆に富む。締約国の国内法が ICC との協力関係を担保すれば、他国の国家元首であろうと国内の適正な司法手続きに則り、ICC による逮捕状を執行する可能性がある。とすれば、各締約国による法制度化が重要となるのはもちろんのこと、締約国が一堂に会する ASP は、逮捕状執行をめぐる議論や活動を調整するには最も適した場といえる。

たとえば、ASP は 2007 年に ICC との協力問題に特化した文書を採択しており、これに 66 の勧告を付している。特に勧告 17 は、「すべての締約国は、二国間の接触においても、地域的・国際的組織における活動においても、指名手配者の適時の逮捕と引渡しのための政治的支援と機運の醸成に適宜貢献すべきである」と述べる[48]。

だが、既に確認してきたように、締約国であっても ICC からの協力要請に応じない場合がある。そこで、ローマ規程第 87 条 5 項（b）は、ローマ規程の締約国ではない国が ICC からの協力要請に応じなかった場合に、また、同条 7 項は、締約国が ICC からの協力要請に応じなかったときに、ICC 裁判部が非協力を認定し、ASP や国連安保理に付託することを認めている。これらの条文を受けローマ規程第 112 条には、ASP が「第 87 条第 5 項および第 7 項に従って、非協力に関するあらゆる問題を検討する」と規定されている。しかし、本条項からは、裁判所が非協力の認定を行った後に、ASP では非協力について検討することのみが読み取れ、非協力に対して何かしらの制裁を課すといった具体的な措置について示されているわけではない。起草段階でも非協力問題に関する権限を ASP に帰属させることは自明ではなかったようである[49]。起草段階の議論では、どのような権限や具体的な措置が「非協力問題の検討」の範囲に入るのかを整理しきれていなかったため、ASP が独自にこの領域についての規則や慣行を開拓していかねばならなかった[50]。

そもそも、ICC は、過去に国連安保理の決議によって設置された ICTY よ

りも協力体制へのアプローチにおいて垂直性がかなり低く、「調和的なアプローチ」となっている[51]。このため、ローマ規程の起草者たちは、締約国と裁判所との間の紛争にさほど焦点を当てていなかった。それは、ICC を支持し、ローマ規程を批准した国家とは、ICC との協力関係に関する紛争が簡単には発生しないだろうし、もし発生したとしても、裁判所と締約国との間の建設的な協議で友好的に解決されるだろうと考えていたためであった[52]。ICC と締約国との協力に関しては、第 9 部の多くの条項で、締約国が要請された支援を提供できない場合に、ICC と締約国との「協議」を行うよう言及されている。このことから、ICC と締約国とがコミュニケーションをとってさらなる協力関係を重ねる調和的な関係となることが期待されていたことが窺える。しかし、締約国が ICC にとって誠実なパートナーでなければ、同条項は機能しないし、その逆もまた然りである。

　では、いかなる場合に ASP は、ICC への協力をめぐる問題に対し行動を取ることになるのか。ASP は、「行動を必要とする」可能性のある 2 つの状況を 2011 年第 10 回 ASP で採択された追加の協力手続きに関する文書にて示している[53]。それは、第一に裁判所がこの問題を ASP に付託した場合であり、第二に裁判所からの付託がなくとも、「逮捕と引渡しの要求に関する非協力の具体的かつ重大な事件が発生しようとしているか、もしくは、現在進行中だが ASP による緊急の行動が協力をもたらすのに役立つと信じる理由がある」場合である。

　第二の想定は、締約国が逮捕状を執行しなければならない場面にて、ASP が強力な後押しとなりそうであるが、同文書には以下の留意が付される。

　　　「ICC と ASP のそれぞれの役割を考えると、ASP による（非協力に対する）対応は本来非司法的なものであり、ローマ規程第 112 条に基づく ASP の権限に基づくものでなければならない。ASP は、協力を促進し、非協力に対応するための政治的・外交的努力を展開することによって、確かにローマ規程を支援することができる。しかし、これらの努力は、進行中の手続きにおいて ICC が下すべき司法的決定に取って代わ

るものではない」

　ASP は、ICC の独立性に影響を与えてしまうような活動に対し慎重である。たしかに、締約国に協力できない正当な理由がある場合も考えれば、ICC が非協力を司法判断した後でないと、ASP が締約国に働きかけるのは難しいかもしれない。だが、だからこそ、ICC が締約国の非協力を認定し ASP に付託するという手続きには重みがあり、ASP は何らかの行動を取るべきである。しかし、繰り返しになるが、付託されても具体的な措置が取られたことはない。たとえば、2015 年の ASP 第 14 回会合では、「非協力の事例が常態化してはならず、協力が得られないことをいつも通りのことにしてはならない」と表明された[54]。文字通り非協力の事例が常態化しており、ICC 非協力認定では状況を改善できていないのである。

　ASP は非協力国との対話を重視してきた。だが、バシールの訪問受け入れによって年々非協力認定を受けた締約国は増え続け、ASP はこれらの国にとって、ICC に対する不満を述べるアリーナとなっていた。ASP での議論は、非協力に対する説明責任や制裁のためのプロセスとは認識されていなかったのである[55]。

おわりに

　国際的な刑事裁判所から協力要請を受けたとしても、国家は自国の利益と損失を天秤にかけ協力のあり方を判断してきた。ICTY では、国連憲章第 7 章下での決議が採択されたことで、ICTY からの協力要請は国連加盟国を法的に拘束し、さらに EU や米国による制裁や支援によって、ミロシェヴィッチの逮捕は執行され、移送も実現した。本事例では、ユーゴスラビア連邦共和国に支援を提供することと、ミロシェヴィッチの逮捕・移送を果たすこととの利益が効果的に一致した。他方で、ローマ規程に基づき設置された ICC には国連安保理常任理事国の米国、ロシア、中国が加盟しておらず、ICC が非協力を認定しても国連安保理はもとより、ローマ規程に賛同しているはずの ASP も何ら具

体的な措置を講じていない。皮肉にも ICC から非協力と認定された締約国が増えれば増えるほど、ASP 内にて反 ICC グループが拡大していくことになる。被疑者を逮捕して移送する政治的意思が当事国にほとんどない場合、外交手段に訴えるしかないが、バシール逮捕を外交の場で積極的に訴えてきたアクターは ICC だけである。この点、ICC 固有の外交力を高めることの重要性が指摘されている[56]。だが、国家の利益は固定的なものではなく、常に変化する。ICC がどこまで既存のリソースを外交に割り振り、大国も関与するコーディネーションゲームに身を投じることができるのか費用対効果は不透明である。

　それよりも、南アフリカの事例から読み取れたことは、ICC にとって最も現実的な選択肢が、締約国の国内司法をローマ規程との整合性が確保されるように支援することであった。以前は非公式なルールと公式なルールとの境目が曖昧であったアフリカ諸国も、近年は司法の役割を重視し[57]、SALC のように法を武器として裁判で政府と争う NGO が存在感を高めている。プーチンも BRICS 会合のため、南アフリカへの訪問を計画していたが、最終的には取りやめた[58]。たとえ、政府間で合意があったとしても、司法権が独立していれば、裁判所が政府と同じ判断に至るとは限らない。バシールの南アフリカ訪問時のことを考えると、南アフリカ ICC 法が施行されている同国に訪問するのは、プーチンにとってリスクがあった。この点、国内刑事司法の整備に向けた技術支援を ICC がこれまで以上に展開することも肝要といえよう。ただし、ICC 逮捕状を自国で執行するには損失が大きいと判断する国家は、ICC 逮捕状が発付されている被疑者の受け入れ自体を拒むであろう。つまり、ICC の支援によってグローバルな刑事司法が確立すればするほど、ICC から逮捕状が発付された国家元首のような公的地位のある者は自国内にとどまることを選択し、ICC 逮捕状が外遊先で執行される機会も限られることになる。

　以上のように現職の国家元首への ICC 逮捕状執行は、多様なアクターが利益を共有できないパラドックスに陥っている。ゆえに、同逮捕状の執行は偶然に期待するしかない。だが、少なくとも、ミロシェヴィッチの逮捕が実現したのは公的地位を失ってからであることを考えれば、国家元首に逮捕状を執行するための最初の段階は、“現職”ではなくなることにある。とすれば、ICC か

ら起訴された者は一時的であっても公的地位から退かねばならない、という議論を ASP や国連で喚起していくことは重要である。無論、この議論の先には主権国家体制の壁が立ちはだかっているわけであるが、現職の国家元首に対する ICC 逮捕状を執行するにあたっての現実的なアプローチとして、今後も検証を進めたい[59]。ICC は司法機関であるが、国家の利益に関与できるアクターとしての戦略性が、現職の国家元首への逮捕状をめぐるパラドキシカルな状況から抜け出すために求められている。

付記

本稿は、国連学会第 24 回研究大会での報告を基に加筆・修正を行った。報告時にコメントをくださった本学会員の皆様に感謝申し上げたい。本研究は、令和 5 年度宇都宮大学男女共同参画推進室による研究補助員（榊原彩加、菊地翔）配置制度からの支援と JSPS 科研費［基盤研究（C）21K01343: 代表 藤井広重］の助成を受けた研究成果の一部である。

注

1　ウクライナの事態は、これまで前例のない 43 カ国が協働付託を行い、ICC 検察官は 2022 年 2 月 28 日に管轄権内の犯罪について調査を開始すると発表した。ウクライナは 2000 年にローマ規程を署名したが批准していないため、自国の領土内の犯罪に対する ICC の管轄権受け入れを宣言した（第 12 条 3 項）。なお、ロシアはローマ規程の締約国ではない。逮捕状は、プーチン大統領とルボヴァ＝ベロヴァ（Maria Alekseyevna Lvova-Belova）子どもの権利担当委員に対し、ウクライナからロシアへ不法に子どもたちを強制送還した戦争犯罪（第 8 条 2 （a）（vii）および第 8 条 2 （b）（viii））に関与したとして発付された。

2　TBS News DIG『【ロングバージョン】「我々の職務を全うする」国際刑事裁判所の赤根智子判事　プーチン大統領に逮捕状を出した日本人』2023 年 12 月 16 日（https://newsdig.tbs.co.jp/articles/-/898453?display=1、2024 年 1 月 30 日）。

3　たとえば、藤井広重「国際刑事裁判所をめぐるアフリカ連合の対外政策の変容―アフリカの一体性と司法化の進捗からの考察」『平和研究』第 57 号（2021 年）、137-165 頁。

4　なお、引き渡しに向けた交渉は行われている。藤井広重「スーダン、バシール前大統領の国際刑事裁判所引き渡しに合意」『外交』69 号（2021 年 9 月）、94-95 頁。

5　UN Document, S/RES/827, 25 May 1993. なお、様々な国際的な刑事裁判所の中での ICTY の位置づけについては、藤井広重「国連と国際的な刑事裁判所：アフリカ連合による関与の意義、課題及び展望」『国連研究』第 17 号（2016 年 6 月）、131-133 頁。

6　*Ibid.*, para.4.

7　Prosecutor v. Tihomir Blaškić "Judgment on the Request of the Republic of Croatia for Review of the Decision of Trial Chamber II of 18 July 1997," Case No. IT-95-14-AR108bis, Appeals Chamber, 29 October 1997.

8　Prosecutor v. Slobodan Milošević, Milan Milutinović, Nikola Sainović, Dragoljub Ojdanić and Vlajko Stojiljković "Decision on Review of Indictment and Application for Consequential Orders," Case No. ICTY IT-99-37, 24 May 1999.

9　ICTY, "Statement by Madame Carla del Ponte, Prosecutor of the International Criminal Tribunal for the former Yugoslavia," PR/ P.I.S./ 457-e, 22 December 1999; ICTY, "Prosecutor Carla Del Ponte meets U.S. Secretary of State Madeleine Albright," PR/P.I.S./505-e, 26 May 2000.

10　UN Document, SC/6956, 21 November 2000.

11　新政権内での ICTY への方針をめぐる対立についての詳細は、山下浩由「ミロシェビッチ後のユーゴスラビア：民主野党連合内部の対立と民主化プロセスへの影響」『岡山大学大学院文化科学研究科紀要』20 巻 1 号（2005）、41-56 頁。

12　Antonio Cassese, "On the Current Trends towards Criminal Prosecution and Punishment of Breaches of International Humanitarian Law," *European Journal of International Law*, vol.9（1998）, p.13.

13　UN Document, SC/RES/1244 para.14, 10 June 1999.

14　UN Document, A/RES/54/184 para.40, 29 February 2000.

15　See, UN Document, S/RES/1207, 17 November 1998.; SC/RES/1329, 5 December 2000.

16　Prosecutor v. Dragan Nikolic, "Decision on Defence Motion Challenging the Exercise of Jurisdiction by the Tribunal," Case No. T-94-2-PT, para.44, 9 October 2002.

17　NATO Press Statement, "On Signing of the Memorandum of Understanding between SHAPE and the International Criminal Tribunal for Former Yugoslavia",

Press Release (1996) 074, 9 May 1996.

18 Prosecutor v. Blagoje Simic, Milan Simic, Miroslav Tadic, Stevan Todorovic, Simo Zaric, "Decision on Motion for Judicial Assistance to be Provided by SFOR and Others," Case No. IT-95-9, para.46, 18 October 2000.

19 NATO Press Release, "Statement by the Secretary General on SFOR's action against indicted war criminals (includes additional information to (1998) 007), " Press Release (1998) 008, 22 January 1998.

20 Ellis MS, Doutriaux Y and Ryback TW, "Compliance: Enforcing International Arrest Warrants Through Diplomacy," in *Justice and Diplomacy: Resolving Contradictions in Diplomatic Practice and International Humanitarian Law*, eds. Ellis MS, Doutriaux Y and Ryback TW (Cambridge University Press, 2018), pp.39-63.

21 EU Document, Council Regulation (EC) No 1294/1999, 15 June 1999.

22 EU Document, "European Commission pledges substantial financial support to the Federal Republic of Yugoslavia at Brussels Donors' Conference," IP/01/924 , 29 Jun 2001.

23 US Department of State Archive, "Serbia: Specially Designated Nationals," 28 May 1999, accessed 30 January 2024, https://1997-2001.state.gov/www/briefings/statements/1999/ps990528.html.

24 International Justice Resource Center "Expanded U.S. Program Includes Rewards for Information Leading to Arrest of ICC Suspects," 22 April 2013.

25 Congressional Research Service, "Kosovo and the 106th Congress," 18 January 2001, p13, accessed 30 January 2024, https://crsreports.congress.gov/product/pdf/RL/RL30729.

26 Y Report for Congress, "Yugoslavia War Crimes Tribunal: Current Issues for Congress," Order Code RL30864, , 23 May 2002, accessed 30 January 2024, https://www.everycrsreport.com/reports/RL30864.html.

27 Vernon Loeb, "U.S. to Attend Conference on Aid to Yugoslavia," The Washington Post, 28 June 2001, accessed 30 January 2024, https://www.washingtonpost.com/archive/politics/2001/06/28/us-to-attend-conference-on-aid-to-yugoslavia/5735169c-9163-4566-8836-7ac0e9fbeb81/.

28 ICC ローマ規程第 13 条 (b) は、「国連安全保障理事会は決議の採択によって ICC が管轄権を行使すべきであると疑われる地域の事態を ICC に付託することが

できる」ことを定めており、ローマ規程の締約国ではないスーダンとリビアでの二
つの事態が国連安保理から ICC へ付託されている。

29　UN Document, "Report of the International Commission of Inquiry on Darfur to the United Nations Secretary-General, Pursuant to Security Council Resolution 1564 of 18 September 2004," 25 January 2005.

30　UN Document, S/RES/1593, 31 March 2005.

31　Human Rights Watch, "Lack of Conviction: The Special Criminal Court on the Events in Darfur," *A Human Rights Watch Briefing Paper*, June 2006.

32　また、ICC の実定法の解釈の際に拷問等禁止条約などほかの国際条約の効力につ
いて検討できず、非常に複雑な法解釈が要求されたと指摘される。Charles Chernor Jalloh "The Place of the African Criminal Court in the Prosecution of Serious Crimes in Africa," in *The International Criminal Court and Africa*, eds., Charles Chernor Jalloh and Bantekas Ilias eds., (Oxford University Press, 2017).

33　米国国務省は、2004 年 6 月にスーダンに調査チームを派遣し、チャドに逃れた難
民からの聞き取り調査などを証拠として、ダルフールではジェノサイドが行われて
いたとの結論を示した。スーダンと米国との間の関係が良好ではなかったことが
ICC 付託の背景にあげられる。米国国務省が独自に行った調査については、Hagan, J. and Rymond-Richmond, W., *Darfur and the Crime of Genocide* (Cambridge University Press, 2008).

34　詳細は、藤井（2021 年）、前掲論文。

35　Peskin, V. and M. P. Boduszynski, "The Rise and Fall of the ICC in Libya and the Politics of International Surrogate Enforcership," *International Journal of Transitional Justice*, Vol.10 (2) (2016), pp. 272-291.

36　Colum Lynch, "The Schmooze seen 'round the world'," *Passport*, 10 February 2012, accessed 30 January 2024, https://foreignpolicy.com/2012/02/10/the-schmooze-seen-round-the-world/.

37　UN Document, A/67/828-S/2013/210, 8 April 2013.

38　Hennie Strydom, "South Africa's Implementation of the Rome Statute," in *States' Responses to Issues Arising from the ICC Statute: Constitutional, Sovereignty, Judicial Cooperation and Criminal Law*, Roy Lee ed. (Brill, 2005), p.105.

39　南アフリカ ICC 法が適用された他の事例について、藤井広重「南アフリカにおけ
る国際刑事裁判所脱退議論をめぐる考察 ―南アフリカ ICC 法の展開と適用を中心
に－」『宇都宮大学国際学部研究論集』45 号（2018 年 2 月）、95-106 頁。

40 Dire Tladi, "The Duty on South Africa to Arrest and Surrender President Al-Bashir under South African and International Law: A Perspective from International Law," *Journal of International Criminal Justice*, Vol.13 (5) (2015), pp.1031-1032.

41 しかし、南アフリカ政府は、ICC が実質的な聞き取りをせずに、バシール逮捕の義務を南アフリカが負っていると一方的に判断したとして、第 97 条による協議は終結していないと主張した。ICC Document, *Registry Report on the consultations undertaken under Article 97 of the Rome Statute by the Republic of South Africa and the departure of Omar Al Bashir from South Africa on 15 June 2015*, ICC-02/05-01/09-243, 17 June 2015.

42 *Southern Africa Litigation Center v. Minister of Justice and Constitutional Development and Others*, Case No.27740/15, High Court of South Africa Gauteng Division, Interim Order, 14 June 2015 (Bashir Case, High Court Ⅰ).

43 *Reproduced in Southern Africa Litigation Center v. Minister of Justice and Constitutional Development and Others* [2015] 5 SA1 (GP) (*Bashir Case*, High Court Ⅱ) para. 2.

44 *Ibid.*, paras. 28-32.

45 *Minister of Justice and Constitutional Development and Others v Southern Africa Litigation Center and Others* (867/15) [2016] ZASCA 17 (*Bashir Case*, SCA) paras. 86-105.

46 *Ibid.*, para. 7.

47 Democratic Alliance v Minister of International Relations and Cooperation and Others (Council for the Advancement of the South African Constitution Intervening) (83145/2016) [2017] ZAGPPHC 53.

48 ICC Document, ICC-ASP/6/Res.2, 14 December 2007.

49 S. Rama Rao, "Article 112,", in *Commentary on the Rome Statute of the International Criminal Court Observers' Notes, Article by Article 2nd edition.*, ed. O. Triffterer (München: Hart/Beck, 2008), p.1692.

50 G. Sluiter, "Enforcing Cooperation: Did the Drafters Approach It the Wrong Way?," *Journal of International Criminal Justice*, Vol.16 (2) (2018), p. 388.

51 詳細に論じている邦語の文献として、竹村仁美『国際刑事裁判所の検察官の裁量』信山社 (2022 年 12 月)、115-191 頁。

52 Sluiter, *op, cit.*, p.388.

53　ICC Document, ICC-ASP/10/Res.5., 21 December 2011.

54　ICC Document, ICC-ASP/14/38, para 45, 26 November 2015.

55　Sluiter, *op, cit.*, p.398.

56　たとえば、バンテカは「ICC 検察官の仕事は、その目的が個人の逮捕と有罪判決の確保であるのに対し、裁判所全体としては中立的で独立したものであることが期待されているという点で、本質的に『政治化』している」と指摘し、特に検察局の外交に関する制度構築の必要性を指摘している。See, N. Banteka, "An Integrative Model for the ICC's Enforcement of Arrest and Surrender Requests: Toward a More Political Court?," in *Contemporary Issues Facing the International Criminal Court*, ed. Richard H. Steinberg (Brill/Nijhoff, 2020), pp.461-463.

57　藤井（2021 年）、前掲論文；藤井広重「ケニアにおける司法化する選挙と 2022 年大統領選挙の行方―司法化の進捗は選挙暴力を防ぐのか？―」『アフリカレポート』60 巻（2022 年 12 月）、7-18 頁。

58　David McKenzie, "Putin will not attend BRICS summit in South Africa, as ICC arrest warrant overshadows key talks," CNN, 20 July 2023, accessed 30 January 2024, https://edition.cnn.com/2023/07/19/world/putin-brics-summit-south-africa-intl/index.html.

59　たとえば、ICC はケニアのケニヤッタ大統領を召喚状にて起訴したことがあるが、政府からの介入により証拠や証言が十分に収集できず、検察官は訴えを取り下げた。詳細は、藤井広重「国際刑事裁判所による司法介入とケニアの司法制度改革――ケニアでの不処罰終止に向けられた内と外の論理の変容」『国際政治』210 号（2023 年 5 月）、79-94 頁。

6　中小国から見た武力行使正当化論：

「意思または能力を欠く国家」基準論を手がかりに

志 村 真 弓

はじめに

　国連安全保障理事会（以下、安保理）の常任理事国（以下、大国）が用いる武力行使正当化論に対して、「大国」以外の「中小国」[1]は、支持または非難する立場を受動的に表明するだけの存在であろうか。

　本稿の主たる目的は、「意思または能力を欠く国家」基準論（"unwilling or unable" criteria / doctrine / formula / standard / test / theory）（以下、UoU論）として知られる武力行使正当化論を取り上げて、中小国が先行研究に示唆されてきた以上に能動的に武力行使正当化論を用いてきたことを、国連文書等の分析を通じて明らかにすることにある。

　周知のように、国連憲章は武力不行使原則（2条4項）について、例外的に違法性が阻却される二つの武力行使を認めている。ひとつは自衛権に基づく武力行使であり（51条）、もうひとつは安保理の決定に基づく集団安全保障体制下の「強制措置」としての武力行使（7章）である。武力行使国の多くは、その行動を正当化するために、自衛権または安保理の強制措置決定決議の拡大解釈に努めてきた。これらどちらの拡大解釈の試みにおいても利用されてきた言説が、UoU論である。

　UoU論とは、国際社会から期待される統治責任を国内で果たす「意思または能力を欠く国家」は、関係国の安全または国際の平和と安全を脅かすゆえに、被害国の自衛権または国連憲章7章に基づく強制措置（狭義には軍事的措置、広義には非軍事的措置や国連平和活動を含む強制措置全般）の対象になり

得るとの言説である[2]。

　先行研究はしばしば、このUoU論がかつての「文明標準（standard of civilization）」論の再来であるとして、大国によるUoU論の利用に懸念を示してきた[3]。19世紀末、帝国主義列強は自らを「文明国」と規定し、非「文明国」に対する武力干渉や植民地支配を「文明化」と称して正当化した。これと同様に、今日の大国は、中小国の「統治責任を果たす意思または能力の欠如」を一方的に評価することによって、狙った中小国への武力行使を一方的に正当化している。中小国が大国の「意思または能力の欠如」を理由にして大国への武力行使に踏み切る事態は想定しがたい以上、「意思または能力の欠如」を定義する力は、事実上大国が独占している。先行研究はこのように批判したが、その際に、中小国が大国に比して受動的な存在であることはほぼ暗黙の前提とされた。

　これに対して本稿では、上記のアナロジーでは捉えがたい実態、すなわち中小国がUoU論を能動的に用いる実態があることを明らかにする。第1節では、国連安保理文書の悉皆調査等を通じて、大国と中小国がこれまでUoU論をどのように用いてきたのかを概観する。これを踏まえて第2節では、国連憲章体制下において大国よりも先んじてUoU論を援用したのは、イスラエルと南アフリカであったことを明らかにする。第3節では、武力行使の威嚇に直面した中小国が自らUoU論を用いた事例を検討する。先行研究では明示的に論じられてこなかった「意思の欠如」と「能力の欠如」の分離可能性という点に着目して、中小国が「（統治責任を果たす）意思はあるが能力を欠く」国家に対する国際支援要請論としてUoU論を用いたことを明らかにする。

1　UoU論言及例・言及主体の全体像
オリジナル・データ

（1）　武力行使正当化論としてのUoU論の特徴
　強制外交を展開する側が用いるUoU論の特徴は、自国が相手国の同意しない強制的手段（その最たるものとしての武力行使）に訴える違法性・不当性よ

りも、相手国が国際社会から期待される統治責任を国内で果たす「意思または
能力を欠く」ことの違法性・不当性を際立たせる点にある。これにより、「意
思または能力を欠く国家」に対する武力行使は、たとえ全ての関係諸国が直ち
にその「自衛」または「強制措置」としての適法性を認めない場合にも、少な
くとも武力不行使原則の明白な違反には当たらないと主張することが可能とな
る。

　一見すると、こうした状況は武力行使を行う側（主に大国）に有利である。
武力行使の法的位置づけが曖昧であるぶん、武力行使国は自国への批判をかわ
すことが容易となる[4]。反対に、この状況は武力行使の停止を求める側（主に
中小国）にとっては不利である。武力行使の違法性が確定されないぶん、武力
行使国に対する非難の声は相対化されて弱まるからである。この点において、
UoU論が「文明標準」論の現代版であるとの見方はもっともである。

　しかし、国連安保理等において「意思または能力（の欠如）」に言及する主
体が武力行使国とその支持国に限られないことも、UoU論をめぐる論争状況
を理解するうえで重要な事実である。とりわけ、武力行使対象国が自らの「意
思または能力（の欠如）」に言及する例がある点は、注目に値する。それらの
言及例は、単に武力行使に反対するものだけではない。第3節で示すように、
武力行使（軍事的内政干渉）を受ける可能性のある側は、武力行使国が主張し
てきたUoU論の論旨を換骨奪胎することによって、自国の領域統治能力を強
化するための国際支援を要請したり、自らの陣営こそそうした国際支援を受け
る資格のある「正統政府」だと主張したりすることも試みている。

（2）「UoU論言及例・言及主体」の定義と分析方法

　こうしたUoU論をめぐる多様な論争状況をとらえ、その歴史的展開におい
て中小国が発揮してきた能動性を明らかにするためには、本稿冒頭で示したよ
うに、UoU論を従来の標準的なとらえ方よりも広く定義する必要がある。

　これまで先行研究の主流は、UoU論を、「越境武力攻撃を行うテロ組織等
（以下、越境テロ）を取り締まる意思または能力を欠く国家」に対する武力行
使は自衛権の行使に当たるとする法命題だと定義してきた[5]。つまり、自衛権

の拡大解釈という射程に限定して、UoU論の論争状況は検討されてきた。

　だが、冷戦後に安保理が憲章7章に基づく強制措置決定決議を採択するように
なると、安保理において「国際の平和と安全に対する脅威」と認定される事
態は多岐にわたり、これに伴って領域国が「意思または能力の欠如」を問われ
る問題領域も拡大した。今日、UoU論は自衛権の拡大解釈にとどまらず、強
制措置の対象拡大を求めたり、武力行使を「強制措置」と位置づけるために既
存の安保理決議の拡大解釈を試みたりする際にも用いられる。たとえば2003
年、米英はイラクの「大量破壊兵器（以下、WMD）を拡散させない意思また
は能力の欠如」を主張して、イラクに対する武力行使を軍事的強制措置（安保
理決議第687号［1991年］や第1441号［2002年］等の執行）として正当化す
ることを試みた[6]。また、2011年には、安保理でリビアに対する武力行使を軍
事的強制措置として許可する決議第1973号が採択されたが、この決定の前提
には、リビアが「住民を残虐犯罪（atrocity crimes）から保護する意思または
能力を欠く国家」であるとの国際的評価があった[7]。近年では、こうした強制
措置の文脈で言及されるさまざまなUoU論についての研究も盛んだが[8]、そ
れらは問題領域ごとに分かれて研究が進んでいるのが現状である。

　これに対して本稿では、UoU論の射程を広くとらえたうえで、国連加盟諸
国や国連諸機関がどのような法的文脈と問題領域にわたってUoU論を利用し
てきたのかを体系的に調査した。具体的には、1945年から2019年までの国連
公式文書（英語）のうち、安保理文書については全てにわたって、総会文書に
ついては本会議で採択された総会決議文書に絞って悉皆調査を行い、国連加盟
諸国・国連諸機関のUoU論言及例の一覧化を行った[9]。さらに補足的な調査
として、『国連年鑑（*Yearbook of the United Nations*）』の悉皆調査を行い[10]、
国連外での発言についても先行研究においてよく知られているものは調査結果
に含めた[11]。

　ここで「UoU論言及例」とは、特定国家ないし国家一般に対する武力行使
または強制措置全般を正当化ないし非難する文脈において、その対象国の「意
思または［および］能力の欠如（e.g., unwilling or/and unable; unwillingness
or/and inability; lack the political will or/and the capacity; a lack of political

will [willingness] and/or of capacity）」、「能力欠如」、「意思欠如」に言及した発言例もしくは書簡や決議文の文言例を指す。また、「意思または能力の欠如」とほぼ同義である「不履行（failure; fail to *do*）」の言及例も補足的に調査した。そのうえで、2001 年末に国連で「保護する責任（R2P）」が提唱されて以降の、いわゆる「人道的干渉」をめぐる R2P 論争における「不履行」言及例については、UoU 論としての性格が明らかであるために、これを「UoU 論言及例」として扱うことにした。なお、武力行使・強制措置の正当性が「不履行」表現によって争われる文脈にあって、「能力（の具備）（e.g., able; ability; capacity）」または「意思（の具備）（e.g., willing; willingness; political will）」が言及されていた場合は、これも本研究に言う「UoU 論言及例」に当たると判断した。

（3）　分析結果：UoU 論の言及例の推移と言及主体の詳細

上記の調査方法によって確認できた最初の言及例は、イスラエルによる 1969 年の例であった[12]。詳細は第 2 節において述べるが、同国は、レバノンに対する武力行使の正当化を試みるなか、「越境テロを取り締まる意思または能力を欠く国家」論を主張したのであった。

調査の結果、UoU 論の射程は、「越境テロを取り締まる意思または能力を欠く国家」論に限られないことが明らかとなった。1969 年以降 2019 年までの言及例について、それぞれ対象国のいかなる国家行動を問題化するものであったのかに応じて下位分類を試みたところ、少なくとも以下 13 種類のバリエーションに分類できることが判明した（以下、初出年順）。

① 《越境テロを取り締まる意思または能力を欠く国家》論

② 《中立義務を果たす意思または能力を欠く国家》論

③ 《領域内の他国民（武力行使国にとっての「在外自国民」）をテロ被害から保護する意思または能力を欠く国家》論（いわゆる「在外自国民保護」論に相当）

④ 《中核犯罪（core crimes）[13] を処罰する意思または能力を欠く国家》論

⑤ 《国内マイノリティ等の人権を保障する意思または能力を欠く国家》論

⑥　《WMD（核兵器・生物兵器・化学兵器等の大量破壊兵器）を拡散させない意思または能力を欠く国家》論

⑦　《国連要員等の安全を確保する意思または能力を欠く国家》論

⑧　《紛争の平和的解決を重んずる意思を欠く国家》論

⑨　《領域内の秩序と治安を維持する意思または能力を欠く国家》論

⑩　《住民を残虐犯罪から保護する意思または能力を欠く国家》論（R2P 原則に相当）

⑪　《海賊行為を取り締まる意思または能力を欠く国家》論

⑫　《国際組織犯罪（不正取引等）を取り締まる意思または能力を欠く国家》論

⑬　《核兵器を拡散させない意思または能力を欠く国家》論

　冷戦期に用いられた UoU 論のバリエーションは、上記の①、②、③に限られていた。つまり、UoU 論のバリエーションが 3 種類から 13 種類へ拡大したのは冷戦終結後のことである。その背景には、UoU 論の用いられる法的文脈が、自衛権の拡大解釈にとどまらず、冷戦後は強制措置に関する安保理決議の拡大解釈にも及ぶようになったという変化がある。

　関係諸国が実施を求める強制措置は、常に「軍事的」強制措置（武力行使）とは限らない。このため、たとえば上記の④、⑫、⑬のように、2019 年までの時点で一度も武力行使を正当化する文脈では用いられたことのないバリエーションもある。

　このほか、関係主体が UoU 論に言及する文脈は、必ずしも特定の武力行使・強制措置の正当化に限られないことも明らかとなった。第 3 節で論じるように、特定の武力行使・強制措置を非難する（対象国が「意思または能力を欠く国家」ではないと訴える）文脈、「意思はあるが能力を欠く国家」に対する制裁解除や統治能力への国際支援を求める文脈においても、UoU 論の利用が見られた。

2　UoU論の初期利用国：イスラエルと南アフリカ

　「表1」は、上記の調査結果を冷戦期についてまとめたものである。ここから明らかなように、冷戦期にUoU論を利用した国は、イスラエル、米国、南アフリカの三カ国に限られていた。ただし、この時期の米国による言及例の半数（4件中2件）は、以下に述べるようにイスラエルの武力行使を擁護するためのものであった。したがって国連集団安全保障体制のもとで最初に明示的にUoU論を用いたのは、実質的にはイスラエルと南アフリカの二カ国だったと言える。以下、詳細を検討する。

（1）　パレスチナ紛争におけるイスラエル

　先に述べたように、本研究の調査から国連安保理文書において最初に確認できるUoU論言及例は、1969年のイスラエルによる発言である。1967年の「第三次中東戦争」（「六月戦争」、「六日間戦争」）を背景に、イスラエルは、周辺アラブ諸国およびにそこに拠点を築き活動するパレスチナ解放機構（以下、PLO）と対立を深めていた。とくにイスラエルによるレバノンへの武力行使（砲撃、民家破壊や誘拐を伴う領域侵犯など）は頻発していた。こうしたなか、同紛争を扱う安保理公式会合が開かれると、イスラエルは自国の武力行使の正当化を試みて、「レバノン当局は、そうした〔レバノンに拠点を置くテロ組織からのイスラエルに対する〕攻撃を食い止める能力または意思を欠いているようだった。イスラエルは自衛権を行使するほかなかった」と主張した[14]。イスラエルは、以後も同様の文脈でこの《越境テロを取り締まる意思または能力を欠く国家》論を繰り返し主張している。その数は、少なくとも冷戦期に4件（1972、1978、1981、1984年）、冷戦後に3件（1997、1998、2006年）を数える。

　米国も、冷戦期に計4件（1970、1976、1980、1989年）のUoU論言及例を確認できる。その半数が、イスラエルの武力行使を擁護するものであった。1件目は、1976年の《領域内の他国民（武力行使国にとっての「在外自国民」）をテロ被害から保護する意思または能力を欠く国家》論である。同年7月、イ

スラエルはウガンダのエンテベ空港に停留中のハイジャック機から人質となった自国民を保護するために、ウガンダ政府の事前の同意を得ることなく同空港において 200 人弱規模の軍部隊による奇襲攻撃（人質救出作戦）を行った。米国はこれをイスラエルの自衛権の範囲内であると擁護し、安保理において、「自国民が滞在する領域国にかれらを保護する意思または能力が欠けている状況では、死傷につながる差し迫った脅威から自国民を保護するために〔国籍国（この場合はイスラエル）が〕限定的な武力を行使することは、確立された権利である。同権利は自衛権から導かれる」と主張した [15]。

　これを米国自身による武力行使の正当化を試みるために用いた例が、1980年の言及例である。1979 年末にイランのテヘランで米国大使館占領・人質事件が発生すると、米国は翌年、最終的にイラン政府の同意を得ることなくテヘランでの軍事行動に踏み切った。当時の J・カーター（Jimmy Carter）米国大統領は、その正当化を試みて、「米国は、米国市民が滞在する領域国政府にかれらを保護する能力または意思が欠けている状況において、自国市民を保護し救助するために、国連憲章第 51 条に従い、完全に自国の権利の範囲内で行動した」と主張した [16]。

　米国がイスラエルの武力行使を擁護するために用いた UoU 論言及例の 2 件目は、1989 年の《越境テロを取り締まる意思または能力を欠く国家》論である。当時の A・D・ソフィア（Abraham David Sofaer）米国国務省法律顧問（1985 - 1990 年在任）は、イスラエルが PLO によるテロ被害を受けて 1985年にチュニジアの PLO 本部を爆撃したことを振り返り、「〔領域国が〕テロリストにその領域をテロ目的で利用されないよう食い止める意思または能力を欠く場合、〔越境テロの被害〕国が自国民に対して攻撃をしかけるテロリストの拠点を攻撃することは適法だ」[17] と述べ、米国がイスラエルの武力行使を（自衛権の行使として）擁護する立場であることを明確にした。

　このように、冷戦期に確認された全 11 件の UoU 論言及例のうち 7 件が、パレスチナ紛争を背景に行われたイスラエルの武力行使を正当化する試みであった。5 件がイスラエル自身の言及例であり、2 件は米国の言及例であった。さらに、米国が自国の武力行使の正当化を試みた際の言及例 2 件のうち 1 件

表 1　冷戦期における UoU 論の言及例数と言及主体

年	件数	バリエーション	UoU 論に言及した主体	国連文書記号
1969	1	越境テロ取締り	イスラエル	S/ PV. 1498
1970	1	中立義務	米国（★）	（注1）
1972	1	越境テロ取締り	イスラエル	S/PV. 1644
1976	1	他国民保護	米国	S/PV. 1941
1978	1	越境テロ取締り	イスラエル	S/PV. 2071
1980	1	他国民保護	米国（★）	（注2）
1981	1	越境テロ取締り	イスラエル	S/PV. 2292
1984	1	越境テロ取締り	イスラエル	S/PV. 2552
1985	1	越境テロ取締り	南アフリカ	S/PV. 2639
1986	1	越境テロ取締り	南アフリカ	S/18241
1989	1	越境テロ取締り	米国（★）	（注3）

出典）「付録資料：UoU 論の言及例数の推移と言及主体の詳細（1969-2019 年）」（筆者作成。https://researchmap.jp/90987562/published_works に掲載。本文注 12 参照）から一部抜粋のうえ「国連文書記号」を加筆。

注1）"Text of a Statement on Legal Aspects of U.S. Military Action in Cambodia by John R. Stevenson, Legal Adviser of the U.S. Department of State, to the NYC Bar Association, New York City, May 28, 1970," accessed 28 February 2024, https://www.vietnam.ttu.edu/virtualarchive/items.php?item=2121609018.

注2）本文注 16 参照。

注3）本文注 17 参照。

は、先にイスラエルの武力行使を擁護するために用いた自衛権の拡大解釈（いわゆる「在外自国民保護」論に当たる UoU 論）であった。以上のことは、そもそもイスラエルの武力行使の擁護を国益と考える米国が、大国の主導性・能動性を発揮した結果であるとも受け取れる。その一方で、イスラエルを擁護するために、米国はイスラエルが当初は一方的に主張していただけの UoU 論に大国のお墨付きを与えざるを得ず、将来的に米国の敵対国を含むあらゆる国が利用し得る自衛権拡大解釈の先例の蓄積を許したのも確かである。ここに、米国の UoU 論言及例を引き出したイスラエルの能動的側面を見出すこともできる。

（2）　アパルトヘイト政権下の南アフリカ

　全 11 件の冷戦期 UoU 論言及例のうち、イスラエル 5 件と米国 4 件を除い
て残るのは、南アフリカによる 1985 年と 1986 年の言及例 2 件である。

　1985 年の言及例は、南アフリカがレソトに対する武力行使を正当化しよう
と試みて主張した、《越境テロを取り締まる意思または能力を欠く国家》論で
ある。レソトは 1966 年にイギリスから独立したが、南アフリカはその内陸国
レソトを経済的に従属させていた。1970 年代半ば以降、レソトの J・L・ジョ
ナサン（Chief Joseph Leabua Jonathan）政権が南アフリカのアパルトヘイト
政策に対する批判を強め、南アフリカから「アフリカ民族会議」（以下、
ANC）の亡命者を受け入れる方針をとったことから、両国の関係は悪化し
た[18]。南アフリカは 1982 年 12 月にレソトの首都マセルにおいて ANC のメン
バー約 30 名と民間人の 42 名を殺害し[19]、1985 年 12 月にも同様の武力行使を
行って少なくとも ANC メンバー約 10 名を殺害した[20]。この問題を審議した
1985 年の安保理会合で、南アフリカは、同国が「レソト領域から広まるテロ
リストの暴力をずっと経験してきた」、「レソトは一貫してこの〔テロリストを
取り締まるという〕問題に関して協力を約束する意思を欠いてきた」と主張
し[21]、レソトに対する一連の武力行使の正当化を試みた。

　南アフリカによる 1986 年の言及例は、「アンゴラ解放人民運動
（Movimento Popular de Libertação de Angola）」（以下、MPLA）政権下のア
ンゴラが《越境テロ（隣国への干渉勢力）を取り締まる意思または能力を欠く
国家》だと非難することにより、南アフリカが 1975 年から続けてきたアンゴ
ラに対する武力行使のみならず、ナミビア（1968 年まで「南西アフリカ」と
呼称）に対する植民地支配の継続と 1966 年から続ける武力行使までも正当化
しようと試みたものであった。

　南アフリカは、国際連盟委任統治制度の下でナミビアの統治を始め、1945
年以降も国際的非難を浴びながらナミビア支配を続けていた。1966 年には委
任統治の廃止を求める国連総会決議第 2145（XXI）号が採択されたが、南ア
フリカはナミビアの独立を認めず、むしろ支配の度合いを強めた[22]。そうした
なか、ナミビアで「ナミビア人民解放軍（People's Liberation Army of

Namibia)」（以下、PLAN）が結成されると、南ア国防軍はこれを掃討するために 1966 年にナミビアへ本格的に侵攻する（「ナミビア独立戦争」）。さらにアンゴラが 1975 年にポルトガルから独立を果たすと同時に内戦に陥ると、PLAN を越境的に支援する MPLA が優勢になることを恐れた南アフリカは、同内戦に武力干渉した。南ア国防軍はナミビア経由でアンゴラ南東部に侵攻すると、MPLA と敵対する勢力を支援しつつ、MPLA やこれを支えるために駐留していたキューバ軍と武力衝突を繰り返した。

　南アフリカが 1986 年に UoU 論を用いたのは、こうした文脈でのことであった。南アフリカは、「南西アフリカ／ナミビアの住民に対して武力を用いてその意思を押し付けようとする勢力によってアンゴラからなされる武力攻撃から〔南西アフリカ／ナミビアの〕住民を守るため」だと述べ、ナミビア支配を正当化した [23]。さらに、「南アフリカは、〔アンゴラの〕MPLA 政権が当該問題〔キューバ軍のアンゴラ駐留〕を現実的に対処する意思または能力に欠けていることを非常に遺憾に思う」と述べて、アンゴラからナミビアへの干渉の脅威が取り除かれない限りは南アフリカもナミビア独立を承認できないと主張した [24]。

　以上のように、現在では大国による利用が関係国の警戒を呼んでいる UoU 論だが、これを冷戦期に積極的に用いたのは、隣国との武力紛争を抱えたイスラエルと南アフリカであった。もっとも、冷戦期にその越境軍事行動が安保理によって「侵略行為」と認定された国は 2 カ国あり、両国がまさにその 2 カ国であったことは、ここで想起されてよいだろう [25]。両国は決して、UoU 論を用いることで自国の武力行使に対する国際的支持を集めることに成功したわけではなかった。とはいえ、今日では大国も他の中小国も、自国の武力行使の正当化を試みる際に UoU 論を利用している。武力行使に関する国際法的規制の議論のあり方にイスラエルと南アフリカが及ぼした影響を過小評価することはできない。

3　UoU 論の国際支援要請論としての転用

（1）「意思の欠如」と「能力の欠如」の分離可能性

　中小国は武力を行使する側に立った場合だけでなく、武力を行使され得る側に立った場合にも UoU 論を能動的に用いてきた。

　UoU 論が「意思または能力を欠く」国家に対する武力行使正当化論として定式化されている点に着目し、「意思欠如」と「能力欠如」は別個に評価されるべき異質な問題であると訴えたのは、武力行使の威嚇に直面した一部の中小国であった。武力行使国の関心からすれば、「意思欠如」であれ「能力欠如」であれ、結果的に対象国の現状が自国の安全または国際の平和と安全を脅かしていることを訴える根拠となるため、どちらか一方でも認められるのであれば武力行使の正当化につながる。これに対して、武力行使の威嚇に直面した一部の中小国は、自国が国際社会から期待される統治責任を国内で果たす「能力は欠くが意思はある」ことを自ら強調する、あるいは武力行使に反対する国によってそのように主張してもらうことにより、武力行使（ないし強制措置全般）の正当化を試みる相手国の行動は過剰で違法な（武力）干渉に当たると非難し得る。

　さらに、冷戦後は、「能力は欠くが意思はある」領域国に対しては、武力行使などではなく、当該国政府の統治能力を強化するための国際支援こそが必要な措置だと主張する事例も、散見されるようになった。この背景には、冷戦期はもっぱら自衛権行使に当たるか否かを争う文脈で言及された UoU 論が、冷戦後は非軍事的・軍事的強制措置の是非を争う文脈でも言及されるようになった事情がある。

　こうした中小国の関心は、たとえば 2005 年に国連「世界サミット」で採択された R2P 原則（《住民を残虐犯罪から保護する意思または能力を欠く国家》論）にも端的に表れている。同原則は、領域内の住民を残虐犯罪から保護する第一義的な責任は当該領域国にあるとしつつ、「我々〔国際共同体〕は、（……）〔残虐犯罪から〕住民を保護する能力を国家が構築するよう助け、また、危機

や紛争の勃発する緊張に晒されている国家を支援することにコミットする」と謳っている[26]。これは、植民地支配の歴史を持ち、内政不安や内戦を抱える「南側」中小国からの要望を取り入れた結果とされる[27]。

（2）　大量破壊兵器の放棄をめぐるイラクの「意思」論争（2002-03 年）

湾岸戦争終結（1991 年）後のイラクに対する主に米英による強制外交は、UoU 論が冷戦後の国際社会において自衛権のみならず安保理の強制措置決定決議の拡大解釈としても利用される最初の事例となった。

1998 年 12 月、米英はイラクに対する強制外交の一環として 4 日間の空爆（「砂漠の狐」作戦）を実行した。この際、米英が安保理で直接用いたのは「不履行」表現だったものの、両国は武力行使の正当化を試みて、要するに《WMD を拡散させない意思または能力を欠く国家》論を主張した。英国は、イラクが WMD 放棄義務等を「履行していない（fail)」ことは、「決議第 687 号（1991 年）に対する悪質な違反（flagrant violation)」に当たると強調したうえで、イラクが同決議の定める湾岸戦争の停戦条件に違反している以上、湾岸戦争を軍事的強制措置として許可した決議第 678 号（1990 年）の効力は「黙示的に蘇生した（implicitly revived)」ことになると主張した[28]。つづいて米国も同様の主張を行った[29]。

こうした主張は 1998 年に初めてなされたものではなく、1993 年の米英仏露による武力行使以来、安保理議長声明では幾度か表明されたことのある考えであった。しかし、2003 年には、仏露中が武力行使については反対する立場を明確にしていた。このため、米英は安保理で新たに対イラク武力行使を許可する決議の採択を断念する。米英は、最終的に、イラクが決議第 687 号（1991年）と決議第 1441 号（2002 年）（イラクに WMD 放棄義務等の「重大な違反（material breach)」をこれ以上重ねないよう求めた決議）[30] に違反していることを主張し、一方的にイラク戦争に踏み切った[31]。だが、両国の主張が国際的に広く受け入れられることはなかった。

この一連の安保理会合において、イラク戦争に反対する中小国を代表して非常任理事国のカメルーンが強調した論点こそ、イラクの WMD 放棄義務等を

果たす「何よりも強い政治的意思（the firmest political will）」であった[32]。WMD 放棄義務等の「重大／悪質な違反」は違反国イラクに対する武力行使の正当化理由になるかという大国間の 1993 年来の論争に対して、中小国は UoU 論を利用して、違反国とはいえイラクには WMD 放棄義務を果たす「意思はある」と述べたのである。「重大／悪質な違反」（あるいは「能力の欠如」）それ単独では武力行使の正当化理由にならないとの見解を表明するものだったと言える。

（3）「保護する責任（R2P）」をめぐるシリアの「意思」論争（2011 年）

　2011 年以降のシリアは、シリア内戦の悪化を背景に、①《住民を残虐犯罪から保護する意思または能力を欠く国家》論[33]、②《越境テロを取り締まる意思または能力を欠く国家》論[34]、③《中核犯罪を処罰する意思または能力を欠く国家》論[35]、④《WMD（化学兵器）を拡散させない意思または能力を欠く国家》論[36]、⑤《紛争の平和的解決を重んずる意思を欠く国家》論[37] の計 5 つのバリエーションにわたって UoU 論の対象となった。

　この間、米英等による武力行使（の威嚇）に直面したシリアは、その論旨において、自国がいわば《住民を残虐犯罪から保護する能力は欠くが意思はある国家》であるとの主張を行った。これにより、米英等のシリアに対する武力行使（の威嚇）が違法・不当であることを訴え、さらに、シリア「当局」たる B・アサド（Bashar al-Assad）政権に対しては統治能力を回復するための軍事的・経済的支援こそが行われるべきだと主張した。たとえばシリアは、同国の情勢に関する総会決議第 66/253A 号において、シリア政府の当該国住民に対する「保護する責任」を確認する表現が盛り込まれなかったことに異議を唱えた。本来、領域国がその「保護する責任」について安保理ないし総会決議で言及されることは、自国が強制措置の対象となる可能性を示唆するものであるため、領域国にとっては警戒や批判の対象となる。これに対してシリア代表は、シリア住民をテロ攻撃から「保護するシリア政府の排他的な責任（the exclusive responsibility）」を決議文に盛り込むよう要請した[38]。それは、2011 年以降のシリア内戦におけるシリア当局による戦闘行為は、反体制派の自国住

民に対する弾圧行為などではなく、自国の住民をテロ攻撃から保護するための行為に当たる、という主張であった。シリア代表のこの要望が当時の総会において受け入れられることはなかったが、B・アサド政権側は以後も、ロシア等からの軍事支援は自国住民を保護するためだと位置づけた。

　以上、イラクの事例では、UoU 論における「意思欠如」と「能力欠如」の評価の分離は、「能力は欠くが意思はある」国家に対する軍事的強制措置は過剰であるとの主張によって、武力行使の正当化のハードルを上げたと考えられる。これに対して、シリアの事例では、「能力は欠くが意思はある」国家については当該国の「政府」に対して経済的・軍事的支援をすることが望ましいと主張された。一般に内戦国への武力干渉は違法とする見方もある中、そうした武力干渉の正当化のハードルを下げかねない主張である。いずれにせよ、どちらの事例も、武力行使対象国の立場に立たされた中小国が、武力行使国（主に大国）の関心にはなかった「意思欠如」と「能力欠如」の分離可能性を見出したことは、UoU 論が単に大国の武力行使の自由を一方的に拡大するだけの言説ではないことを示している。

おわりに

　UoU 論を「文明標準」論のアナロジーでとらえることは、国連憲章成立後の UoU 論の歴史的展開において中小国が発揮してきた能動的役割を見落すことにつながりかねない。UoU 論の射程を先行研究に標準的な定義よりも広くとらえ、国連文書にあらわれる言及例を体系的に調査した結果見えてきたのは、「中小国」もまた UoU 論を能動的に用い得る主体であるということであった。

　冷戦期、大国よりも積極的に UoU 論を武力行使正当化論（自衛権の拡大解釈）として用いていた中小国は、パレスチナ紛争を抱えるイスラエルと、周辺諸国と武力紛争を抱えるアパルトヘイト政権下の南アフリカであった。

　冷戦後、とくに湾岸戦争終結（1991 年）後のイラクは、安保理決議が定めた WMD 放棄義務等を果たす「意思または能力の欠如」を問われるようにな

り、UoU 論が自衛権のみならず強制措置拡大論としても用いられるきっかけ
を国際社会にもたらした。この事例において、中小国カメルーンは、イラクが
WMD 放棄義務等に応じる「意思はある」点を強調することで、イラクに対す
る軍事的強制措置は過剰な措置であると主張した。

　「意思欠如」と「能力欠如」は分けて評価すべきという論理の登場によって、
UoU 論は、2011 年以降のシリアの事例では、シリア「政府」に対する国際支
援要請論として機能した。シリアの政権勢力は、「保護する責任（R2P）」を果
たす「意思はある」点を強調することで、シリアに対する軍事的強制措置は過
剰であることを非難するだけでなく、真に必要な措置はシリア「政府」の「統
治能力」を強化するための経済的・軍事的「支援」であるとの主張を試みたの
であった。

注

1　本稿では、国連憲章によって制度化された非対称な権力関係があることを念頭に
　この二分法を用いる。「中小国」内部の差異を検討することは今後の課題である。

2　このように UoU 論を定義することは、UoU 論を基本的に自衛権の拡大解釈とと
　らえる標準的な先行研究のアプローチとは異なる（詳細は第 1 節）。

3　E.g., Jutta Brunnée and Stephen J. Toope, "Self-Defence against Non-State
　Actors: Are Powerful States Willing but Unable to Change International Law?,"
　International and Comparative Law Quarterly, vol. 67, no. 2 (2018), p. 279;
　Tzouvala Ntina, "TWAIL and the 'Unwilling or Unable' Doctrine: Continuities and
　Ruptures," *AJIL Unbound*, vol. 106 (2015), pp. 266-70.

4　See, e.g., Thomas M. Franck, *The Power of Legitimacy Among Nations* (New
　York and Oxford: Oxford University Press, 1990), pp. 53-59.

5　E.g., Theresa Reinold, "State Weakness, Irregular Warfare, and the Right to
　Self-Defense Post-9/11," *American Journal of International Law*, vol. 105, no. 2
　(2011), pp. 244-286; Ashley S. Deeks, "Unwilling or Unable: Toward a Normative
　Framework for Extraterritorial Self-Defense," *Virginia Journal of International
　Law*, vol. 52, no. 3 (2012), pp. 483-550; 本吉祐樹「'Unwilling or Unable' 理論をめ
　ぐる議論の現状──その起源、歴史的展開を中心に」『横浜法学』第 26 巻、第 1 号
　（2017 年）、153-191 頁；田中佐代子「非国家行為体に対する越境軍事行動の法的正

当化をめぐる一考察——『領域国の意思・能力の欠如』理論（'unwilling or unable'
doctrine）の位置づけ」『法學志林』第116巻（2019年）、271-314頁。

6　米英がイラク戦争（2003年）直前の一連の安保理会合において用いたのは、関連
安保委決議に対する「イラクの不履行（failure; fail to *do*）」という表現であった
が、カメルーン、メキシコ、マケドニアは、イラクの「意思または能力（の欠如）」
に直接言及した（UN Document, S/PV. 4707, 14 February 2003; S/PV. 4714, 7
March 2003; S/PV. 4717 [Resumption 1], 12 March 2003）。

7　UN Document, S/RES/1973, 17 March 2011; S/PV.6498, 17 March 2011. 同決議
において「リビア当局が（……）文民を保護する（……）ために全ての措置をと
る」よう要求がなされた背景には、2005年国連「世界サミット」での「保護する
責任（Responsibility to Protect）」（以下、R2P）原則の採択があった。同原則は、
自国領域内において住民を「集団殺害［ジェノサイド］、戦争犯罪、民族浄化、お
よび人道に対する犯罪」（以下、国連文書の通用に倣い「残虐犯罪（atrocity
crimes）」と総称）から保護する第一義的な責任は当該領域国にあるとしたうえで、
もしその当局が住民を残虐犯罪から保護することに「明らかに失敗しており」、か
つ国際支援も「平和的手段では不十分」だと認められる場合には、「国際共同体」
たる国連加盟諸国が「安全保障理事会を通じて、時宜を得た断固とした態度で集団
的行動をとる準備はできている」と謳っている（UN Document, A/RES/60/1, 24
October 2005, para. 139）。この「明らかに失敗している場合」と表現された部分
は、もともとR2P原則の原案を提唱した独立国際委員会の報告書では「意思また
は能力が欠ける場合」と表現されていた（International Commission on
Intervention and State Sovereignty, *Responsibility to Protect: Report of the
International Commission on Intervention and State Sovereignty* [Ottawa:
International Development Research Center, 2001], p. XI）。

8　E.g., Adrian Gallagher, "What Constitutes a 'Manifest Failing'? Ambiguous and
Inconsistent Terminology and the Responsibility to Protect," *International
Relations*, vol. 28, no. 4 (2014), pp. 428-444; David Hughes, "Investigation as
Legitimisation: The Development, Use and Misuse of Informal Complementarity,"
Melbourne Journal of International Law, vol. 19, no. 1 (2018), pp. 84-148.

9　国連文書の悉皆調査にあたっては、「国連公式文書システム」（https://
documents.un.org/）を利用した。安保理文書については、安保理宛てに提出され
た各国の書簡や各種報告書（国連事務総長報告書や独立国際調査委員会の調査報告
書等）を含む、全ての文書を検索対象とした。総会文書については、総量が膨大と

なるため、基礎調査として総会本会議決議に絞って調査を行った。

10　『国連年鑑』の悉皆調査にあたっては国連の公式ウェブサイト（https://unyearbook.un.org/）を利用して、公開中の 1946-47 年版から 2015 年版までを調査した。

11　調査結果を「付録資料」にまとめる際、先行研究においてよく知られている言及例については、国連文書以外の記録（米国議会宛て報告書、米国国務省法律顧問の論考、報道記事など）から確認できるものであっても、「★」を付したうえで一覧に含めた。結果として、先行研究が充実する米国の言及例が、他国のそれに比べて多く一覧に反映されている。この点に注意しつつ、本研究の調査結果と先行研究の知見の関連付けを重視して、「★」文書を含めた。

12　紙幅の関係から、調査結果の詳細なデータは、「付録資料：UoU 論の言及例数の推移と言及主体の詳細（1969 - 2019 年）」として次のウェブサイトに掲載する。https://researchmap.jp/90987562/published_works.

13　国際刑事裁判所（以下、ICC）の管轄犯罪たる「集団殺害［ジェノサイド］犯罪」、「人道に対する犯罪」、「戦争犯罪」、「侵略犯罪」は、しばしば「中核犯罪［コア・クライム］（core crimes; core international crimes）」と言及される。

14　UN Document, S/ PV. 1498, 13 August 1969, para. 67. 下線は引用者強調、〔〕内は引用者注（以下、同様）。ただし、「テロ組織」との表現は、同箇所前後でイスラエル代表が用いたもの。

15　UN Document, S/PV. 1941, 12 July 1976.

16　Jimmy Carter, "Rescue Attempt for American Hostages in Iran, Letter to the Speaker of the House and the President Pro Tempore of the Senate Reporting on the Operation," 26 April 1980, accessed 18 November 2023, https://www.presidency.ucsb.edu/documents/rescue-attempt-for-american-hostages-iran-letter-the-speaker-the-house-and-the-president.

17　Abraham D. Sofaer, "The Sixth Annual Waldemar A. Solf Lecture in International Law: Terrorism, the Law, and the National Defense," *Military Law Review,* vol. 126 (1989), p. 108.

18　林晃史『南部アフリカ政治経済論』日本貿易振興会アジア経済研究所、1999 年、131-135 頁；The Presidency, Republic of South Africa, "Chief Joseph Leabua Jonathan (1914 - 1987)," accessed 18 November 2023, https://www.thepresidency.gov.za/national-orders/recipient/chief-joseph-leabua-jonathan-1914-1987.

19 Joseph Lelyveld, "Lesotho Says the Victims of Raid Were Refugees," *New York Times*, 10 December 1982.

20 Allister Sparks, "Lesotho Blames Raid On South Africa," *Washington Post*, 21 December 1985.

21 UN Document, S/PV. 2639, 30 December 1985.

22 以下、ナミビア独立戦争（1966-1989 年）の推移については次を参照。青木一能「ナミビア独立問題の推移と現状」『国際政治』第 88 号、1988 年、47-68 頁；林晃史「ナミビア独立問題」『アフリカレポート』No. 9、1989 年 9 月、29-31 頁；Lynn Berat, "Namibia: The Road to Independence and the Problem of Succession of States," *Journal of Political Science*, vol. 18, no. 1 (1990), pp. 33-62.

23 UN Document, S/18241, 28 July 1986.

24 *Ibid.*

25 UN Document, S/RES/573 (1985), 4 October 1985（イスラエルの対チュニジア武力行使を非難。棄権した米国を除く全理事国の賛成票で可決）；S/RES/418 (1977), 4 November 1977（南アフリカの周辺諸国に対する武力行使を非難。全会一致の賛成票で可決）. 南ローデシア（ジンバブエ）も冷戦期に「侵略」認定されたが（UN Document, S/RES/326 [1973], 2 February 1973）、その対象は越境軍事行動ではなく、同国の「不法な政権」（1965 年に一方的に独立宣言をした少数派白人政権）による領域内住民への圧政・武力攻撃であった。

26 UN Document, A/RES/60/1, 24 October 2005, para. 139. 注 7 も参照。

27 See, e.g., Ramesh Thakur, *The Responsibility to Protect: Norms, Laws and the Use of Force in International Politics* (Oxon and New York: Routledge, 2011), pp. 144-160.

28 UN Document, S/PV. 3955, 16 December 1998.

29 *Ibid.*

30 UN Document, S/RES/1441 (2002), 8 November 2002.

31 George W. Bush, "President Says Saddam Hussein Must Leave Iraq Within 48 Hours, Remarks by the President in Address to the Nation." 17 March 2003, accessed 18 November 2023, https://georgewbush-whitehouse.archives.gov/news/releases/2003/03/20030317-7.html; UN Document, S/2003/351, 21 March 2003.

32 UN Document, S/PV. 4707, 14 February 2003.

33 E.g., UN Document, S/PV. 6710, 31 January 2012.

34　E.g., UN Document, S/2014/695, 23 September 2014.

35　E.g., UN Document, S/PV. 7606, 19 January 2016.

36　E.g., UN Document, S/PV. 8174, 5 February 2018.

37　E.g., UN Document, S/PV. 8260, 16 May 2018.

38　UN Document, A/66/PV. 97, 16 February 2012.

II

独 立 論 文

7　適応的平和構築と国連システム：

シリア紛争とイエメン紛争を事例に

武 藤 亜 子

槌 谷 恒 孝

はじめに

　一国内の武力紛争（以後「紛争」と呼ぶ）は今なお、平和を持続させる最大の障害である。国連は1992年にブトロス・ガリ事務総長が『平和への課題』[1]を発表して紛争への対応に積極的にかかわる意思を示して以降、平和活動の改革を断続的に進めてきた。中でも2016年、国連は持続的な平和のためのビジョンを総会と安全保障理事会（以後「安保理」と呼ぶ）の両方で、それぞれ総会決議2282[2]及び安保理決議70/262[3]として採択し、このことは国連の平和活動の大きな転換点となった。とりわけ変化があったのは「平和構築」の概念であろう。1992年の『平和への課題』における平和構築は、紛争の再発を防ぐための国家建設や制度の構築など、紛争後に平和の礎を築く活動とされた[4]。しかし2016年の決議において、平和構築はもはや紛争後に留まらず、持続的な平和のために紛争全体にかかわる活動であることが明確化されたのである。

　それでは、平和を持続させるにはどのような実践があるのか。この問いに応えようとする研究の一つに、書籍『適応的平和構築：21世紀に平和を持続させるための新しいアプローチ』がある[5]。この書籍は平和を持続させる一つのアプローチとして、「適応的平和構築」を取り上げた。適応的平和構築は、いわゆる「自由主義的な平和構築」に基づく決められたデザインのアプローチを批判的に検証する平和構築研究の流れに位置づけられる。適応的平和構築のア

プローチの特徴は、紛争を生み出す社会は本質的に複雑であるため、平和構築を実践する主体は紛争当事国の社会を構成する人びとにあるととらえることにある。書籍は事例研究を通じて、文脈に適応した平和構築アプローチが平和の持続に有用であることを明らかにした。しかし、適応的平和構築の実践研究の蓄積はまだまだ薄く、また持続的な平和を提唱した国連の活動の詳細も必ずしも明らかになっていない。

　そこで本稿は適応的平和構築アプローチを用いて、持続的な平和に向けた国連の活動を明らかにすることを目的とする。次節では国連改革と持続的な平和アジェンダ、さらにそれを達成しようとする適応的平和構築アプローチの特徴を整理し、本稿の分析枠組みを提示する。第2節では長期化した紛争事例としてシリア、第3節ではイエメンを取り上げる。いずれも、国連平和維持活動を経て紛争後の平和構築に至るという、既述の『平和への課題』に示された平和活動のステップを踏襲していない。国連安保理や、国連事務総長特使事務所の努力にもかかわらず、執筆時点で紛争が終結したとはいえない状況である。自由主義的な平和構築の実践に課題を抱えているという点で、適応的平和構築の視点から国連の活動を検証する意義があると考える。第4節では、二つの事例における国連の活動の共通点や相違点を本稿の分析枠組みに沿って類比、対比させてその意義と課題を考察する。最後に適応的平和構築アプローチの有用性と残された課題に言及する。

1　国連平和活動の改革と適応的平和構築

（1）　国連平和活動の改革

　上述の通り、国連は『平和への課題』により平和活動の実施体制の確立を提唱し、組織改革を進めた[6]。1997年より事務総長を務めたコフィ・アナンの主導による国連改革は平和活動を複合的なものととらえ、平和維持と紛争後の平和構築に同時に取り組むべく国連平和維持活動の責任範囲を広げ、複合的ミッションが増えていった[7]。他方でその平和活動は、自由主義的平和構築の性急な実践であるとして批判も浴びた。自由主義的平和構築は、民主主義に基づく

政治体制や自由主義経済といった自由主義的価値観を基にした国家建設を目標とし、推進する[8]。批判の一つは、そういった価値観を受け入れる土壌のない紛争国に、民主的な制度や自由主義経済を性急に持ち込むことから紛争国が混乱に陥り、紛争後の国家建設が破綻してしまうというものである[9]。

　2015 年から 2016 年にかけての国連改革は、こうした批判に応えようとした。2015 年には国連平和活動ハイレベル独立パネル（High Level Independent Panel on Peace Operations: HIPPO）報告書[10]がパン・ギムン事務総長に提出された。この報告書は平和活動における政治の卓越性、現場の要件に即した迅速で柔軟な運用、強靭で包括的なパートナーシップ、現場中心かつ人間中心の活動を強調する。そのうえで、今までの協力は被支援国の現実や文脈を踏まえていなかったのではないか、と国際社会の姿勢を批判している。さらに、選挙や憲法論争を優先するとかえって過去の禍根を悪化させる恐れがあるため、コミュニティレベルの和解や信頼醸成を主眼とした支援が必要だと述べている。つまり、いわゆる自由主義的平和構築アプローチから方向転換し、現地の文脈に即す必要性を強調した。同年に提出された国連平和構築アーキテクチャーのレビュー報告書[11]も、平和構築における政治的プロセスの優位性や紛争国のオーナーシップや包摂性の促進を提案する。加えて同報告書は、紛争後のみならずその予防を重視し、平和的かつ包摂的な社会の醸成を目標とした「持続的な平和」の概念を新たに提唱した。これらの報告書をもとに、上述の「持続的な平和」に関する決議が総会[12]および安保理[13]にて採択され、平和構築は紛争の発生、拡大、継続、再発のサイクル全般への対応を俯瞰する概念となった。

　2017 年に事務総長に就任したアントニオ・グテーレスは拡大した平和構築の概念を踏まえ、さらなる改革を行っている。例えば、国連開発計画（United Nations Development Programme: UNDP）の常駐代表と兼務し、UNDP の運営により活動していた常駐調整官を、紛争予防と紛争後の複雑で困難な状況を改善するため国連機関から切り離し、副事務総長の直轄としてその権限を強化した。また、国連機関の現地代表の連携を図るメカニズムである国連カントリーチームを常駐調整官の指揮下に置き、常駐調整官の裁量の幅を

広げた。さらに、常駐調整官の資格基準を厳格化し、紛争予防を目的とした常駐調整官事務所スタッフの能力強化を行うなどの改革[14]を実施した。

　このように国連は代々の事務総長のリーダーシップのもとに、紛争後の平和構築を紛争の現実に即した形で見直し、持続的な平和アジェンダを採択し、それを進めるための組織改革を実施してきた。学術的な側面から持続的な平和を実践する新たなアプローチを考察する書籍『適応的平和構築：21世紀の平和を持続させる新しいアプローチ』は、2016年の双子の決議を踏まえ、適応的平和構築の概念や実践を検証している[15]。そこで次節では、同書が論じる適応的平和構築の特徴を整理する。

（2）　適応的平和構築

　適応的平和構築は自由主義的平和構築の批判から生まれたアプローチであるが、こうしたアプローチは新しいものではない。ボトムアップ型、ハイブリッド型といった平和構築理論が20年以上にわたり論じられている[16]。いずれのアプローチも、平和構築は現地の平和観や文化、歴史、価値観を基に、その国の人々のイニシアティブに基づいて実践されるべきであるとする。いくつかの批判的平和構築アプローチの中でも適応的平和構築は、社会を一つの複雑なシステムととらえる特徴を有する。したがって適応的平和構築の考え方では、紛争も社会の複雑なシステムから生み出されることになる。適応的平和構築の概念を提唱したデ・コニングは、平和構築の目的を「社会システムが発生した紛争を暴力的な紛争に発展する前に管理し、解決できるレジリエントな社会制度の開発を支援することにより、暴力的な紛争を防止すること」[1718]ととらえた。そのような社会制度を構築するには、社会の様々な組織や個人がシステムとして自らを強化するプロセスの推進が重要になる。適応的平和構築は、社会を複雑な一つのシステムととらえることで、現地の文脈に応じた平和構築を重視する。

　社会のシステムは本質的に複雑で非線形であるがゆえにインプットとアウトプットが必ずしも同じではなく、予測不可能な結果が産まれる。したがって適応的平和構築において重要なのは、自己組織化のプロセスを促進する支援であ

る。一般的に国際社会は壊れた機械を直すように国家を修復するツールとして平和構築を利用しがちである。これに対し、適応的平和構築では国家やコミュニティ、個人は障害やストレスがあっても目標に到達する方法を自ら見出せるとし、この過程で整合性と安定性を失うことなく創造性を維持できる社会は繁栄すると考える。デ・コニングら[19]は、国連が複雑化、長期化する紛争に対応するため、持続的な平和アジェンダに至る様々な改革を行ってきたことを評価する。しかし、多くのケースはいまだに決められたデザインのもとで自由主義的なアプローチを踏襲しており、現地での適応的平和構築の実践例は数少ないと指摘する。

　以上の適応的平和構築の概念の特徴と前項で明らかにした国連の平和活動の改革のプロセスから、とりわけ国連が平和構築を支援する際の留意点を次の通り、事例検証の枠組みとして提示する。

　1）複雑な現地の文脈に即した介入であり、自己組織化を促しているか。

　2）国連システム内の多様なアクターが現地のニーズを踏まえたプログラムを設計、実践しているか。

　3）和平合意・民主化等の目標を設定せず、柔軟な対応を行っているか。

　次節及び第3節では、複雑な推移をたどるシリア紛争とイエメン紛争を概観し、さらに国連の多様な対応を分析枠組みに基づいて整理する。

2　シリア紛争[20]

（1）　紛争の推移と終結に向けた国際社会の関与

　シリア紛争においては、紛争に対する政府の責任をめぐり、シリア政府を支持するロシアと中国と、反体制勢力を支持するアメリカ、イギリス、フランスという安保理常任理事国の対立が当初から続いている。紛争の初期には事態の打開のため、地域機構であるアラブ連盟が調停を実施した。アラブ連盟は、シリア政府と反体制勢力により国民統合政府を樹立することや、同政府が十分機能するようにアサド大統領の権限を副大統領に移譲すること等を求めた[21]。この提案は、国連総会にて採択された決議66/253[22]により、147カ国もの支持を

得た。民主的で多元的な政治体制への移行を目指すもので、自由主義的平和構築アプローチに相当すると考えられる。しかし、シリア政府はこの提案を主権の侵害であると拒否した[23]。シリア政府にとっては決められたデザインの持ち込みであったと理解できる。

　その後、国連のシリア担当特使が任命された。初代のコフィ・アナンは可能な限り現実的な対応を試み、「まず暴力を減らす」[24]ことを提案した。これは対立していた安保理常任理事国や紛争当事者に受け入れられ、国連平和維持活動が実現した。しかし紛争当事者間の不信は解消されずに戦闘は再燃し、国連平和維持活動はわずか4か月で終了した[25]。その後、シリア紛争は激化していった。過激派組織イスラム国（Islamic State: IS）がシリアの一部領土を実効支配すると、中国を除く安保理常任理事国が「テロとの戦い」の下にシリア領内への空爆を実施した。ロシアの空爆はシリア政府に有利に働き、2016年より始まった和平プロセスは、アサド大統領の権限移譲を棚上げした[26]。

　和平プロセスが始まっても「テロとの戦い」は続き、紛争において優位に立ったシリア政府は領土を奪回していった。結果として激しい戦闘は収まりつつあり、紛争による死者数も減少した[27]。2023年2月の北西部大地震以降、シリアはアラブ連盟や加盟国との関係を改善させている[28]。紛争当初に提唱された自由主義的平和構築アプローチは、これまでのところ機能したとはいえない。この間、国連は継続的に一定程度現実的な活動を行っていた。

（2）　国連の多様な関与

　ここでは国連が関与する二つの活動を取り上げる。一つは「市民社会支援室（Civil Society Support Room: CSSR）」というメカニズムである。市民社会支援室は、紛争当事者ではないシリア人の和平プロセスに参画したいという要望を受け、第3代国連特使のスタファン・デミストゥラの主導で設置された。政府が統治する地域からも反体制勢力が実効支配する地域からも、シリア国外からも様々な専門かつ政治的な立場のシリア人―法律の専門家、大学教授、経済学者、元政府顧問など―数百人が参加している。会合はジュネーヴの国連本部、さらにトルコ、ヨルダン、レバノンや、移動しにくい地域向けにオンライ

ンでも実施されている[29]。

　市民社会支援室の画期的な機能は大きく二つある。一つは紛争当事者ではない、国内外の様々なシリア人の知見を和平プロセスにインプットする仕組みを、国連が初めて提供したことである。参加者は、和平プロセスに即した議題に対して現地事情を踏まえた意見交換の内容を、特使事務所を介してインプットした[30]。もう一つの機能は、紛争により分断されたシリア人が政治的な立場を脇に置いて意見交換できる場を提供したことである。参加者は議論を通じて異なる意見を尊重しつつ、共通の目標や価値観を見出す重要性を認識し、この経験は参加者間の信頼醸成やネットワーク構築に寄与した。実際には、市民社会支援室のインプットは和平プロセスに大きな影響を及ぼさなかったが、参加者のネットワークは当初の目的を超え、国連や安保理常任理事国、また中東地域の国々等との直接的なネットワークに拡大していった[31]。

　もう一つの活動は「シリアの未来のための国民アジェンダ（National Agenda for the Future of Syria: NAFS、以後「未来アジェンダ」と呼ぶ）」である。このプログラムは2012年、国連西アジア経済社会委員会（United Nations Economic and Social Commission for Western Asia: UN ESCWA）により、チーフエコノミスト（現国連事務次長補兼UNDPアラブ局長）のダルダリ氏などシリア人何人かの発意を受けて設立された。紛争の被害—とりわけ経済、社会、ガバナンスの問題—を把握し、紛争後の国家建設に備えて持続可能な平和に貢献するため、シリア人が政治的な立場や拠点を超えて話し合う場の提供を目的とする[32]。UN ESCWAは中立・非政治的な立場で研究・訓練を行う機関であり、未来アジェンダにも政治的な目的はない。専門家の一部は会合の雰囲気が緊迫したことから出席しなくなったが、ほとんどはシリアに何等か貢献する意義を認めて参加した[33]。

　未来アジェンダの画期的な機能も大きく二つある。一つは、UN ESCWAが国内外のシリア人が渡航しやすいレバノンに位置し、集まりやすい場を提供したことにある。参加者—政府関連機関のスタッフや反体制勢力を支持する者を含む様々な立場のシリア人—の専門は、経済、社会、ガバナンスの多岐にわたった。専門家165名は外国の技術指導をほとんど受けずに国内の被害状況調

査、セクター分析を行い、国内外のシリア人 1,400 人以上と 200 の市民社会組織の意見を得て、紛争前の統計情報等と比較し、紛争の社会経済的影響を算出した[34]。調査結果は紛争後の国家建設に向けた政策代替案に統合され、それは 2017 年に発表された[35]。もう一つの機能は参加者のネットワーク構築である。専門家は 53 のセクターと四つのセクター横断的なイシューの約 1,200 名に増加した[36]。中には紛争前に直接的、間接的に互いを知っている場合もあった。年に数度のセクター会合や横断的イシュー会合で異なる意見の専門家と議論しつつ、セクター分析や政策代替案を作成して信頼関係やネットワーク、さらに自身の能力も強化された専門家もいた[37]。政治的な意見を脇に置いて技術的な会話に集中するという学びが重要であったという[38]。自由主義的な平和構築の実践が困難に直面する中でも、参加者はシリアに資するという動機から参加し、ネットワークを強化、拡大した。

　以上の二つの事例は、適応的平和構築の観点から下記のように分析できるであろう。

1)　複雑な現地の文脈に即した介入であり、自己組織化を促しているか。

　いずれのプログラムにおいても、国連は参加者の主体的な対話や議論を促した。市民社会支援室のインプットは和平そのものに大きくは貢献しなかったが、異なる意見を持ちながら和平に貢献するという共通の意思を持つシリア人同士は対話を重ね、当初の想定を超えたネットワーキングを自ら構築していった。未来アジェンダの参加者は、自ら国内の経済・社会的な状況を多角的に分析し、協力して政策代替案を発表した経験を通じてその能力が強化され、専門家間のネットワーキングも進んだ。いずれも参加者による自己組織化に、紛争中から貢献したといえる。

2)　国連システム内の多様なアクターが現地のニーズを踏まえたプログラムを設計、実践しているか。

　いずれのプログラムも、国連は参加者が安心して議論に参加できる場を提供した。市民社会支援室は、参加者を紛争当事者の対立に晒さないよう、特使事務所を通じたインプットのメカニズムを構築した。未来アジェンダは和平プロ

セスから距離を置き、多岐にわたるセクターの被害状況の把握と政策ギャップの技術的な分析を継続した。紛争当事者ではないシリア人が和平プロセスや紛争後の国家建設に何等か貢献したいというニーズに対し、平和維持活動とは異なる実践により、国連システム内の多様なアクターが応えたといえる。

3)　和平合意・民主化等の目標を設定せず、柔軟な対応を行っているか。

　いずれも和平プロセスを主導する特使事務所へのコンサルテーションや、紛争後の国家建設の準備を目的としている。二つのプログラムは、紛争により分断されたシリア人の対話の持続とネットワーキング、和平プロセスへのインプットや国家建設に備えた政策代替案の提示といった成果を生み出した。自由主義的平和構築に基づく国民統合政府の樹立が進まず、紛争が終結しない現状を踏まえた、国連の柔軟な対応といえる。

3　イエメン紛争

（1）　紛争の推移と終結に向けた国際社会の関与

　イエメンでは 2011 年、いわゆる「アラブの春」の影響を受けて各地でデモが発生し、収拾がつかなくなり、長期政権を築いていたサレハ大統領が退陣した。2012 年 2 月には大統領選挙が平和理に実施され、ハーディー副大統領が大統領に選出された。しかし、その後連邦制を核とした民主化を目指した国民対話は、北部のサダを中心としたホーシー一族（以後「ホーシー派」と呼ぶ）が移行後の州の再編や憲法草案等に反対し、とん挫した[39]。2014 年、ホーシー派は軍事力により首都サヌアを掌握した[40]。ハーディー大統領を支持するサウジアラビアやアラブ首長国連邦らによって組織された有志連合軍は、首都サヌアを含むホーシー派の拠点に空爆を続けた[41]。誤爆により民間人の犠牲も増大したが、イランの軍事的支援を受けるホーシー派との戦闘は続いた[42]。「アラブの春」による混乱後の民主化を前提とした平和構築は成功せず、逆に紛争へと繋がった。

　その後紛争は激化したものの、地上戦では次第に膠着状態に陥り、2022 年 4 月 24 月、特使事務所の仲介により 8 年間の紛争においてはじめて国全体での

戦闘停止が実現した[43]。この停戦合意は 6 か月後の 2022 年 10 月に失効し、その後は空爆や全面的な戦闘は行われていないものの、前線での散発的な戦闘は続いている[44]。イエメンにおいて持続的な平和が達成されたとはいえない状況である。

（2）　国連の多様な関与

　ここでは、常駐調整官を筆頭とした国連カントリーチームと紛争当事者やイエメンの民間企業が協力した事例を取り上げる。ホーシー派が掌握するラス・イサ港沖に係留されているタンカーからの原油移送である。浮体式貯蔵積出石油タンカー SAFER 号は建造から 47 年が経過し、必要な維持管理作業は紛争が原因で 2015 年以降止まっていた。同タンカーには 1,100,000 バレルの原油が貯蔵されていたが、船体の劣化から、いつ爆発してもおかしくない状態にあった[45]。紅海に大量の原油が流出した場合のイエメンおよび近隣諸国への経済、環境等への影響を考えると、一刻も早い状況の改善が必要であった。

　当初は特使事務所がホーシー派との交渉役を担い、国連プロジェクト・サービス機関（United Nations for Office of Project Services: UNOPS）が簡易メンテナンスと船上査察を実施する準備を始めた。しかし、ホーシー派は、検査と完全な修理を同時に行うべきと主張し、船上査察の結果を受けた後での包括的な修理を求める特使事務所・UNOPS と対立した[46]。このような事情から交渉は進展せず、暫定政府やサウジアラビアは、ホーシー派がこの件を政治利用し、和平交渉を有利に進めようとしていると非難した[47]。ホーシー派も、原油の売却益を公務員の未払い給与に充当するメカニズムの設置を特使事務所に要請した[48]。タンカーの修理の問題は政治問題化し、特使事務所の進める和平交渉に悪影響を及ぼす恐れがあった。

　そこで国連は、紛争当事者によるタンカー問題の政治利用を避け、新たな解決策を模索するため、2021 年 9 月、交渉窓口を特使事務所から常駐調整官事務所に変更した。第 2 節で明らかにしたとおり、国連改革の結果、常駐調整官は紛争下での様々なオペレーションに対応できるような人材を派遣する仕組みがあり、調整官事務所自体の能力も強化されている。また、常駐調整官は人道

調整官を兼務しており、ヨルダンに拠点を置く特使事務所よりも日ごろから人道支援の実施を通じて、ホーシー派や暫定政府との連絡が密であった。調整官事務所が検討した新たな解決策とは、古いタンカーの修理ではなく、常駐調整官が統括する国連カントリーチームが代替船を調達して原油を移送するというものである。これは、イエメン最大の貿易会社である FAHEM グループが仲介役となり、オランダのサルベージ会社 SMIT が原油移送作業を行うという現地主導の解決策であった[49]。この提案を基に交渉を行った常駐調整官はホーシー派の信頼や協力を得ることに成功し、ホーシー派はこの問題に対応する委員会を設置した。また、原油流出に備えて UNDP が実施した組織化トレーニングに、ホーシー派は港湾関係者を含めた要員を派遣した[50]。2022 年 3 月 5 日、国連が代替船を用意し、ホーシー派が移送作業に必要な設備を提供するという覚書が常駐調整官事務所、FAHEM グループ、ホーシー派の間で署名され[51]、原油移送は具体的に動き出した。

　国連カントリーチームの中では、UNDP が国連環境計画（UNEP）、国際海事機関（IMO）、国連人道問題調整事務所（OCHA）、国連食糧計画（WFP）など専門知識を持つ関係国連機関の協力を得つつ、オペレーションを統括した。常駐調整官事務所はドナー会合を開催し、サウジアラビア、クウェート、カタールといった湾岸諸国を含む 20 か国以上から資金を調達した[52]。イエメン最大の民間企業の一つ、HSA Group も 1,400,000 ドルの資金を提供している[53]。ドナー、国連諸機関、紛争当事者の民間企業の協働の結果、2023 年 8 月、原油は無事に国連が調達したタンカーに移送され、流出という最悪の事態は避けられた[54]。

　原油移送の成功には三つの大きな意義がある。第一に、生態系の保護や経済、人道的意義である。第二に、紛争当事者を含むすべての関係者が協働した点である。FAHEM グループの代表であるファヒ・ファヘム氏は「この成功が平和プロセスへのスタートとなることを望む」[55]と述べており、一時的な人道危機の回避ではなく平和への貢献を期待して関与したことがわかる。第三に、政治問題化して和平プロセスに障害となる恐れのあった要素を取り除いた点でも意義があった。潜在的な紛争拡大の要因を取り除くことは、紛争の拡大

予防に、ひいては持続的な平和に貢献したといえよう。

　この活動は適応的平和構築の観点から下記のように分析できる。

1)　複雑な現地の文脈に即した介入であり、自己組織化を促しているか。

　国連は、船舶への接近と査察にホーシー派が合意できない事情を汲み、原油移送という新たな提案を行い、結果、紛争当事者は自ら問題解決に取り組むようになった。またイエメンの民間企業が解決策を提案し、資金や施設も提供するなど官民合わせて問題の解決を目指した。紛争当事者に留まらない、イエメンの多様な主体が平和への貢献を目指して参画した点において、国連の活動が現地の自己組織化を促したといえる。

2)　国連システム内の多様なアクターが現地のニーズを踏まえたプログラムを設計、実践しているか。

　国連は、特使事務所と UNOPS では対応できない要求を突き付けられると、窓口を常駐調整官事務所に変更し、カントリーチームで代替船を用意するという新たな策に対応する体制に変更した。ホーシー派も代替船の購入を受け入れ、移送に協力した。また問題解決には国連システム内の多様なアクターが参加しており、常駐調整官は原油移送の成功において「国連ファミリーと国連加盟国、民間企業、人びと、全員が国連の調整プランにおいて役割を果たした」[56] と評価している。

3)　和平合意・民主化等の目標を設定せず、柔軟な対応を行っているか。

　本プロジェクトは、紛争が長期化する中で、和平合意といった従来の解決策ではなく、紛争の新たな火種を消すことを目標に、多大なリソースを割いた。この柔軟な対応により紛争の拡大を防ぐ成果が生まれた。予防の効果を評価することは難しいものの、原油流出に伴う混乱を考えると、原油移送の成功はイエメンの和平の進展に有用であったといえよう。

4　考察

　ここでは、二つの紛争事例における国連の活動の共通点や相違点を本稿の分

析枠組みに沿って類比、対比させてその意義と課題を考察する。

（1）　複雑な現地の文脈に即した介入であり、自己組織化を促しているか。

いずれの紛争事例においても国連は現地社会の自己組織化を促していた。しかし、そのレベルには違いがみられる。シリアの場合、国連は紛争当事者ではない2,600人以上の国内外のシリア人の自己組織化を促し、イエメンの場合、国連機関は紛争当事者や民間企業といった現地の重要な主体による自己組織化を促した。適応的平和構築は社会を複雑なシステムと捉えており、理論的には当該社会を構成する組織、個人全てが何らかの形でシステムにかかわる。紛争中は自己組織化を阻害する対立がシステムのどこかに発生しているため、全てのレベルで自己組織化を進めることは難しい。このため、システムの一部であっても自己組織化が進むことは、理論的にはレジリエントな社会の構築を進展させるはずである。

自己組織化を推進するには、シリアの場合もイエメンの場合も、システムを構成する主体間の信頼関係の構築が重要な要素であった。信頼関係が深まればシステムを強化できる。ただしシリアの場合、二つの国連のプログラムの参加者の間に育まれた信頼は、紛争当事者を巻き込むには至っていない。逆にイエメンの場合、紛争当事者を含む関係者の信頼は常駐調整官事務所に対するものに留まっているうえに、必ずしも一般のイエメン人を巻き込んではいない。つまりシステムの自己組織化の進展は、紛争の推移や紛争当事国を取り巻く国際関係などに影響を受ける。それでも国連は現地の主体性を維持しつつ、適切なレベルの自己組織化を推進したことで成果を挙げた。二つの事例に見られる国連の多様な関与は、紛争終結に至れない中でも文脈に即した適応的平和構築の実践といえる。

（2）　国連システム内の多様なアクターが現地のニーズを踏まえたプログラムを設計、実践しているか。

いずれの事例においても、国連システム内の多様なアクターが現地のニーズに対応していた。シリアの場合、紛争当事者ではないシリア人の発意を受け

て、特使事務所や UN ESCWA が安全な議論の場を設けた。イエメンでは差
し迫った事態に対応するため、特使事務所に代わって常駐調整官事務所が国連
側の窓口になった。さらに特筆すべきはシリアにおける UN ESCWA、イエメ
ンにおける UNDP 他複数の国連専門機関の参画であろう。これらの機関が紛
争中から専門性を生かして活動した結果、国連は現地のニーズに即したプログ
ラムを実施することができた。

　持続的な平和の実現に向けて、国連はシステム内の多様なアクターの連携を
推奨する。シリアとイエメンのいずれの事例においても、停戦合意を要件とす
る国連平和維持活動はほぼ行われないまま、特別政治ミッションや多くの国連
機関が活動し、国連は現地のニーズに柔軟に対応しようとしている。本稿で取
り上げた二つの事例の場合、決められたデザインのアプローチでは紛争終結に
至っていない。国連は多様なアクターの専門性を生かし、現地のニーズに一つ
一つ応えることが期待されているのかもしれない。適応的平和構築の視座は、
このような国連の対応を可能にする。

（3）　和平合意・民主化等の目標を設定せず、柔軟な対応を行っているか。

　いずれの事例においても、和平合意・民主化等を目標としないプログラムが
確認できた。シリアの事例では柔軟な目標設定により、紛争当事者ではないシ
リア人による和平プロセスへの貢献や、シリア人が主導する紛争後の政策代替
案といった成果が生まれた。イエメンの事例も柔軟な目標設定により、原油流
出というさらなる人道危機、環境危機、紛争を悪化させうる要因を回避でき、
さらに紛争当事者や多様なアクターの協力といった成果が生まれた。自由主義
的平和構築の進展が芳しくない二つの紛争における国連の柔軟な対応は、長期
化した紛争中であっても、紛争により分断された一般市民の対話や紛争が拡大
する要素を取り除く成果を挙げた。これらの対応は、あらかじめ決められたデ
ザインのアプローチではなしえなかったと考えられる。

　他方、持続的な平和を実現するための現地の最大のニーズは、やはり紛争終
結であろう。適応的平和構築の概念は、国連の活動はあくまで触媒であり、ど
のような平和を構築するかは、その国の人びとが自身の価値観に基づいて決定

するべきであるととらえる。しかし紛争の長期化とは、紛争当事者間で目指すべき平和の姿に乖離があるうえ、紛争当事者はその乖離を解消するのではなく自らの平和を実現するために戦闘を継続することを意味する。本稿で検証した二つの事例ではいずれも、国際社会が対立して異なる紛争当事者を支持したことが紛争の長期化の一因となった。本稿では、そうした状況における適応的平和構築の実践として、紛争当事者ではないシリア人の政治的な立場を超える主体的な活動や、イエメンの国連カントリーチームが国連機関ごとの垣根を越えて紛争当事者等の自己組織化を促した活動を紹介した。すでに指摘したように、それらの対応は紛争終結に直接的な効果をもたらしてはいない。しかし、国連が平和維持活動を実施できない状況でも、現地の主体的な動きを尊重し、紛争の拡大を防ぐことに貢献しうる活動は、持続的な平和アジェンダが重要性を訴える活動であった。国連は中・長期的な視点から、一つ一つの成果を最大の目的—持続的な平和の実現—につなげることが期待されているはずである。

おわりに

本稿は適応的平和構築の視座に立ち、長期化した紛争への国連の対応について、シリアとイエメンを事例に検証した。適応的平和構築は、長期化した紛争でも、国連が取りうる平和構築アプローチを提示できることが明らかになった。しかし、持続的な平和の実現には紛争終結が最大の要素であることを考えると、適応的平和構築の成果は限定的である。シリア紛争の場合、紛争当事者ではない国内外のシリア人の活動は紛争当事者が参画する和平プロセスと直接的には結びついていない。イエメンの場合も、タンカーの原油移送に伴う紛争当事者や多様なアクターの協力が、今後の和平プロセスにどのように結びつくのかははっきりしない。適応的平和構築とは、自由主義的平和構築アプローチを用いて終結を促すことが難しい紛争の場合に国連が取りうる、次善の策に過ぎないという見方もできるかもしれない。

しかし、自由主義的平和構築は 20 年以上にわたり、決められたデザインの平和構築アプローチを性急に持ち込んでいるのではないかとの批判を浴びてき

た。平和構築の実践が現地の平和観や文化、歴史、価値観を基に、その国の社会のイニシアティブに基づくものでなければならないとすると、紛争の影響を大きく受けた国家を現地の様々な組織や個人が自己組織化により修復していくには、いくつものステップと長い時間を要するはずである。二つの事例で観察されたように、国際協力を介したインプットとアウトプットは必ずしも同じではなかった。適応的平和構築において重要なのは、決められたステップを踏むのではなく、紛争当事国の国家やコミュニティ、個人が持続的な平和を実現する方法を自ら見出すことを支援することにある。次善の策などではなく、大国の思惑によって左右されがちな紛争終結に直接的に貢献しなくても、現地のニーズに柔軟に応え、紛争終結後の平和が持続するための基盤を作るアプローチと理解することが可能である。

　本稿ではシリアとイエメンという、終結の見通しの立たない紛争における適応的平和構築の実践の一端を明らかにした。実践の主体や方法は、二つの事例で全く異なっていた。現地社会のイニシアティブを重視する適応的平和構築の実践は多様であり、紛争ごとに異なるといっても過言ではない。今後も国連による適応的平和構築の実践とその課題、持続的な平和への道筋について、検証を積み重ねていく必要がある。

注

1　Boutros Boutros-Ghali, *An Agenda for Peace: Preventive Diplomacy, Peace-making and Peacekeeping*, UN Document, A/47/277-S/24111, June 17, 1992.（ブトロス・ブトロス・ガリ『平和への課題』国際連合広報センター、1992 年。）

2　UN Document, S/RES/2282, 27 April 2016.（安保理『決議 2282（2016）、2016 年 4 月 27 日の第 7680 回安保理により採択』国際連合広報センター、2016 年。）

3　UN Document, A/RES/70/262, 27 April 2016.（総会『決議 70/262. 国際連合平和構築構造の再検討』国際連合広報センター、2016 年。）

4　Boutros Boutros-Ghali, *op. cit.*, pp.15-16.

5　Cedric de Coning, Rui Saraiva and Ako Muto eds., *Adaptive Peacebuilding: A New Approach to Sustaining Peace in the 21st Century*（Cham: Palgrave Macmillan, 2023）.

6 中満泉「平和構築と国連改革―有効な戦略の確立へ向けて―」『国際安全保障』第 34 巻第 2 号（2006 年 9 月）、13-34 頁。

7 中満、前掲論文。

8 Roland Paris, *At War's End: Building Peace after Civil Conflict* (Cambridge: Cambridge University Press, 2004).

9 *Ibid.*

10 UN Document, A/70/95-S/2015/446, 30 June 2015.（平和活動に関するハイレベル独立パネル『事務総長発総会議長および安全保障理事会議長宛 2015 年 6 月 17 日付同一内容書簡』国際連合広報センター、2015 年。）

11 UN Document, A/69/968-S/2015/490, 30 June 2015.（諮問グループ『平和構築構造の再検討に関する専門家諮問グループ議長発総会議長および 安全保障理事会議長宛 2015 年 6 月 29 日付同一内容書簡』国際連合広報センター、2015 年。）

12 UN Document, A/RES/70/262, *op. cit.*

13 UN Document, S/RES/2282, *op. cit.*

14 Sebastian von Einsiedel, "What Works in UN Resident Coordinator-led Conflict Prevention: Lessons from the Field," 2018, United Nations University Centre for Policy Research.

15 Cedric de Coning, Rui Saraiva, and Ako Muto eds., *op. cit.*

16 John Paul Lederach, *Building Peace: Sustainable Reconciliation in Divided Societies* (Washington, DC: United States Institute of Peace, 1997). Roger MacGinty, *International Peacebuilding and Local Resistance: Hybrid Forms of Peace* (London: Palgrave Macmillan, 2011). 上杉勇司「国家建設と平和構築をつなぐ『折衷的平和構築論』の精緻化に向けて」『国際安全保障』第 45 巻第 2 号（2017 年 9 月）、55-74 頁。

17 Cedric de Coning, "Adaptive Peacebuilding: Leveraging the Context-specific and Participatory Dimensions of Self-sustainable Peace," in *Adaptive Peacebuilding: A New Approach to Sustaining Peace in the 21st Century*, eds. Cedric de Coning, Rui Saraiva and Ako Muto (Cham: Palgrave Macmillan, 2023), p.27.

18 *Ibid*, p.41.

19 *Ibid.*

20 本節の議論は次を踏まえたものである。Ako Muto, "Exploring Mediation Efforts Amid Systemic and Domestic Constraints: The Case of the Syrian Conflict," in

Adaptive Mediation and Conflict Resolution: Peace-making in Colombia, Mozambique, the Philippines, and Syria, eds. Cedric de Coning, Ako Muto and Rui Saraiva (Cham: Palgrave Macmillan, 2022), pp.137-163. Ako Muto, "The Challenges and Effects of Externally Driven and Locally Driven Peacebuilding Approaches in a Complex Context: A Case Study of the Syrian Conflict," Cedric de Coning, Rui Saraiva and Ako Muto, *op. cit.*, pp.179-206.

21 UN Document, S/2012/71, 30 January 2012.

22 UN Document, A/RES/66/253, 16 February 2012.

23 Bassem Mroue, "Thousands on Streets as Syria Rejects Peace Plan," *Independent*, 24 January 2012, accessed 18 November 2023, https://www.independent.co.uk/news/world/middle-east/thousands-streets-syria-rejects-peace-plan-6293728.html.

24 Raymond Hinnebusch and Ira William Zartman, *UN Mediation in the Syrian Crisis: From Kofi Annan to Lakhdar Brahimi* (New York: International Peace Institute, 2016), p.7.

25 UN Document, S/RES/2042, 14 April 2012. UN Document, S/RES/2043, 21 April 2012. UN Document, S/PV. 6810, 19 July 2012.

26 UN Document, S/RES/2254, 18 December 2015.

27 Department of Peace and Conflict Research, "Syria," 2023, accessed 18 November 2023, https://ucdp.uu.se/country/652.

28 Giorgio Cafiero and Emily Milliken, "Analysis: How Important Is Syria's Return to the Arab League?" *Al Jazeera*, 19 May 2023, accessed 18 November 2023, https://www.aljazeera.com/news/2023/5/19/analysis-how-important-is-syrias-return-to-the-arab-league.

29 Author's interview with the Norwegian Centre for Conflict Resolution (NOREF), Zoom between Japan and Norway, 27 April 2021. Marika Theros and Rim Turkmani, "Engendering Civicness in the Syrian Peacemaking Process," *Journal of Civil Society*, Vol. 18, Issue 2 (2022). pp. 183-200.

30 Author's interview with NOREF, *op. cit.* Marika Theros and Rim Turkmani, *op. cit.*

31 Author's interview with NOREF, *op. cit.* Marika Theros and Rim Turkmani, *op. cit.*

32 Author's interview with NAFS member 1, Skype between Japan and Lebanon,

5 February 2020.

33　Author's interview with NAFS member 2, Skype between Japan and Lebanon, 15 January 2020.

34　The National Agenda for the Future of Syria (NAFS), "The Strategic Policy Alternatives Framework (SPAF) : Syria Post-Conflict, English Synopsis," Beirut: UN ESCWA, 2017. p.3.

35　*Ibid.*

36　The National Agenda for the Future of Syria (NAFS), "Join our Network," UN ESCWA, accessed 21 January 2024, https://nafsprogramme.info/form/join-our-network. Author's interview referred to in the note 30.

37　Author's interview with NAFS member 3, Skype between Japan and Syria, 16 January 2020. Author's interview with NAFS member 4, Skype between Japan and Turkey, 16 January 2020.

38　Author's interview with NAFS member 1, *op. cit.*

39　川嶋敦司「希望と絶望の間—「イエメンの春」から停戦協議まで—」『アジ研ワールド・トレンド』第 248 号（2016 年 6 月）、8-11 頁。

40　川嶋、前掲論文。

41　佐藤寛「最悪の人道危機・イエメン（後編）〜無益な空爆の継続と国民の窮乏〜」『中東協力センターニュース』第 4 巻（2021 年 5 月）、1-9 頁。

42　佐藤、前掲論文。

43　United Nations Office of the Special Envoy of the Secretary General for Yemen, "United Nations Initiative for a Two-month Truce," 2022, accessed 23 October 2023, https://osesgy.unmissions.org/united-nations-initiative-two-month-truce-0.

44　Ned Whalley, "Yemen Annual Review 2022," Sana'a Center for Strategic Studies, 2023, accessed 26 January 2024, https://sanaacenter.org/publications/the-yemen-review/19579.

45　United Nations Yemen, "UN unveils plan to prevent stricken oil tanker disaster off Yemen coast," 8 April 2022, accessed 26 January 2023, https://news.un.org/en/story/2022/04/1115932?_gl=1*1xscnsg*_ga*MTU1MzU2NjU4OC4xNjkwNzMxMTEz*_ga_TK9BQL5Z7Z*MTcwNjYyNjcxNy41OS4xLjE3MDY2MjY3NDEuMC4wLjA.

46　Ibrahim Jalal, "Defusing a 'floating bomb': Yemen's impending Safer disaster," 9 July 2020, accessed 4 February 2024, https://www.mei.edu/publications/

defusing-floating-bomb-yemens-impending-safer-disaster.

47　*Ibid.*

48　Lisa Barrington, "Houthis Ask U.N. to Sell Yemeni Crude and Use Revenues for Imports, Salaries," *Reuters*, 1 May 2019, accessed 24 October 2023, https://www. reuters.com/article/us-yemen-security-oil/houthis-ask-u-n-to-sell-yemeni-crude-and-use-revenues-for-imports-salaries-idUSKCN1S62NU/.

49　United Nations Yemen, "Statement: Remarks at the Pledging Event for the FSO Safer Operation Co-hosted by the Netherlands and the United Kingdom," 4 May 2023, accessed 27 October 2023, https://yemen.un.org/en/230105-statement-remarks-pledging-event-fso-safer-operation-co-hosted-netherlands-and-united.

50　International Maritime Organization, "FSO SAFER – Contingency Planning Workshops in Yemen," 25 February 2022, accessed 27 January 2024, https:// www.imo.org/en/MediaCentre/Pages/WhatsNew-1682.aspx.

51　United Nations Yemen, "FSO Safer Memorandum of Understanding," 5 March 2022, accessed 22 October 2023, https://yemen.un.org/en/185488-fso-safer-memorandum-understanding.

52　United Nations Yemen, *op. cit.*

53　Ghaida Ghantous, "Yemen's HSA Pledges $1.2 Million to U.N. Drive to Avert Tanker Oil Spill," *Reuters*, 25 August 2022, accessed 26 October 2023, https:// jp.reuters.com/article/yemen-environment-oil-tanker-idAFKBN2PV067.

54　David Gressly, "Remarks at the Conclusion of the Oil Transfer from the FSO Safer at the United Nations Noon Briefing," *Office of the United Nations Resident & Humanitarian Coordinator for Yemen*, 11 August 2023, accessed 24 October 2023, https://yemen.un.org/sites/default/files/2023-08/20230811%20-%20 David%20Gressly%20remarks%20on%20the%20FSO%20Safer%20at%20the%20 UN%20noon%20briefing%20%20-%20NEAR%20VERBATIM.pdf.

55　"UN begins pumping oil from decaying tanker off Yemen," *AFP*, 1 May 2019, accessed 24 October 2023, https://www.france24.com/en/live-news/20230725-un-begins-pumping-oil-from-decaying-tanker-off-yemen-1.

56　United Nations Development Programme, "Tanker Sets Sail on United Nations Mission to Prevent Catastrophic Oil Spill in Red Sea," 2023, accessed 24 October 2023, https://www.undp.org/press-releases/tanker-sets-sail-united-nations-mission-prevent-catastrophic-oil-spill-red-sea.

Ⅲ

政策レビュー

8　入管法改正に見る入管庁と UNHCR の交渉：

非政治的国連機関に求められる政治性〜

滝　澤　三　郎

はじめに

　難民受け入れ数が少なく「難民鎖国」などと揶揄されてきた日本だが、政府は 2021 年以降、ミャンマー難民、アフガン難民、ウクライナ避難民など約 1 万 3500 人を国内で受け入れて庇護した。2023 年 6 月には出入国管理及び難民認定法（入管法）が改正され、難民と同等の処遇を受ける「補完的保護対象者」制度が導入された。難民認定数は 2021 年に 74 人、2022 年に 202 人、2023 年に 303 人と増えた。2023 年の難民認定者数と人道配慮による在留許可者数は 1,267 人で、保護率は 23.8% になった。2024 年 2 月までに補完的保護を申請した者はウクライナ避難民を中心に 1,110 人で、その大半が認定されると見込まれている[1]。他方で日本は UNHCR に 200 億円前後の拠出を長年に亘って続けている。

　そのような変化に、日本政府と UNHCR はどのように関わったのだろうか。本レビューは、日本での庇護を巡る法務省・入管庁と UNHCR 駐日事務所の交渉を明らかにし、そこから主権国家と国連のあるべき関係を探る。レビューする事例としては、2001 年のアフガン難民申請者の収容事件、2002 年の中国瀋陽日本総領事館における北朝鮮家族駆け込み事件、2005 年に UNHCR が「マンデート難民」と認定したクルド人父子の強制送還事件、2010 年の難民第三国定住事業の開始、14 年の第 6 次出入国在留管理政策懇談会（政策懇）の提言、2020 年の第 7 次政策懇の提言、2021 年及び 2023 年の入管法改正問題を取り上げる。本稿の資料の多くは筆者が直接関わった事例に基づく[2]。

1　整理のためのフレームワーク

　主権と難民の関係につき、オックスフォード大学難民研究所（Refugee Studies Center　RSC）の所長を2回務めたアレクサンダー・ベッツ（Alexander Betts）は次のように述べている[3]。難民は国家主権との関連で定義される。主権が領土・国民・政府のつながりで定義されるとき、難民はそのつながりから外れ、領土の外にいて、政府の保護のもとにない者である。難民は正常の国家と市民の関係が崩れたときに生まれる。ただし、エンマ・ハダッド（Emma Haddad）は、難民の存在は主権国家からなる国際社会の必然的な結果でもあるだけでなく、国民国家体制を強化する存在でもあると主張する[4]。「よそ者」である難民は「われわれ」という国民意識を高め、結果的に主権を強化するからである。であれば現行の国民国家体制が続く限り難民の発生は避けられない。その点で国連総会から与えられるUNHCRのマンデートが2004年に3年ごとの更新から無期限になったのは理にかなっている。

　20世紀になって、国家主権の絶対性に対する反発が起き、国家と個人の間の関係を規定し直す動きが出てきた。第二次大戦以降の国際人権法、国際人道法、なかんずく難民法の発展は主権国家と人権のバランスを変え、主権は絶対的でなく条件付きのものとなった。主権の絶対性が崩れ、主権が人権の制約を受けるようになったのである。外国人の出入国と在留を管理する権力が国家主権の行使の典型であることは変わらないが、難民条約に加入している国家にとって難民の庇護は義務的であり、国家主権の絶対性に対する数少ない例外となった。ただし難民が受入れ国に再統合されれば正常な国家と市民の関係が回復され、ひいては国際社会が安定する。

　難民の庇護が主権への例外である以上、そこには緊張と軋轢が避けられない。国家の主権を守ろうとする政府と難民の人権を守ろうとするUNHCRの軋轢はその一つである。この軋轢はどのような型で現れるだろうか。それを考える上で、国境管理・難民受け入れを巡る国家とUNHCRの立場を整理しておくことが役に立つ。国境管理政策の研究で知られるジェームズ・ホリフィー

図1　4つの政策ドライバー

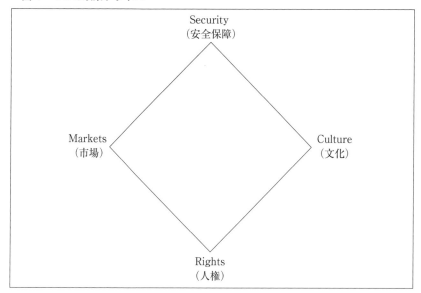

James F. Hollifield ほか、" The Dilemmas of Immigration Control in Liberal Democracies," in *Controlling Immigration* (*Stanford University Press 2022*)、*8* 頁から引用

ルド（James. F. Hollifield）は、図1にある4つの「政策ドライバー」モデルを提示した[5]。政策ドライバーとは「政策を推進または阻害する力」であり、それには（1）安全保障ドライバー（security driver：法秩序と国民の安全を維持する力、（2）市場ドライバー（market driver：移住労働者への労働需要）、（3）人権ドライバー（rights driver：外国人の人権を守ろうとする動き）、（4）文化ドライバー（culture driver：自国の文化を維持しようとする国民の求め）がある。

　政策担当者は、これら4つの力の作用をバランスさせつつ政策を決定していくが、難民政策で中心となるのは安全保障ドライバーと人権ドライバーの対立軸である。人権を守るための無秩序な難民受入れは治安問題を引き起こしかねない。厳しすぎる難民制度は庇護を求める難民の人権を危うくする。この対立軸に、経済界の要求や国民の難民に関する意識が絡んでくる。かつ、難民政策には政治的考慮も入って来る[6]。難民政策担当者は両立しがたい4つのドライ

バーの圧力の中で、いわば4次元連立方程式を解くように政策形成をしていくと考えられる。

　UNHCRの置かれた立場はどうか。難民の国際的保護は国際社会を安定させる国際公共財である。国際公共財の供給は「集合行為」であるため、「ただ乗り」や「難民の押しつけ合い」などの責任回避問題が発生する。このような状況を防止するため、国際社会における「本人」である難民条約加盟国は、「代理人」としてUNHCRを作った。加盟国はUNHCRにマンデート（任務）を課し、その実行のための費用を負担する。UNHCRは裨益対象者である難民の保護活動を行い、加盟国に対して説明責任を負う。

　この代理関係の中でUNHCR（駐日事務所）が直面する課題は何か。第1は、代理人として国家主権にどう向き合うかである。代理人は本人である加盟国の意思に逆らうことは難しい。ある国家が「ノンルフールマン（non-refoulement）原則[7]」を破って難民を追放しても、UNHCRは実力で阻止できない。ある国のUNHCR代表が政府と対立すると、「ペルソナ・ノングラータ（Persona non grata 望ましからざる人物）」として国外に追放される可能性もある[8]。第2の課題は、難民条約などの国際的規範を各国に浸透させ、国内規範に反映させることである。アジアや中東諸国の多くは1951年の難民条約や1967年の議定書に加入していない。加入して国内法ができても、それを実践していない国がある。主権国家の条約加入、国内法整備、そしてその実践を促進することは容易でない。第3は、UNHCRのマンデートは、設立当時の組織規定に定められた「難民の保護」に加えて、国連総会や国連事務総長の委任によって紛争難民、戦争難民、国内避難民、無国籍者、自然災害の被害者、最近では気候変動に伴う強制移動民にまで広がっている。マンデートの拡大は、1951年難民条約第1条A（2）と1967年の議定書に基づいて難民認定を行う国との間で、保護されるべき対象についての対立を引き起こす[9]。第4に、UNHCRのマンデートは広がり続けるが活動資金の供給はそれに追い付かない。2002年に1500億円だった予算は2022年には一兆円を超えたが、以前は8割を超えた予算充足率は今では5割に過ぎず、予算の形骸化が進む。UNHCR予算は自発的拠出金制度に依存し、各国は費用負担の義務を負わない。

第1から第3の課題は法務省・入管庁との交渉の中で現れてくるが、第4の課題は UNHCR への拠出を担う外務省や民間団体との協力関係を構築することを必要とする。つまり UNHCR は法務省と外務省などとの2正面作戦を行う。以上のように国家と UNHCR の立場を見てくるとき、両者の対立と協力の中心は人権ドライバーを巡るものであることが分かる。国家と UNHCR は人権ドライバーを巡って時として対立し、時として協力することになる。

2　日本における庇護の状況

表1は過去23年間の日本における難民申請、難民認定、人道配慮による在留許可の動きを表している。入管庁ホームページによると、日本に受け入れられた難民は2023年までで19,071人で、それは3つのグループに分けられる[10]。第1のグループは、日本が1981年に難民条約に加入してから難民認定されて受入れられた「条約難民」で、2022年までに1,420人いる。第2のグループは「定住難民」で、ここには1978年から2005年までの28年間に受入

表1　難民申請、難民認定、人道配慮の趨勢

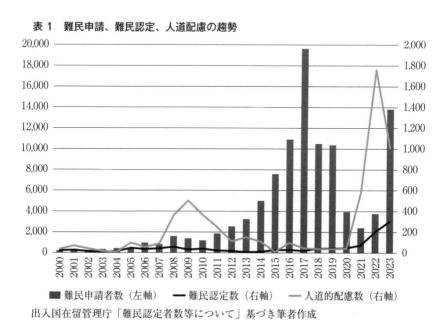

　　■難民申請者数（左軸）　　━難民認定数（右軸）　　━人道的配慮数（右軸）

出入国在留管理庁「難民認定者数等について」基づき筆者作成

れられた 11,319 人のインドシナ難民のほか、2010 年に始まったミャンマー難民などの第三国定住事業による 276 人を含め 11,595 人いる。第 3 のグループは「その他の庇護」で、難民条約上の難民とは認められないものの、戦争や武力紛争などの本国事情を考慮して日本在留を認められた者で、2023 年までで 6,054 人いるが、後述のようにこのグループが急拡大している。注目すべきは 2022 年だけで第 1 グループから第 3 グループのいずれかで日本に庇護された者の数は約 13,500 人に上ったことである。11,319 人のインドシナ難民の受入れに 28 年間かかったこと、それを含めて 2023 年までの日本における総庇護数が 19,071 人に過ぎないことからすると大きな変化である。2000 年代までは難民認定数が一桁であったことを見れば、いわゆる「難民鎖国」は終ったと言えよう。

3　事例

　このような日本における庇護の進展は、4 つのドライバーの相互作用で説明できるが[11]、ここでは安全保障ドライバート人権ドライバーの対立軸の観点から、2000 年代に入ってからの法務省・入管庁と UNHCR の関係を巡る事例を取り上げて分析を試みる。

（1）　アフガン難民申請者強制収容事件

　アメリカでの 9.11 事件の直後の 2001 年 10 月 3 日、政府は難民申請中のアフガン人 9 名を収容して退去強制手続を始めた。支援団体が収容取り消しを求めた裁判は、最終的には 2002 年 6 月に高等裁判所が収容を認めたため敗訴となったが、収容された者は仮放免された。収容直前の 9 月 28 日に国連安全保障理事会 4385 回会合で採択されたテロに関する決議 1373[12] が、テロリストによる難民制度の利用を防止するよう求めたこともあるが、国家の安全保障を重視した過剰な反応だった。難民支援団体にとっては衝撃が大きく、日本弁護士連合会も難民認定申請者を不法入国ないし不法滞在の疑いで収容・退去強制を行うことは、「ノン・ルフールマン原則」に反すると強く批判したが[13]、

UNHCR にとっても深刻な事態であった。当時、日本政府はアフガニスタンの難民支援のために国連機関へ 145 億円の拠出を決定していたほか、ジュネーブで開かれていた難民条約の採択 50 周年を機に条約の見直しや再活性化を話し合う UNHCR の「グローバル・コンサルテーション[14]」においては、後にUNHCR 駐日副代表となる外交官が会議の報告担当者（Rapporteur）を務めていた。この中での難民申請者収容事件は UNHCR にとっては極めて困惑する事態であったが、UNHCR は抗議声明などの発表は差し控えている。水面下での交渉があったかは不明である。

（2）　瀋陽領事館事件と 2004 年の入管法改正

2002 年 5 月 8 日、北朝鮮出身の 5 人家族が中国瀋陽市の日本総領事館に保護を求めて駆け込んだが、中国武装警察に取り押さえられた。その際に武装警察が総領事館の敷地内に同意なく侵入したことと、逮捕された家族が北朝鮮へと送還される可能性があったことに加え、駆け込みと逮捕のビデオ画像が日本国内でも放映されたことから[15]、強い日本政府批判が起きた。この瀋陽事件は難民認定制度見直しの機運を高めた。5 月 30 日の参議院外交防衛委員会では上野公成内閣官房副長官が、「難民問題につき、人道、人権に関する意識の動向でありますとか、国際社会における日本の役割や関係国との関係、さらに国内労働に及ぼす影響、それから国内治安に及ぼす影響」などを考慮して政府全体で検討する、と述べた[16]。ホリフィールドのモデルにある人権、市場、治安（＝安全保障）、そして社会的意識（＝文化）の 4 つのドライバーへの考慮が如実に出ている発言である。

国会では自民党、民主党、公明党のプロジェクトチームが難民制度・政策について方針や改善案を示した[17]。法務大臣は第 4 次政策懇のもとに「難民問題に関する専門部会」を設置した[18]。専門部会の委員には日本経済団体連合会、東芝取締役、日本労働組合総連合会、ビジネス・カウンセラーなど難民問題の専門家ではない者もいた。それもあり、討議には国際テロにかかる国連安保理決議 1373 が引用されるなど、治安対策が色濃く出ている。UNHCR 駐日事務所からは委員ないしオブザーバーは招かれなかった。ただし UNHCR は専門

部会の中間報告についての「見解」を 2003 年 1 月 8 日に出している。

　これらの提案と専門部会最終報告書をもとに、2003 年 3 月に入管法改正案が国会に上程された。改正案は 10 月の衆議院解散に伴い審議未了となったが、2004 年に再上程され、5 月に成立して 2005 年から施行された。UNHCR は、入管法改正案について 2004 年 5 月 19 日に「見解」を発表した[19]。同見解は改正案の良い点の指摘と同時に改善が望ましい点も提言するなどバランスが取れていたが、意見は一部しか法案に反映されなかった。

　入管法の主要改正点は、①入国後 60 日以内に難民申請しなければならないという「60 日ルール」の廃止、②一定の条件を満たせば「仮滞在許可」が与えられ、送還が禁じられる「送還停止効」の創設、③難民認定の異議審査に民間有識者が参加する「難民審査参与員」制度の創設である。法案には UNHCR や支援団体が求めていた事項の一部が反映され、難民制度は一歩前進した。「送還停止効」は難民認定申請中の送還が一律に禁止される規定で、難民申請申請者の法的地位が安定することになった。同効は後に送還を避けるために「濫用」されるようになるが、当時はその可能性は認識されなかった。

（3）　2005 年 UNHCR「マンデート難民」のクルド人父子の本国強制送還

　2005 年 1 月、トルコ国籍のクルド人難民申請者の父子が入国管理局に収容され、翌日にトルコに強制送還された。異例だったのは、入国管理局が 2 回にわたって職員を申請者の出身地に派遣し、難民申請者の情報をトルコ政府や警察と共有し、地元の憲兵と一緒に申請者の親族を訪問するなどの身辺調査を行ったことである。難民保護の基本原則を無視する行為だった。UNHCR 現駐日事務所は、難民申請に関する情報を母国政府に提供することにより申請者の身が危険にさらされたとして、彼らを UNHCR のマンデートに基づいて審査を行い、「マンデート難民[20]」と認定した。200 4 年 7 月、父子は UNHCR 駐日事務所がある国連大学前で座り込みを開始し、これがマスコミで報じられたこともあり、収容や送還をやめるよう 6 万人の署名が集まった。支援団体は最高裁に退去強制令書取消訴訟を上告したが、「仮放免」中の 2005 年 1 月に父子は入管に収容され、翌日にトルコに強制送還された[21]。

　この異例の送還に対して UNHCR はプレスリリースにおいて重大な懸念を表明した。ただし、入管が難民と認定しなかった者をＵＮＨＣＲが「マンデート難民」と認定したことは、日本の難民認定制度が想定する対象者と、UNHCR のマンデートによる難民認定の対象者が違い得ることに根本原因がある。UNHCR 駐日事務所は、日本政府の難民認定制度と並行する形で UNHCR が独自の認定を続ければ、同じような問題が起き、日本政府と対立関係や混乱を生じ、結果的には難民を保護することにつながらないという判断から、それ以後のマンデート難民の認定を停止した。日本のような先進国では、難民認定は政府のみが行う。UNHCR 駐日事務所がそれまでマンデート難民の認定を行ってきたのはむしろ例外であった。こ

　この事件で UNHCR と入国管理局の関係は悪化した。この状況は 2007 年 1 月、筆者が UNHCR 駐日代表として赴任した時も続いていたが、もう一つの関係悪化の理由は、入国管理局が 1951 年難民条約第 35 条にある「条約の適用を監督する」との文言を理解していないことであった。条約上の「監督」とは、難民認定に関する統計の UNHCR への提出や、難民制度についてのアドバイスなどであるが[22]、入管庁はそれを上級庁による下級庁の指揮監督のように捉え、国際機関による主権の侵害であるように誤解していたのである[23]。

（4）　2010 年の難民第三国定住事業開始

　UNHCR は 2000 年代初めから日本政府に難民第三国定住事業を始めるよう働きかけていた。緒方貞子元難民高等弁務官など歴代の高等弁務官は、来日のたびに再定住事業の開始を働きかけたが、政府は動かなかった。2006 年には、駐日事務所の副代表（外務省出向）が広島県にミャンマー難民を再定住で受け入れようと動いたが、外務省はそれを強くけん制した。2007 年になって、入国管理局に在籍したことがある初の日本人駐日代表（筆者）が着任した機会に、駐日事務所はイニシアティブを開始した。詳細は別稿に譲るが[24]、駐日事務所がまず行ったことは、2005 年のクルド人の「マンデート難民」の強制送還を巡って悪化していた入国管理局との関係を改善することであった。駐日代表は入管局長と毎月会談し、上級法務官は入管局難民認定室長との私的な交流

を続けた。駐日事務所の方針は「コップに半分しか水がない」と言わず、「コップには半分も水がある」と、入管法改正などで日本の難民政策・行政が少しずつだが改善されていることを強調するものだった。

　その上で、駐日事務所は入国管理局に第三国定住事業の導入を働き掛けた。当時の稲見入管局長は第三国定住の導入は時期尚早であり、政治家や国民が納得しないだろうと述べていたが、水面下で 2007 年夏までに第三国定住についての非公式の「勉強会」を立ち上げた。反対論を警戒して極秘で続けられた勉強会では、駐日事務所が先進国の第三国定住政策や実践上の課題にかかる情報を提供した。駐日事務所は内閣官房が主催する「難民対策連絡調整会議」の委員やオブザーバーにはなれなかったものの[25]、同会議に対する英国内務省の再定住担当官の講演を国連大学で実施するなどの情報提供を行った。当時は日本政府内に第三国定住に関する知識はほとんどなかったのである。

　「勉強会」は 2007 年末に再定住事業の導入を前提とした「検討会」に格上げされ、このことは同年 11 月に来日したアントニオ・グテーレス難民高等弁務官に伝えられ、メディアも報道を始めた。稲見局長が国会議員への働きかけをする一方で、当時の上司である鳩山邦夫法務大臣は稲見の動きを強く支持した。鳩山は、2008 年春の国会の法務委員会などで、第三国定住事業は国際社会に対する日本の貢献であること、また法務省が中心になって同事業の開始を主導すると繰り返した。2008 年夏には、外務省など関係省庁が翌年度予算案に再定住事業関連予算を計上した。最終的に 2008 年 12 月 18 日に第三国定住パイロット事業の開始が「閣議了解」を得た。パイロット事業の開始は訪日中のグテーレス高等弁務官に麻生首相が自ら伝えた。

　政府との交渉の中で駐日事務所は第三国定住事業の「利点」を売り込んだ。入国管理局に対しては、第三国定住によって難民を積極的に受け入れることで「難民認定が少ない」という批判を緩和できること、難民認定手続きが不要なため行政費用の増加がないこと、受入れ難民については UNHCR の現地事務所が審査を行うことから「治安」上のリスクは低いこと（安全保障ドライバー）、などを強調した。外務省に対しては、事業が「難民を受け入れない国」といったマイナスイメージをなくし、「平和国家」としての日本の国際的評価

を改善すること、またそれは国際的な負担分担の具体的表現であり、日本の
ODA の理念である「人間の安全保障」にも沿うことを強調した。ただし、第
三国定住事業を総務省は歓迎せず、警察庁も「難民は犯罪に関与しやすい」な
どとして消極的だった。しかし鳩山・稲見の積極的な姿勢の前には勢いを欠
き、難民対策連絡調整会議の議長である内閣官房は、第三国定住パイロット事
業導入の合意をまとめ上げた。

　国会では、与党自民党の森嘉朗元首相を含む有力議員が第三国定住事業を支
持し、公明党も前向きであった。自民党の外国人材交流促進議員連盟による
「経済活性化のために今後 50 年間で 1,000 万人の移民を受け入れる」との提案
には、駐日事務所の意見によって、難民など「人道移民」の数を年間一千人ま
で増やすべきとの項目が入れられた（市場ドライバーと人権ドライバー）。保
守的な日本国際フォーラム、も 2008 年に発表した政策提言の中で第三国定住
を支持した。全国メディアも、第三国定住事業を進めるべきだとの論陣を張っ
た（文化ドライバー）。

　このように、日本の第三国定住事業の導入は UNHCR による多様な「利益」
の売り込みが功を制し、予想を上回る速さで実現した。政治家による「移民開
国論」の出現と、マスメディアの支持も後押しした。アジアで初の「難民第三
国定住事業」は 2013 年から韓国にも広がった。

（5）　第 6 次政策懇（難民認定制度改革）と第 7 次政策懇（送還停止効）

　入国管理局にとって、2004 年の入管法改正で設けられた「送還停止効」が
次第に濫用されるようになったことは懸念の元であったが、それは 2010 年以
降深刻化した。同年、当時の民主党政権の指示により、難民申請者の生活不安
を緩和するため、難民申請の 6 か月後には一律で就労を認める措置が導入され
た。この後、難民申請者（大半が東南アジア諸国出身）は毎年 50％ずつ増え
ることになる。一律の就労許可は、労働力不足にもかかわらず外国人単純労働
者の受入れは認めないとする政策が続く中で、難民認定制度を外国人労働者受
け入れルートにしてしまった。ゆがんだ外国人労働者政策の「意図せざる結
果」として難民制度の濫用が増えたのである[26]。ホリフィールドは人道ドライ

バーと市場ドライバーは同じ方向に動きやすいと指摘しているが、その一例である。

　他方で、日本の難民受け入れ数が少ないのは「国際基準」に合わない難民認定制度のせいであるという批判が難民支援弁護士団体などから続いた。入国管理局は、難民制度の濫用の抑制と（真の）難民の受け入れ促進との２つの問題を同時に解決することを求められた。このような課題を解決するため、入国管理局は 2013 年３月に、第６次策懇談の下に「難民認定問題に関する専門部会」を設立した。メンバーは研究者、自治体、経済界、弁護士団体、NGO などの代表者である。入国管理局と UNHCR の関係が再定住事業の開始で好転する中で、元駐日代表（筆者）が委員として、駐日事務所の副代表もオブザーバーとして招かれた。UNHCR は補完的保護などにかかる資料を提供し、その専門的な情報と知見は部会の議論を大いに助けた。

　専門部会は 2014 年の 12 月に最終報告書「難民認定制度の見直しの方向性に関する検討結果[27]」の中で４つの提案をした。①難民条約の対象外となる紛争難民などの救済のための「補完的保護制度」の導入、②難民認定の判断要素の明確化、すなわち「難民認定ガイドライン」の策定と公開、③出身国情報の充実などを通した難民審査能力の強化、そして④難民認定制度の誤用濫用を防止する対策である。専門部会の提言は第６次政策懇の承認を受け、入管政策の方向性を示す「第５次出入国管理基本計画」では送還停止効に例外を設ける意図が示された[28]。入国管理局はまず④の難民認定制度の「運用の見直し」を行い、誤用濫用対策を 2015 年９月から導入した。難民である可能性が高い申請者には速やかに就労可能な在留資格を付与する、初回申請であっても難民条約上の迫害理由に該当しない事情を申し立てる申請者は日本在住を認めない、本来の在留資格に該当する活動を行わなくなった後に申請した者には就労を制限する、などである。第６次政策懇の提言は８年後の 2023 年になって実現することになる。

　第７次政策懇は 2016 年に設立された。議題の多くは入国管理や外国人労働者受け入れ問題であり、難民制度については２回の会合がもたれただけであった。当時、外国人労働者受け入れへの政策転換と 2019 年からの出入国在留管

理庁（入管庁）への格上げのため、入国管理局は多忙であり、難民制度改革作業の進展は遅かった。その中で、難民申請は急増を続けて 2017 年には 20,000 件近くになった。入国管理局は、申請の多くが日本での就労を目指す制度濫用であると判断し、2018 年にさらなる運用の見直しを行った。コロナ禍の入国制限もあり、2019 年から 2022 年の難民認定申請数は 4,000 件前後に減った。

　他方で、難民申請が認められず退去強制処分を受けたものの「送還停止効」を盾に送還を忌避する者の数は増え続けた（2021 年末で 3,200 人、2022 年の末で 4,200 人）。2019 年の「特定技能制度」の開始や観光立国政策の推進の中で在日外国人が毎年 10 万人単位で増加すると見込まれる中で、法務省内ではこの状態は入国在留管理行政の根本を揺るがし、主権が脅かされるという懸念が高まった。加えて、この間、入管施設における死亡事件やハンストが続いた。2014 年から 2020 年までの間だけでも 7 件ある。2019 年 6 月には大村入国管理センターでナイジェリア人被収容者が餓死する事件が起き、入管の収容に対する批判が一層強まった。

　2019 年 4 月に入国管理局は出入国在留管理庁（入管庁）に格上げされたが、このような事態に危機感を抱き、同年 10 月、第 7 次政策懇に「送還忌避・長期収容問題に関わる専門部会」を設けた。主要な課題は「送還停止効」の扱いであった。専門部会には UNHCR 駐日事務所から副代表がオブザーバーとして参加し、難民認定申請者には原則として自動的に送還停止効が認められるべきであるなどの意見を述べた。専門部会は、2020 年 6 月、送還を促進するための措置として「送還停止効」に一定の例外を設けること、また、収容については収容期間の上限を設け司法審査の導入を検討する、などを提案した[29]。「送還停止効」を巡る専門部会での議論は難航し、最終提言は多数意見を反映したものであったが、少数の反対意見も記された。

（6）　ミャンマー、アフガニスタン、ウクライナ避難民の庇護

　2021 年から 2022 年にかけて庇護の面で大きな進展があった。入管庁は 2021 年 2 月のミャンマー国軍のクーデターを受けて、約 35,000 人いた在日ミャンマー人について人道的見地から希望者全員の在留延長を認めた。2022 年には

約 1 万人が就労可能な「特定活動」在留資格を得るなど、先例を見ない規模で庇護が提供された。2021 年 8 月のタリバンによるアフガニスタン制圧後には、政府は日本大使館勤務者や JICA 関係者、その家族など、約 400 人を政府の支援で日本に退避させた。そのほかにも自力でアフガニスタンを脱出し来日した者も約 450 人いた。そのうち、2022 年には 147 人、2023 年には 237 人が難民認定を受けた。アフガン難民の受入れに際しては、人権ドライバーと安全保障ドライバーが作用した。対日協力者の救出は人道上の責任であったが、難民の流出による周辺国の不安定化を防ぐという安全保障上の意味もあったのである。

　ウクライナ避難民については、2022 年 2 月のロシアによるウクライナ侵攻を受けて、日本政府は積極的な受入れを進めた。来日した者の総数は 2024 年 2 月までに 2,594 人で、495 人が帰国するなどして 2,009 人が滞在しているが、官民を挙げての手厚い支援がなされている。ウクライナ避難民の受入れには、「人権ドライバー」とともに、ロシアの侵略行為に対して G7 諸国と連帯して国際秩序を守るという「安全保障ドライバー」の作用が強く表れている。また、避難民の受入れに対しては、「ウクライナ支援ブーム」ともいえる異例の国民的支援が沸き起こった（文化ドライバー）。企業や団体などから 1,855 件もの支援の申出があった。UNHCR 駐日事務所と連携する国連 UNHCR 協会は 2022 年に約 200 億円の募金を集めたが、大半はウクライナ向け支援であった。ウクライナ避難民については、「上からの」積極的受入策と「下からの」支援に前向きな世論が相互に強化し合う構図が見て取れる。

　アフガン難民やウクライナ避難民との庇護は、人道問題であった難民問題が国家安全保障問題になったこと、つまり「ハイポリティクス」になったことを示している。難民問題と国家の安全保障問題が結び付いた「リンケージ・ポリティクス」の一例だが、しばしばあるように「国家の安全のため難民を排除する」のではなく、今回は「国家の安全のため難民を受け入れる」ことになった。政府の対応は首相官邸の主導のもとで行われ、UNHCR 駐日事務所は関与しなかった。

　もう一つ、注目されなかったが重要な進展に、2023 年 3 月に入管庁が「難

民該当性判断の手引き」[30] を公開したことがある。これはＵＮＨＣＲが発行する諸文書、難民認定をめぐる裁判例、諸外国のガイドライン等を参考にして作成されたものである。同「手引き」では迫害の定義が拡大され、多様化する迫害の態様の変化にも対応した内容になっており、英文でも公開されたことから難民申請者や支援者に役立ち、中長期的には難民認定数の増加につながるだろう。同「手引き」の策定に際しては UNHCR 駐日事務所が詳細な提言を入管庁に出している。両者のぎくしゃくした関係もありすべての提言が採用されたのではないが、「迫害」の定義など重要な点についての提言は入管庁の作業に影響を与えたことは記されるべきであろう。

（7）　2021 年～ 2023 年の入管法改正

　法務省・入管庁は、第 6 次、7 次の政策懇の提言を受けて 2021 年の 2 月に入管法改正案を策定した。改正案の要点は、①「補完的保護対象者」の認定制度を設けること、②送還忌避問題の解決のために「送還停止効」に例外を設け、3 回目以降の難民申請者は原則として送還を可能にすること、③長期収容に代わる「管理措置」制度を設けることなどであった。入管庁が特に問題視したのが送還忌避問題であった（安全保障ドライバー）。2021 年末の時点で、国外退去を命じられたにもかかわらず拒否する「送還忌避者」が約 3,200 人おり（2022 年末には 4,200 人）、うち 1,600 人が難民認定申請をし、そのうち 1,100 人には前科があった。前科には薬物関係、強盗、性犯罪などだが、殺人も 8 件あった。仮放免中に逃亡した者も 2021 年末の 600 人から 2022 年の 1,400 人へと急増した。

　改正案に対しては、弁護士団体や難民支援団体などから送還停止効と収容のあり方を巡って反対の声が上がった。衆議院法務委員会での参考人質疑では、長年の経験を持つ難民審査参与員が「真の」難民は少ないと述べる半面、弁護士代表は日本の難民認定制度は国際基準に合致していないと主張した。国会開催中の 3 月、名古屋入管の収容施設に収容されていたスリランカ女性の死亡事件が発生した。この事件を受けて、支援団体の中で法案の「廃案」を目指す声が高まった。国会審議では、女性が死亡に至った経緯を記録したビデオの開示

問題が主争点となった。与野党の法案修正協議も難航する中で、国会会期末の政治情勢をにらんだ与党は法改正をあきらめ、法案は廃案となった。

　UNHCR は 2021 年 4 月、「送還停止効」に例外を設けることには、生命や自由が脅かされかねない人の入国拒否や追放を禁止する国際法上の「ノン・ルフールマン原則」を損なうリスクがあり、「望ましくないものとして非常に重大な懸念を生じさせる」と警鐘を鳴らした[31]。この表現は長い意見書の一部であったが、「非常に重大な懸念」の表明は野党や支援団体の「改悪反対」運動に広く利用され、結果的に政治的に利用されることになった。法務省・入管庁は UNHCR が政治的中立性を放棄し法改正反対運動に加わったとみて不信を持った。難民保護だけでなく、治安問題や社会の反応、さらには難民受け入れの経済的コスト（市場ドライバー）も考慮せざるを得ない政府当局者にとって、「人権にかかる国際規範」だけを主張するかのような UNHCR の議論は受け入れ難かった[32]。

　廃案後の 2021 年、UNHCR 駐日事務所と入管庁の協力関係に関する覚書が上川法務大臣と国連難民高等弁務官フィリポ・グランディの立会いの下に調印された。入管庁は審査能力の向上のため、難民調査官の研修を強化するほか、出身国情報担当官を増員し、UNHCR との協力も強化するなどとされた。しかし、「送還停止効」や認定ガイドラインを巡る UNHCR の強硬な姿勢に強い不満を持った入管庁は、2021 年夏と 2022 年の 2 回にわたり、UNHCR 本部に幹部を送って駐日事務所に対する不満を示し、次期駐日代表には日本人がなることを希望したと伝えられる。政府と国際機関との関係では異例のことであった。入管庁との関係を懸念したのであろうか、UNHCR 本部は 2023 年に新しい駐日代表として日本人を任命した。

　法務省・入管庁は、2023 年 3 月に 2021 年改正案とほぼ同じ内容の入管法改正案を国会に再提出した。衆議院法務委員会では、筆者は参考人として UNHCR と入管庁の必ずしも良好とは言えない関係について意見を述べた。改正法案は、維新と国民民主党の提案により、難民調査官や参与員の能力強化、出身国情報体制の整備などの修正が加えられて衆議院で可決成立した。参院法務委員会では、UNHCR 駐日事務所の元副代表が参考人意見陳述をした。同法

務委員会が可決した改正案には、国民民主党が提出した、主として難民認定手続きに関する 15 の付帯決議がつけられたが、その多くは元副代表の意見や、駐日事務所が難民制度と収容送還制度についての二つの専門部会で提言したものと重なっており、付帯決議の作成には駐日事務所側からのアドバイスがあったと見られる。改正案は参議院本会議で付帯決議付きで 6 月 9 日に可決成立した。付帯決議は法的拘束力はないものの、毎年の国会審議や主意質問書などによってその実施状況が問われることから、長期的には政府を拘束することになるため、UNHCR の実質的な貢献は大きい。

　2021 年と 2023 年の入管法改正プロセスにおいては、治安ドライバーと人権ドライバーの対立が顕著であった。ただし、入管庁は 2014 年の専門部会の提言の多くをすでに実施していたほか、ミャンマー、アフガニスタン、ウクライナからの多数の難民・避難民の庇護を行い、難民政策はごく前向きになっていた。他方で、2023 年の入管法改正審議では UNHCR 駐日事務所は表立った発言は避け、柔軟な姿勢を取る野党と水面下で協力し、「名より実を取った」。日本の庇護政策に批判的だった UNHCR の幹部も、日本の難民政策について肯定的な評価をするようになった[33]。このように、入管庁と UNHCR 駐日事務所の双方の姿勢の変化が、2023 年の入管法改正を可能にした一要因となった。

4　入管庁と UNHCR の交渉から学ぶ主権国家と国連の関係

（1）　安全保障ドライバーと人権ドライバーの相克を超える

　UNHCR と入管庁の関係で強く出たのは、外国人の出入国在留を管理しようとする「安全保障ドライバー」と、難民（申請者）の権利を守ろうとする「人権ドライバー」の相克であり、それは「送還停止効問題」で顕在化した。この問題は、日本の行政・司法制度による複数回の判断を経て難民不認定となったにも関わらず国外退去を拒否する数千人の難民申請者（送還忌避者）をどう処遇するかという問題であった。法務省・入管庁はそのような送還忌避は、国境管理権を含む主権に対する挑戦と考えていた[34]。それに対して UNHCR は送

還忌避者の中には難民がいる可能性があるという懸念から反対した。ただ、UNHCR が「難民制度を改善すれば問題は解消する」と主張するのは説得力に欠けた。国際難民制度を率いてきた欧州諸国やアメリカは、近年において難民を締め出し、難民申請すらさせない明白な「ノン・ルフールマン原則」違反行動を取っているからである[35]。問題は「制度」ではなく「政治的意思」であり、それは安全保障、市場、文化、人権の 4 つのドライバーのバランシングの結果として現れる。

　UNHCR は国家の代理人であるから、その行動は制約され、影響力は必然的に限られる。とくに主権がむき出しになる国境管理問題で UNHCR が影響を与えることは難しい。国際法をかざして「上から目線」で政府に迫っても政府は聞き入れず、効果はない。アレクサンダー・ベッツは、UNHCR が成果を挙げるには、政治的な分析力、洞察力が不可欠だと繰り返し述べている[36]。UNHCR は代理人として非政治的（中立的かつ不偏的）でなければならないが、自らが活動する環境が高度に政治的である以上は、その中で成果を挙げることができるか否かは、国家の関心、利益と能力を理解し分析した上で国家の政策を誘導する「政治的能力」次第である。言い換えると、UNHCR は日本における難民問題の本質を見極め、日本の難民政策に作用する 4 つのドライバーの相互作用を読み解き、制約を見抜いて機会を見出す能力、どこで戦いどこでは戦わないかを決める能力、ということになるだろう。その上で UNHCR には官民からの資金集めをすることも期待される。

（2）　具体的な対策策

　国際社会が日本における UNHCR に何よりも期待することは、できる限りの援助資金を集めて、アフリカや中東など世界各地の数百万人の難民や国内避難民を支援する「負担の分担」にある。その次の優先順位が「庇護空間」の拡大だ。そのような優先順位の中で政府に影響を与えるには、国家の利益、評判、インセンティブに働きかけることが有効だろう。2010 年の第三国定住事業の開始が一例だが、「コップに水が半分しかない」というより「半分もある」という肯定的評価の方が政府の行動変容、政策変更を後押しする。それは行動

経済学で言う「ナッジ[37]」の活用と言え、政府との間の信頼感を強め協力への誘因となる。同じ戦術は、2023 年の入管法改正でできた「補完的保護対象者」制度や「難民該当性判断の手引き」についても取ることができたであろう。それらは事実上の難民条約の解釈の拡大であり、日本の難民政策における画期的な進展だったからだ。政府批判は弁護士団体や NGO に任せ、UNHCR は政策の肯定的側面に光を当てるのが政府の行動変容に結びつきやすい。

　また、政府の政策に反対する場合は、公然たる批判でなく、水面下で交渉するのが良い。2023 年の入管法改正で、UNHCR は水面下で維新や国民民主党と連絡を取り合ったとみられるが、その結果、法案の一部修正と 15 の付帯決議を付けることに成功した。「静かな外交」の勝利と言うべきだろう。

　主権と人権をめぐって政府と直接的に対立することなく、間接的に目的を達する一つの道は「市場ドライバー」に働きかけることだろう。一例は外国人労働者雇用制度を「代替的受入れチャンネル」として使うことだ。2019 年に政府は非熟練外国人労働者の正式な受入れを開始し、今後は毎年数十万人の外国人労働者の受け入れが進む。この流れを活用して、例えば技能実習制度に代わるものとして議論されている「就労育成制度」を難民申請者に開放する方法がある。難民が「就労育成制度」を終えて「特定技能制度」に移ることができれば、長期滞在や家族呼び寄せが可能となり、また永住権も得やすくなるから、難民認定や補完的保護と処遇上の差は少なくなる。難民制度を利用して日本で就労許可を得ようとする、いわゆる制度誤用・濫用者に合法的な代替手段を提供することで、難民認定制度への圧力を減らすこともできる。株式会社ファーストリテイリング（ユニクロ）は、バングラデシュでの縫製工場で難民を雇用したり、日本国内のユニクロ店舗での難民雇用をしたりしている。NGO である WelGee の難民と企業をつないで就労を助ける活動に関心を持つ企業は増えている。難民を日本社会に貢献する「外国人材」とみなし、就労チャンネルを通した受け入れをすることには国民的抵抗が少ない（文化ドライバー）。

　もう一つの間接的なアプローチとして「文化ドライバー」を活かすこともできる。例として難民を留学生として受け入れる方法がある。UNHCR 駐日事務所が 2007 年に開始した「難民高等教育事業（RHEP）は、四年間の支援総額

が 1,000 万円に上るにもかかわらず 15 の大学が参加している。奨学金事業は、難民学生にとっては貴重な教育機会であると同時に、大学にとっても教育的効果や広報上のメリットがある。政府も難民留学生の受け入れを始め、2017 年から始めた JICA による「シリア平和への架け橋・人材育成プログラム」では 73 名のシリア人難民留学生と 71 名の家族を日本に受入れ、修了生は日本社会で働いている。国際基督教大学は大学基金を使った独自の難民留学生制度を数年前から続けている。一般財団法人パスウエイズ・ジャパンも、シリアから 34 人、アフガニスタンから 3 人、ウクライナから 97 人の難民留学生を受け入れた。

　文化ドライバーを活かしたもう一つのイニシアティブは、駐日事務所が 2006 年から始めた「難民映画祭」だ。移民や難民を巡る名作を大学などで上映する映画祭は人気がある。同事業を主宰する国連 UNHCR 協会が 2022 年に 200 億円もの民間募金を集めた一つの理由は、この事業が毎年数千人の参加者を得て日本における難民問題の理解に貢献したことにあろう。このほかにも、駐日事務所が音頭を取って日本における難民支援団体の連絡調整の場である J-FUN は、国内の難民支援団体の調整のためのインフラとなっている。2023 年 12 月の難民グローバルフォーラム[38] には、難民当事者を含む若者たちがユニークなアイデアを持って参加した。UNHCR 本部と駐日事務所が開発した総意と工夫や、各国の UNHCR 事務所を通して集めたグッド・プラクティス、ユニークなアイデアが社会に広がっていくという流れが見られる。新しいアイデアと手法の開発は UNHCR の強みであり、影響力の源泉だ。そのような環境づくりを通して入管庁の政策に良い影響を与えるという「からめ手戦術」が、時間がかかっても有効なアプローチだろう。それは入管庁との対立を協力に変え、外務省が UNHCR への拠出を増やす環境を整える。そうすることで UNHCR 駐日事務所の日本の難民政策への貢献はさらに増えるだろう。

おわりに

　本特集のテーマは、国家主権という大きな壁を前に、グローバルな課題に国

連が有効に対処できていないという認識に立ち、どのように主権の壁を克服するか、というものだ。本稿は、UNHCR と法務省・入管庁の入管法改正を巡る交渉に着目して、克服のためのヒントを探ろうとした。UNHCR は政府の難民条約の履行を「監督」するというユニークなマンデートを持っており、主権との対立が起きやすい。その点で、日本における国連機関事務所の大半が広報・啓発・資金集めであるのとは異なる。ただ、他の国連機関も「代理人」であってその影響力に限界がある点では UNHCR と同じ立場にあり、UNHCR の経験から学ぶヒントはあるだろう。

　主権の壁を超えるヒントは、代理人であることの限界を踏まえつつ、また政府の抱える課題を理解した上で、その国での当該機関の最優先課題を見出し、政府の利害と意思を確認した上で妥協策を見出す、ということであろう。言い換えるなら国連機関にとって必要なのは、人と組織に影響力を持つという意味での「政治力」だと言えよう。UNHCR を含む「非政治的」な国連機関が、効果を挙げるためには「政治性」を持たないといけないというのは、逆説的ではあるが真実であると言えよう。

注

1　出入国在留管理庁ホームページ　https://www.moj.go.jp/isa/content/001414756.pdf　2024 年 3 月 31 日参照。

2　筆者は、UNHHCR 本部財務局長と同駐日代表を務めた後、第 6 次並びに第 7 次政策懇の委員として難民制度改革に関わった。2023 年の入管法改正の際には国会衆議院法務委員会で政府参考人として意見を述べた。特定 NPO 法人国連 UNHCR 協会理事長時代には民間からの寄付金集めに携わった。。

3　Alexander Betts, *Forced Migration and Global Politics* (Wiley-Blackwell, 2009), pp.44-45.

4　Emma Haddad, *The Refugee in International Society* (Cambridge University Press, 2008), pp6-7.

5　James F. Hollifield, Philip L. Martin, Pia M. Orrenius, and Francois Heran," The Dilemmas of Immigration Control in Liberal Democracies," in Controlling Immigration (Stanford University Press), pp.6-10.

6　難民政策（行政）は、以前は入管庁（旧入国管理局）の専権事項だったが、難民問題の重要性が高まるにつれ「政策決定の重心」は政府内で上昇し、より多くの省庁間の調整が必要となった。ある入管庁幹部は難民政策につき、「一昔前は法務省官房を経て法務大臣の了解で済んでいたが、今は外務省などの調整の後に官邸要路（総理秘書官、官房長官、官房副長官、副長官補）や与党要路（法務部会、外国人労働者問題特別委員会の幹部国会議員、国会対策委員会）への根回しも必要」だと筆者に述べた。

7　ノン・ルフールマン原則とは、1951年難民条約第33条に定められた、難民を生命または自由が脅威にさらされるおそれのある国に追放してはならない、とする規定。

8　UNHCRの国別代表は外交官と同じく、受入国のアグレマン（同意）があるときにのみ赴任できる。「ペルソナ・ノングラータである」との通告があれば国外退去せざるを得ない。

9　例えばUNHCRに「マンデート難民（注20を参照）」として難民認定されても、1951年条約に基づく難民認定をする国からは難民認定されないことが起きる。後述のアフガニスタン難民申請者の収容問題が一例である。

10　出入国在留管理庁ホームページ「令和5年における難民認定数等について」https://www.moj.go.jp/isa/publications/press/07_00041.html　2024年3月31日参照。

11　この説明につき、滝澤三郎「変わりゆく日本の難民政策～補完的保護の理論の背景を探る」『多文化共生研究年報』20号（2023年3月）、27-35頁を参照。

12　国連広報センター・プレスリリース2001年10月5日（https://www.unic.or.jp/news_press/features_backgrounders/1271/）

13　日本弁護士連合会「アフガニスタン人難民認定申請者の収容に関する声明」（https://www.nichibenren.or.jp/document/statement/year/2001/2001_19.html）

14　スイス政府とUNHCRが2000年に始めた会議で、2001年9月28・29日にはジュネーブで難民申請者の収容問題を含む「難民の受け入れ」等が議論されていて、2001年9月28・29日にはジュネーブで難民申請者の収容問題を含む「難民の受け入れ」等が議論されたばかりであった。

15　当時のUNHCR駐中国代表は後に筆者のジュネーブでの部下となった者だが、彼によると駆け込みと支援団体による映像撮影は事前に計画されていたとのことである。

16　2002年5月30日、第154回国会参議院外交防衛委員会会議録第18号。

17　各政党の提案につき、土田千愛『日本の難民保護：出入国管理政策の戦後史』慶應義塾大学出版会、2024 年、106 – 111 頁を参照。

18　第 4 次政策懇について（https://www.moj.go.jp/isa/policies/policies/nyukan_nyukan13-12.html）2024 年 3 月 31 日参照。

19　2004 年 5 月 19 日「出入国管理及び難民認定法の一部を改正する法律案に関する UNHCR の見解」（https://www.unhcr.org/jp/wp-content/uploads/sites/34/protect/040520comm_j.pdf）2024 年 3 月 31 日参照。

20　1950 年の国連総会で採択された第 428（Ｖ）号決議の UNHCR 事務所規程にある基準を満たす者は、加盟国により難民と認定されているかどうかにかかわりなく、UNHCR が独自に難民認定することがある。こうした難民は、UNHCR に与えられた任務（マンデート）のに基づくことから、「マンデート難民（mandate refugees）」と呼ばれる。主権国家と UNHCR の判断は異なり得る。UNHCR 難民認定基準ハンドブック（https://www.unhcr.org/jp/wp-content/uploads/sites/34/protect/HB_web.pdf）14 – 15 項を参照

21　難民支援協会 2014 年 4 月 10 日声明　https://www.refugee.or.jp/10th/10th4-1/

22　Corinne Lewis, UNHCR and International Refugee Law（Routledge, 2014）, 144p.

23　筆者が 2007 年に UNHCR 駐日代表として赴任した時の入国管理局と駐日事務所の月例会議の雰囲気は悪かった。駐日事務所の不満には、難民審査に参加できないこと、入管の職員の異動が激しく専門性が欠けるなどもあった。

24　Saburo Takizawa, "The Japanese pilot resettlement program: identifying constraints to domestic integration of refuges from Burma," in Urban Refugees: Challenges in protection, services and policy, eds. Koichi Koizumi and Gerhard Hoffstaedter（Routledge, 2018）, pp.206-240.

25　政府はこれらの会議に国際機関の代表が委員として参加することは認めなかった。公権力の行使に関わる者は日本の公務員に限るという考え方であった。

26　滝澤三郎「日本の難民政策の最近の変化と課題」滝澤三郎・山田満編著『難民を知るための基礎知識』明石書店（2022 年 6 月初版第 5 刷）、320-330 頁

27　法務省入国管理局（https://www.moj.go.jp/isa/content/930003065.pdf）2024 年 3 月 31 日参照。

28　法務省入国管理局（https://www.moj.go.jp/isa/content/930003136.pdf）2024 年 3 月 31 日参照。

29　出入国在留管理庁（https://www.moj.go.jp/isa/content/930005829.pdf）2024 年 3 月 31 日参照。

30　出入国在留管理庁（https://www.moj.go.jp/isa/content/001393172.pdf）2024 年 3 月 31 日参照。

31　UNHCR 駐日事務所　入管法改正案に関する UNHCR の見解（https://www. refworld.org/cgi-bin/texis/vtx/rwmain/opendocpdf.pdf?reldoc=y&docid= 6074750e4）2024 年 3 月 31 日参照。

32　一部支援団体は、国連の自由権規約委員会の総括所見の勧告や国連人権理事会の 「収容に関わる特別報告者」の報告を活用し、日本の審査基準は国際基準から乖離 していると批判した。特別報告者の報告は日本の支援団体から寄せられた情報に基 づいており、実質的には市民団体の書簡に近いことを別にしても、「国連」や「国 際法」を政治的に利用する戦術は、政府の反撥を招いて逆の効果を生んだ。2021 年には特別報告者の入管法改正案についての書簡が出たが、法務省と事前の接触は ないまま一方的に公開したため、法務省は国連人権高等弁務官事務所を通して抗議 を行うまでになった。

33　例えば、UNHCR 本部の国際保護担当事務次長ジュリアン・トリッグスは「日本 の難民政策で大きな変化と新たな動きが起きている」と述べている。朝日新聞 2023 年 2 月 25 日。

34　ちなみに、日本における不法滞在外国人の数は 8 万数千人であり、絶対数からも 人口比からも世界最低水準にある。法務省・入管庁にとってその「好ましい」状況 を維持することは最重要政策目標である。

35　バイデン米国大統領は 2021 年の就任当時リベラルな移民難民政策を採るとして いたが、それを受けてメキシコ経由の不法入国者が急増し、3 年間で 630 万人に 上った。2023 年 9 月までの一年間だけで 247 万人である。バイデン大統領はトラ ンプ前大統領が始めた国境の壁建築を再開した。英国では不法入国して難民申請す る者を、難民申請させずにワンダに送り込む「不法移民法」の審議が進んでいる。

36　Gil Loescher, Alexander Betts, and James Milner, eds. The United Nations High Commissioner for Refugees（UNHCR）: The politics and practice of refugee protection into the twenty-first century（London, Routledge, 2008）, pp.125-126, 及び Alexander Betts, Protection by Persuasion International Cooperation in the Refugee Regime（Cornel University Press, 2009）, p.184.

37　行動経済学の用語で、望ましい行動をとれるよう人を後押しするアプローチを指 す。意思決定の環境を変えることで自発的な行動変容を促す。2017 年にノーベル 経済学賞を受賞したシカゴ大学のリチャード・セイラー教授が提唱した。

38　2018 年の国連難民グローバルコンパクトを受けて、政府機関、国際金融機関、民

間企業、人道機関、開発機関、難民、市民社会の代表が一堂に会し、長期的な難民危機にどう対応するための取り組みやアイデアを共有しする場として、2019 年から 4 年に一度開かれる。UNHCR 駐日事務所（https://www.unhcr.org/jp/global-refugee-forum）2024 年 3 月 31 日参照。

9 国連資料：

紙媒体からデジタルへの変容と調査ツールの発展

千 葉 潔

本稿は、2024年3月まで国連広報センターに勤務した筆者がその業務の中で国連資料の利用普及を図った実務経験をもとにして執筆した。

はじめに

現在、国連資料へのアクセスは以前に比べてはるかに容易になっている。今やパソコンであろうとスマートフォンであろうと、インターネットに接続できる端末と環境さえあれば、Google などの検索エンジンを利用して、簡単に入手することができる。しかし、便利ではあっても、汎用の検索エンジンは様々なソースからの情報を対象としており、そこから入手した資料には偽誤情報が混じりこむリスクもある。そうしたツールは便利に使えばいいが、情報ソースはしっかりと確認すべきである。何よりも「安全」に国連発の資料を探したければ、国連のウェブサイト内で検索するのがいいかもしれない[1]。国連の文書を中心にリサーチしようと思うなら、その検索に長けた国連のデジタルツールを使うのが効率的だろう。研究者によってはデジタル検索に馴染みにくさを感じることもあるかもしれないが、かつて、日本において研究者たちは国連資料を入手するのに今以上の苦労をしていた。当時の調査ツールと比べれば、デジタルツールは使い方が簡単であり、それに慣れるために投下しなければならない時間とエネルギーはそれほど多く要らない。

本稿ではまず、国連の資料が紙媒体でしか手に入らなかった頃、国内の研究者たちがそれらの資料をどのように入手していたのかを振り返るとともに、そ

の後デジタル化した資料とその検索手段の発展について若干の考察を加えなが
ら概観する。そのうえで、2017 年のローンチ以降、国連の文書を中心とした
資料の入手に最も有効なツールとなっている UN Digital Library について、
いくつかの検索事例を示し、その具体的な利用方法をみる。

1　紙媒体の時代

（1）　どんな施設が利用可能だったのか

　1945 年に国連が創設されてから、しばらくの間、日本国内に研究者たちが
国連資料に自由にアクセスできる場所はなかった。そうした場所ができたのは
1948 年である。その年、国立国会図書館が開館し、国連寄託図書館[2]として、
国連から紙媒体で送られてくる資料を収蔵し、国民の利用に供しはじめる[3]。
以来、8 年間ほどは、同図書館が国連資料への国内唯一のアクセスポイントで
あった。

　その後、1956 年に京都にも国連寄託図書館がオープンし、1958 年には国連
広報センター（UNIC Tokyo、以下、UNIC）もまた、資料室を併設した形で
東京に事務所を立ち上げた。60 年代に入ると、国連寄託図書館はさらに北海
道、宮城、兵庫、福岡、70 年代に愛知、静岡、80 年代には沖縄、90 年代に石川、
さらに、2010 年代に秋田、と地域を広げて設置され、最終的に 14 館まで数を
増やして今にいたる[4]。また、1977 年に設立された国連大学がライブラリーを
併設し、そこには、同大学の資料に加えて、国際連盟や国連の資料も収蔵され
ていった[5]。

　現在、インターネットの普及によってこうした施設の在りかたは変容してい
るが[6]、国連のしくみや国連が直面する様々な地球的課題に関する資料を渉猟
する研究者たちは少なくとも一度は、それら施設のいずれかを訪れたことがあ
るのではないだろうか。

（2）　どんな資料が置かれていたのか

　国連寄託図書館や UNIC には当時、国連から定期的に紙媒体の国連資料が

送られていた。その量は膨大で内容も多岐にわたったが、大きく分けて、その構成は、文書、公式記録、刊行物の3種類だった[7]。また、それ以外に、UNIC にはプレスリリースが届いていた。

a　文書（Documents）

国連の文書とは、国連の主要機関あるいは補助機関に対して、審議のために、大抵の場合はその議題との関係において、提出されるテキストのことであり[8]、国連総会会議管理局（DGACM）によって発行される。背表紙などがついて製本されることはなく、簡易に印刷されるもので、その発行は比較的迅速である。議事録などの文書は、後に公式記録として製本されるまでの暫定的な性格を宿している。

文書には、DGACM によって、S（安全保障理事会、以下、安保理）、A（総会）、RES（決議）や PV（議事録）、SR（要約記録）などの記号やアラビア数字で構成するドキュメントシンボルがつけられる。それぞれ最初のページの上部に、国連のエンブレムを伴った奥付欄（masthead）をもち、そうしたドキュメントシンボルや、文書の帰属する機関の名称、議題、テーマ、発行日などを記載していることから、これらは masthead document と呼ばれることもある。

国連文書はほぼすべて6つの公用語で発行される。また、安保理や総会の決議などはドイツ語にも訳され、国連文書として発行されている[9]。

なお、Conference Room Paper（CRP）などは非公式の参考資料と位置づけられ、国連のエンブレムもつかずオリジナルの言語だけで発行されるというルールがあるが[10]、実際には、国連のエンブレムがつけられたり、6つの公用語に訳されたりしている CRP が時折見つかる。文書の定義は、規範的な定義（prescriptive definition）としてではなく、記述的な定義（descriptive definition）として、ある程度大雑把に捉えておいたほうがよい。

インターネット普及の結果、国連寄託図書館などへの紙媒体の文書の配布は止まったが、後述する Official Document System（ODS）や UN Digital Library などのデジタルツールに電子化された文書が格納されており、国連寄託図書館や UNIC は現在、自らのウェブページなどからリンクを貼るなどし

て、それらツールへの誘導を図っている。

b　公式記録（Official Records）

　公式記録とは、重要文書に訂正を加えたうえで、後世に残す最終的な記録として製本したものであり、DGACM によって発行される。公式記録には、安保理や総会など主要機関の議事録と、議事参考資料を収録した Annexes、そして Supplements がある。

　Supplements には、機関ごとに内容に若干の違いはあるが、各種年次報告を製本したものが含まれる。たとえば、総会の場合は、安保理や経済社会理事会（以下、経社理）、事務局、その他の機関などから提出される年次報告が毎年数十冊ある。それぞれに割り振られる番号は、事務局が No.1、安保理が No.2、経社理が No.3 など、固定している。

　安保理と事務局による総会への年次報告の提出は国連憲章によって定められた重要な義務であることに留意しておきたい。安保理は国連憲章の 15 条と 24 条で、事務局は 98 条でそれぞれ、年次報告の提出が規定されている。つまり、国連憲章は、安保理と事務局に対し、総会に対する説明責任を明確に求めている。その他、経社理による総会への年次報告提出は同 60 条で、同理事会が「総会の権威の下に」その責任を果たすとされていることがその根拠となっている。信託統治理事会は実質的にその機能を終えており、現在、総会に対して年次報告は提出していないが、1975 年までは、同 85 条および 87 条のもと、経社理と同様、「総会の権威の下に」行っていた活動の報告を毎年、提出していた。また、他の主要機関からの独立性が高い国際司法裁判所（ICJ）もまた 1968 年から自発的に提出している[11]。

　総会の Supplements にはこうした年次報告に加えて、決議集が含まれる。それは、決議（resolutions）ばかりでなく、決定（decisions）も網羅したものである。Supplements が紙媒体だけで発行されているときは、resolutions を調べる際に、同じ決議集の中にリストアップされた decisions にも目を通す機会があったが、現在、resolutions はインターネット上に 1 つずつわかりやすく掲載されている一方、decisions についてはまだそうなっておらず、その存在自体があまり知られていないかもしれない。しかし、たとえば、総会決議で

よく使われる take note という言葉 に多少なりとも賛意が含まれるかという基本的なことについて教えてくれるのは、第55回総会の Decision 55/488（The terms "takes note of" and "notes" are neutral terms that constitute neither approval nor disapproval, 7 September 2001）である。こうしたものが軽んじられていいというはずもなく、国連としては、decisions もいずれインターネット上に1つひとつ調べやすい形で掲載することを検討すべきだろう。

　公式記録も現在、国連寄託図書館などへの紙媒体での配送は止まっているが、デジタル化されたファイルはすべて、文書と同様に、ODS や UN Digital Library に格納されている。公式記録は広い意味で、文書に含まれるものであるが[12]、同時にまた刊行物でもあり、この後に触れる UNiLibrary にも収蔵されている。

　c　刊行物（Publications）

　国連の刊行物とは、国連出版委員会の認可を得て出版されるもので、研究書、報告書、統計書、年鑑、公式記録、条約シリーズなどがあり[13]、一般情報（I）、経済関係（II）、国連諸機関（III）、社会開発（IV）、国際法（V）など、カテゴリー別にローマ数字で分類されている。当時、特に年鑑類がよく利用されていたが、とくに統計年鑑や人口年鑑などはその発行時期が近づくと、国連寄託図書館や UNIC に各方面からの問い合わせの電話が相次いでいた。

　刊行物の著作権については、国連は1980年代半ばまで、自らの刊行物を広く配布することを優先して、それをあまり主張しない立場をとっていたが、現在では、国連の利益を確保するため、コントロールが必要であると考えるようになっている[14]。

　インターネットが普及し、国連のウェブサイトが開設すると、刊行物の多くが電子化され、ウェブページに公開されていった。当初はそれぞれのテーマや機関のページに分散して掲載されていたが、2015年、UNiLibrary（https://www.un-ilibrary.org/）がローンチされると、ほとんどの刊行物はそこにまとめられ、現在では、1万件を超える刊行物が UNiLibrary に格納されている。前掲の分類番号は今も有効であるが、UNiLibrary では、ISBN や ISSN が優先

的に紹介されている。UNiLibrary に格納された刊行物は個人として無償で閲覧可能（読み取り専用）であり、団体として有償契約を結んでいればダウンロードすることもできる。刊行物もまた、輸送コストの問題や環境への配慮などにより、国連寄託図書館などへの紙媒体での配布は停止している。

d　プレスリリース（Press releases）

紙媒体の時代、上記 3 種類以外に、UNIC だけに届いていたのが、国連広報局（現在の国連グローバルコミュニケーション局）が報道向けに発行する非公式資料、プレスリリースである。その内容は、国連総会、安保理、経社理などで行われる討議や決定の概要、また事務総長が発した声明・メッセージなどで、その情報価値は高く、UNIC の資料室にはそれを閲覧するために訪れる研究者も多かった。現在は、国連ウェブサイトにプレスリリースの特設ページがつくられ、そこで日々更新されている。

国連創設後まもない頃から、プレスリリースは、SC（安保理）、GA（総会）など、ドキュメントシンボルとは異なる記号と通し番号をつけて発出されてきた。安保理の場合、1946 年 3 月 25 日のハンターカレッジで開催された第 24 回会合について発出されたものが初のプレスリリースで SC/1、2023 年 12 月最後のウクライナ情勢に関する第 9254 回会合に関するものが SC/15551 である。安保理のプレスリリースは、報道声明、事務総長のブリーフィング、補助機関の取り組みなどもカバーする。さらに、安保理の 1 年間の活動概要を書いたものもある。それは Round-Up と呼ばれ、今世紀に入ってから毎年 1 月に公開されており、公式の年次報告に比べると、直截的な表現を使って、詳しく書き上げている。ちなみに、本稿執筆時点の 2024 年 1 月末時点で、昨年の活動をまとめた Round-Up がすでに SC/15558（約 40 ページ、1 月 9 日）として発出されている。総会についても同様に、Round-Up がつくられており、今会期に関しては GA/12579（約 20 ページ、1 月 3 日）が発出されている。

振り返れば、紙媒体の時代、最も人気があったプレスリリースは決議集だったかもしれない。先に述べたとおり、決議集は、公式記録の Supplement として発行されているが、総会と安保理については、プレスリリースの決議集もまた発行されていた。それは、DGACM が作成し、国連広報局がとくに手を加

えずにプレスリリースとして発行したもので、会期中の決議と決定をすべて網羅した。公式記録の Supplement には各国の投票行動の記録はなかったが、プレスリリースの決議集にはそれが 1 つひとつの決議・決定に丁寧に添えられていたので便利だった。それは国連本部から 1990 年代までは UNIC に紙媒体で送られていたが、その後、発行自体が止まった。

（3）　どのような調査ツールが使われたのか

　研究者たちが紙媒体の国連資料を調べる際に利用していた国連の主な調査ツールの 1 つが、インデクスであった。基本的にすべての刊行物やドキュメントを機関別、記号別に列挙したもので、発行されているすべてのドキュメントの全貌を知ることができた。1950 年から 73 年までが UNDI-UN Documents Index、1974 年から 78 年が UNDEX-United Nations Documents Index、1979 年 か ら 1996 年 が UNDOC-current index、1996 年 か ら 1997 年 が United Nations Documents Checklist、そして 1998 年から 2007 年が United Nations Documents Index と引き継がれてきた。インターネットが普及すると、2007 年に United Nations Documents Index の出版が終わり、その後、そうした情報は UNIBISnet や ODS に反映された。

　インデクスとしては、その他に、安保理や総会など国連主要機関の議事進行索引である Index to Proceedings（ITP）がつくられた。議事進行の流れに沿って決議草案、その討論の記録、決議などを詳細に調べられるようにつくられ、研究者たちに便利に使われてきた。しかし、これもまた紙媒体での配布はすでに終わり、現在はウェブバージョンでの発行が続いている。

　また、List of United Nations Document Series Symbols や Subject Guide to UN Documents and Symbols などもまた、詳細なドキュメント調査を行うためのガイドとしてよく使われた。

　その他、国連憲章の各条項の援用状況を説明した Repertoire of Practice of United Nations Organs、安保理に関係する国連憲章の条項や安保理の手続き規則の履行状況を詳述した Repertoire of the Practice of the Security Council、そして、国連の活動全般をカバーした Yearbook of the United Nations なども、

様々な出来事の背景を詳しく調べる手段として利用された。

　上に紹介したような国連資料や調査ツールを誰よりも頻繁に使ったのは、国連寄託図書館や UNIC の担当者たちだったろう。彼らはそれらをよく調べ、研究者たちに積極的に紹介していた。1950 年代初め、国立国会図書館の上野仁一が、国連の文書の体系に関する説明書を手書きで作成したが、それは日本語でつくられた初めての国連資料解説書だったと思われる[15]。10 年後、同じく国立国会図書館の石川光二が、国連資料に関する包括的な手引書をつくった。その後も、石川はいくつかの解説書をつくり、レファレンスツールとして使える様々な国連資料を紹介した[16]。1960 年代、京都国連寄託図書館もまた同様に、国連資料や調査ツールを紹介する手引書をつくった[17]。それらはすべて、国連資料を渉猟する研究者やその他の利用者たちの大きな助けになったはずである[18]。

2　デジタルの時代

（1）　国連ウェブサイト（www.un.org）のローンチ

　1990 年代、インターネットが発展、普及し、各国政府、国際機関、NGO、企業などがウェブサイトを公開しはじめると、国連もまた自らのウェブサイトを立ち上げた。1995 年 6 月 26 日、まずはサンフランシスコ会議での国連憲章署名の 50 周年を記念したパイロットプロジェクトとして、英語版ウェブサイトが公開され、同年 9 月に正式にローンチした。その後、6 つの公用語の平等な扱いを求める加盟国からの強い要請のもと、1996 年 9 月にフランス語とスペイン語、1998 年 4 月にロシア語、同年 11 月にアラビア語と中国語のウェブサイトが公開された。2000 年 9 月には、トップページの直前に開くスプラッシュページを入れ、そこから 6 言語を選択するようなしくみとなった[19]。

　国連ウェブサイトでは、国連に関する基礎的な情報・データ、事務総長メッセージやプレスリリースの他、様々な広報資料が掲載されていった。国連決議や報告書などの文書もまた、ウェブサイトの各ページに分散した形ではあったが、徐々に公開された。

　冷戦が終焉し、地球サミットなどの世界会議が矢継ぎ早に開かれた1990年代、市民社会が台頭し、多くのNGOが国連の透明性の観点から、国連文書へのアクセス拡大を求める声を大きくしていくと、国連はそれに対応し、ウェブ上に国連の文書をまとめた簡易ページをつくりはじめ、安保理の決議や声明などについてはフルテキストサーチができるような検索ボックスも置いた。その後、1998年にはさらにそれを拡充して、Documentationというタイトルをつけた特設ページをつくり、国連文書の入手を容易にしていった。

　さらに、国連は紙媒体の様々な調査ツールも次々とデジタル化し、インターネット上で利用可能にした。たとえば、Repertoire of the Practice of the Security Councilは2001年、Yearbook of the United Nationsは2008年に公開された。ITPについてもまた2010年から2011年にかけて、安保理や総会、経社理など、その特設ページが徐々に公開され、現在では、その初版からほぼすべての版がデジタル化されインターネット上で利用可能となっている。

　国連の文書が徐々にウェブ上に掲載されていく過程で、1997年には文書のドキュメントシンボルを調べるための簡易型ツール、UN-I-QUEが公開されている。その正式名称はUN Info Questであり、定期的に発行される報告書や決議などのドキュメントシンボルを一覧にして教えてくれる有用なデジタルツールであった。しかし、UN-I-QUEは後述するUNBISの流れの中で生まれたツールからは独立したもので、その運用維持にはダグ・ハマーショルド図書館にかかる追加的な負荷も大きく、2013年に更新停止、2019年には全面廃止となり、そのコンテンツはUN Digital Library、また、同じくダグ・ハマーショルド図書館が運営するAsk DagやResearch Guideなどのリサーチ支援のウェブページに統合されていった。UN-I-QUEでは、ドキュメントシンボルだけでなく、国連事務局などを構成するほとんどの部局の歴代トップの名前と略歴を書いたプレスリリースの記号一覧がわかりやすく掲載されていたが、それはそのままの形ではどのツールにも引き継がれなかった。

（2）　国連文書の書誌情報の電子化：UNBIS から UNBISnet へ

a　UNBIS

国連文書情報の電子化の取り組みは、早くも 1960 年代から始まり、United Nations Documents Information System（UNDIS）が試験的につくられ、次第に運用されていった。それはダグ・ハマーショルド図書館が主導した、国連文書インデクスの電子化初のシステムであった。その後、1970 年代後半になって、UNDIS に改良を加えた、新しい書誌情報システムとして、United Nations Bibliographic Information System（UNBIS）が開発された。

UNBIS には、文書や刊行物の書誌情報、投票行動、決議のフルテキスト、視聴覚資料に関するメタデータや包括的な主題分析が含まれた。各国政府はニューヨークコンピューティングサービス（NYCS）のメインフレームコンピューターにダイヤルインで接続しその情報を利用した。図書館情報調査ネットワーク（RLIN）の加入者もまた、UNBIS を通してダグ・ハマーショルド図書館が作成した文献記録にアクセスすることができた[20]。この UNBIS がオンライン書誌情報検索である UNBISnet、国連公式文書のフルテキストをデジタル化して収蔵した ODS、さらに UNBISnet を統廃合する形でつくった UN Digital Library へとつながっていくことになる[21]。

b　UNBISnet

UNBIS をもとにして、2000 年にインターネット上に公開されたのが UNBISnet である。フルネームでは、語尾にネットなどの言葉をつけることなく、単に、国連書誌情報システム（UN Bibliographic Information System）と呼ばれた。ダグ・ハマーショルド図書館が DGACM から紙媒体で文書の提供を受け、メタデータをつくった。運営にあたっては、国連情報技術室（OICT）の支援があった。

UNBISnet は、国連文書の書誌情報、総会と安保理の投票行動、そして、国連主要機関で行われた各国、各人の演説に関するデータなどを調べられるツールである。ODS が公開されると、そこに格納された国連文書へのリンクも貼られ、便利だったが、UN Digital Library が開発されると、UNBISnet は 2019 年に廃止され、そのコンテンツはすべて UN Digital Library に統合された。

しかし、UN-I-QUE と同様、UNBISnet から、どのツールにも引き継がれなかったものもある。たとえば、UNBISnet では、書誌情報の中に、General、Limited、Restricted、DER（Derestricted）など文書開示レベルが丁寧に書かれていたが、UN Digital Library では、そうした記載の表示はない。

（3）　国連文書の検索ツール：ODS から UN Digital Library へ

a　Official Document System（ODS）（https://documents.un.org/）

ODS は、1993 年にローンチされた、国連の公式文書を検索・入手するためのツールである。その運用管理は OICT、新規文書の追加更新は DGACM、そして、古い文書の画像スキャン及びメタデータ作成はダグ・ハマーショルド図書館とジュネーブ図書館がそれぞれ担当している。

1996 年にはインターネット上でのアクセスが国連事務局、国連常駐代表部に限定して無償提供され始め、翌年には、すべての国連常駐代表部がインターネット接続を完了させ、ODS に格納された文書にアクセスできるようになる。

当初、光ディスクを使用して開発されたことから、Optical Disk System（ODS）の名称がついた。2001 年、技術的なしくみとして光ディスクが使われなくなると、その名称を公式文書システム（Official Document System）に変えたが、ODS という頭字語はそのまま使われ続けた。

ODS は長らく有償サービスが続き、非営利団体や国連寄託図書館等には割引での契約が提供されるなどしていたが、上にも触れたとおり、1990 年代から、台頭する市民社会と国連との交流拡大[22]、世界的に高まった情報へのアクセスを人権として捉える意識の高まり、国連によるアカウンタビリティー改善への模索などに加えて、すでに国連ウェブサイトにかなりの量の国連文書が掲載されて有償契約数が減少傾向を示しはじめたことも重なって、2004 年 12 月に完全無償化された。

ODS がカバーするのは、総会、安保理、経社理やそれら主要機関の補助機関の文書であるが、事務局の行政指令や国連行政裁判所の判決も格納されている。また、本来は非公式・非公開扱いの CRP も、ODS の無償化とともに、非公開の制限が緩和され、現在は、ODS 上に公開されているものが多くなって

いる。

　その使い方に特に難しいことはない。ODSのトップ画面に、ドキュメントシンボル、タイトル、発行日、言語などを入力して絞り込めばよい。ODSには、前方一致検索機能が付いているので、ドキュメントシンボルがわかれば、それを入力し、トランケーションの選択で、none（完全一致検索）を選ぶと、該当する文書を1件だけ探してきてくれる。

　b　UN Digital Library（https://digitallibrary.un.org/）

　UN Digital Libraryは、2017年3月に利用可能になった文書検索システムである。ハマーショルド図書館が、DGACMから文書のデジタルファイルの提供を受け、運営管理している。UN Digital Libraryは、UNBISnetの後継的なツールであるが、その内容ははるかに幅広く、文書、（オープンアクセスの）刊行物、各国の投票行動データ、各国・各人の演説記録、プレスリリース、地図、画像、音声、オーラルヒストリーが含まれる。そこに格納されるコンテンツは日々、増え続けており、2019年には世界人権宣言70周年を記念して、Yearbook of Human Rightsも40巻（1946年〜1988年）がすべてアップロードされた。各国の投票行動データは、いまのところは安保理と総会のそれに限られるが、今後、他の機関のデータも加えられていくだろう。

　現在、国連の文書の検索ツールとしては、ODSも引き続き利用可能であるが、すでに2つのツールの機能に特に大きな差異はない。その成立にいたる歴史的、組織的な理由などがあるとしても、理由が明確に示されないまま2つのツールが併存していることは利用者にとっては紛らわしく、いずれUN Digital LibraryへのODSの統廃合が本格的に検討されることになるかもしれない。

3　UN Digital Libraryの使い方

　UN Digital Libraryは現在、国連のアウトリーチ活動の一翼を担うダグ・ハマーショルド図書館が運営するツールらしく、世界のすべての人々にサービスを提供することを目的としてつくられた完全無償ツールであり、その使い勝手

は決して悪くない。

　以下、その具体的な使い方を詳しくみる。

（1）　Simple Search（シンプルサーチ）

　シンプルサーチとは、トップ画面の中央部にある検索ボックスにキーワードを入力してサーチボタンを押し、UN Digital Library に格納された資料の書誌情報を横断検索することである。書誌情報は英語でしか書かれていないので、英語以外のキーワードを入れても無効である。検索でヒットした文書が公開されているものであればダウンロードして入手できる。

　もしもフルテキストサーチを実行したいときは、次に進んだ画面で、フルテキストサーチのボタンを on にする。そうすれば、どの言語でもその文書内に当該キーワードが書かれているものを全部探してくれる。

　検索には、ブーリアンオペレーター（ブール演算子）、つまり3つの主要な演算子（AND, OR, NOT）を使えるが、UN Digital Library は初期設定で AND 検索になっている。これは Google 検索と同じで、仮に、2つの単語を打

図1　UN Digital Library：シンプルサーチ

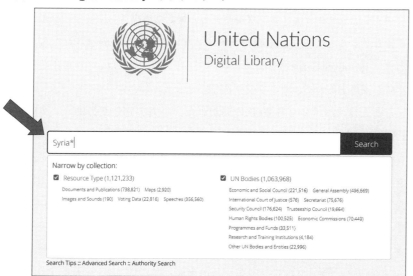

ち込んだ場合、2つの単語が両方とも含まれた国連文書を探す。逆に、2つの単語の間に、ORを挟めば、いずれかの単語が使われているものを拾う。たとえば、「海」に関することを調べていて、キーワードをoceanにするか、seaにするかで迷う場合は、ocean OR seaとすれば、どちらか一方でも書かれている文書をすべて拾ってくる。一塊の複数単語をそのままの並びで検索したければ、ダブルクオテーション（" "）で括ればよい。

　また、あいまい検索 をしたいときにはアステリスク（*）を使う。半角で打ち込むこのマークは、一部不明な文字の代わりに利用する代替文字となる。たとえば、シリアに関連する文書を探したい場合、Syriaという単語のあとに、アステリスクを加えて、Syria*にしたほうがよい（図1）。そうすれば、国名をSyrian Arab Republicとしている文書も検索できる。他にもたとえば、Russiaを調べるときはRussian Federationと書かれた場合があるかもしれないので、Russia*としておくとよい。また子どもについて調べるときも、child*としておけば、単数形のchild、複数形のchildrenのいずれも逃すことなく探せる。

（2）　Faceting（ファセティング）

　ファセティングとは、シンプルサーチの検索結果をさらに複数のフィルターで絞り込むことである。最初のキーワード検索の結果が表示されたら、左側バーにResource Type（資料の種類）、Body（機関）、Date（日付）などの選択肢が表出するので、そこで絞り込む。

　たとえば、2020年2月20日に開かれた、中央アフリカ共和国に展開するPKOに関する安保理討論の議事録を入手したいときは、まずトップ画面のキーワード入力ボックスに、peacekeeping "Central African Republic"と書き込む。ダブルクオテーションで括るのは、この3つの単語（Central African Republic）を一塊として、そのままの並びで検索したいからである。そして、検索ボタンを押して、次の絞り込みの画面に進んだら、ファセティングで、resource type = meeting record、UN Body = Security Council、Date = 2020としてクリックし（図2）、次の画面に進んで、ファイルをダウンロー

図2　UN Digital Library : ファセティング

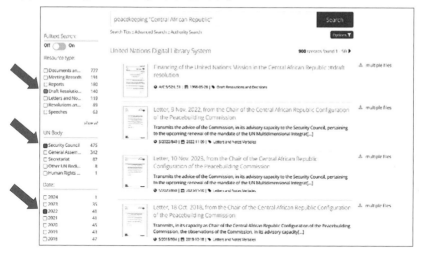

ドすればいい。

（3）　Advanced Search（アドバンストサーチ）

アドバンストサーチとは、絞り込みの上部にある検索ボックスを使って、その他の絞り込みを行うことである。

まず左端の "Search in" の検索ボックスで、Author や Title などを選択できる。その右横にある "Contains" の検索ボックスはブーリアンオペレーターで、初期設定は All words となっており、そのまま設定を変えなければ、右端の "Search term" のボックスに入力したすべての単語が含まれる文書を検索する。また Phrase を選べば、ダブルクオテーションで囲むのと同じことを意味し、そこに入力した複数の単語を一塊として捉えて検索する。

たとえば、インドネシアがスポンサー国となった、「持続可能な開発」という言葉をタイトルにもつ決議案をアドバンストサーチで探そうとすれば、Author + All words = Indonesia、および、Title + Phrase = sustainable development を入力し、さらに、ファセティングで、Draft Resolutions and Decisions をチェックすればよい（図3）。

図3　UN Digital Library：アドバンストサーチ

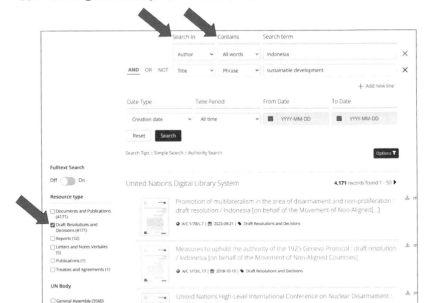

　統計委員会の年次報告を探す場合、Series + Phrase = report of the statistical commission とすれば、これまでの年次報告がすべてリストアップされる。Series のフィールドは定期的な報告を探す時に使える。

（4）　Voting Data（投票行動サーチ）

　UN Digital Library では、個別の決議にどの国が賛成したのか、反対したのか、投票行動のサーチもできる。これこそ、UNBISnet から譲り受けた機能である。

　探し方としては、トップ画面の Collection から、Voting Data を選び、機関、議題、決議採択の日やキーワードで絞り込む。決議のドキュメントシンボルがわかっていれば、それを入力するのが早い。わからなければ、国連ウェブサイトのプレスリリースなどのページで、その決議に関する記事を探し、そこからドキュメントシンボルをコピーするとよい。

　検索結果としては、投票に参加した国々の名前の横にYやN、あるいはA

などの表示がされる。Y は Yes、N は No、A は Abstain、何も書かれていない場合はその国が票を投じなかったということである。

（5）　Speeches（スピーチ検索）

スピーチ検索も UNBISnet から移譲されたサーチ機能である。総会、安保理、経社理で行われたスピーチを対象に、国・組織、あるいは演説者、ドキュメントシンボル、トピックなどで絞り込んで探すことができる。

たとえば、アントニオ・グテーレス国連事務総長は以前、国連難民高等弁務官（UNHCR）を務めていたが、その頃の発言を調べる場合、まず、トップ画面の Collection から、Speeches を選び、アドバンストサーチで、Guterres ＝ speaker、UNHCR＝Country/Organization として検索すればよい。

おわりに

以上、主に国連の文書を調べるためのデジタルツールを中心に概観したが、その他にもウェブ上には調査研究に役立つものが数多くある。そうしたものについて詳述する紙幅は残っていないが、たとえば、UN News のページは、コンパクトに日々の国連の動きをまとめた記事を載せ、決議などが採択されれば決議全文へのリンクも貼っているので便利である。また、Journal of the United Nations のページも見落とせない。それを開けば、日々の会議などのすべての予定が掲載され、予定された会議で扱われる様々な文書へのリンクがほぼすべて貼られている。安保理のページを開けば、Highlights of the Security Council Practice と名付けられた資料が、安保理の動きに関する統計をインフォグラフィクスでわかりやすく提示している。また、そこには、日本政府がその作成に尽力した安保理の作業方法に関するハンドブックもインタラクティブな形で置かれている。人権関係については、国連人権高等弁務官のページが人権理事会の普遍的定期審査（UPR）や特別手続き、また、人権条約機関などの各種文書をわかりやすく整理してデータベース化し、人権基準の遵守状況を国ごとに簡単に調べられるようにしている。さらに、近年、視聴覚

資料がその重要性を増しているが、国連グローバルコミュニケーション局が提供している Webcast を利用すれば、安保理、国連総会、人権理事会などの会合をリアルタイム、またアーカイブで視聴できる。その他、国連憲章 102 条のもと国連事務局に寄託された国連条約・国際協定については、Treaty Collection が充実したデータベースを提供し、560 を超える多国間条約の批准状況データは日々更新されている。統計に関しては、国連統計局が提供する無料の統計データベース UNdata が現在、32 のデータベース、6,000 万を超えるレコード件数を誇っている。

　こうして、インターネット上に公開される国連資料は、世界各国における市民の情報へのアクセス権の意識向上、インターネットの普及、デジタル技術の発展などを背景にして、充実度を増し、また、その調査ツールも格段に使いやすくなった。現在、生成 AI の利用が広がりつつあるが、おそらく今後、国連はそうした技術も利用して、国連のウェブサイトや調査ツールをさらに改善していくだろう。

　一方、紙媒体の資料を国連から収受することがなくなった国連寄託図書館は現在、SDGs に関する啓発など[23]、国連のアウトリーチへの協力を求められている。残念ながら、国連はまだ寄託図書館の今後の方向性を必ずしも明確に打ち出せていないが、偽誤情報への対応が喫緊の課題となる中、今後は、国連情報に関する一層質の高いコンシェルジェとしてその役割を果たすことが期待されていくかもしれない。そのためには、寄託図書館への訓練機会を一層充実させなければならないだろう。さらに、時代のニーズにあわせて、寄託図書制度を柔やかに、より確かなものへと発展させる具体的な方策とプランを国連は本格的に検討すべきである。図書館は現在、脆弱な立場に置かれることが多いかもしれないが、国内各地で、知の宝庫、文化の中心であり、市井の人に最も近い大切な存在の 1 つであることは間違いない[24]。

注

1　Google などの検索エンジンを使う場合でも、検索ボックスに site: un.org と打ちこんでから、キーワード検索すると、国連ウェブサイト内の検索が可能である。

2 国連寄託図書館とは、国連と契約し国連資料の寄託を受けて一般の利用に供する図書館であり、その制度は 1947 年にスタートした。Secretariat, *Principles Governing United Nations Depository Libraries*, UN Document, ST/PB/4（1955）, ST/AI/189/Add.11（1972）and ST/AI/189/Add.11/Rev.1, Rev.2（1975, 1995）.

3 ダグ・ハマーショルド図書館によると、国立国会図書館は開館翌月の 1948 年 7 月、国連寄託図書館に認定されている。国連本部との当初の契約は実際には exchange programme の取り交わしで、1965 年に正式に国連寄託図書館としての契約に切り替えられたという経緯だったようである。

4 千葉潔「国連寄託図書館をご存知ですか？」UNIC ブログ、2013 年 12 月 20 日（https://blog.unic.or.jp/entry/2013/12/20/113455, 2024 年 1 月 27 日）

5 2002 年から 10 年間ほど、UNIC は国連大学との合意に基づき、同大学ライブラリー内で UN ドキュメンテーションサービス（UNDS）を運営。インターネット・アーカイブ（https://archive.org/web/web.php）に、当時の URL（www.unic.or.jp/un-ds/index.html）を入力すれば、その活動の様子を見られる。

6 国連寄託図書館の変容については、以下の 2 人がそれぞれの立場から示唆に富む論考を執筆している。本波佳由（日本国際連合協会京都本部）「国連資料の新時代——寄託図書館のサービスはどのように変わるか」『専門図書館』No.278（2016 年 7 月）、33-39 頁；河辺一郎（愛知大学）「国連の広報政策の変化と愛知県図書館旧蔵国連資料の意義」『愛知大学国際問題研究所紀要』158（2021 年 10 月）、227-243 頁。

7 国連寄託図書館には、部分寄託と全面寄託の 2 種類があり、部分寄託の図書館には文書（documents）の送付はなかったが、日本の寄託図書館の場合、ほぼ全面寄託の契約で、刊行物、公式記録に加えて、文書も収受していた。

8 Secretariat, *Regulations for the control and limitation of documentation, Addendum, Distribution of documents, meeting records, official records and publications,* UN Document, ST/AI/189/Add.3/Rev.2*, 17 December 1985, pp.1-2.

9 ドイツと周辺国はともに資金を捻出し、1975 年に DGACM にドイツ語翻訳課を設置。訳出文書は国連のエンブレムをつけて発行されている。*Translation of some official documents of the General Assembly and of resolutions of the Security Council and the Economic and Social Council into the German language*, UN Document, A/RES/3355（XXIX）, 18 December 1974.

10 Secretariat, *Regulations for the control and limitation of documentation: Use of the United Nations emblem on documents and publications*, UN Document, ST/AI/189/Add.21, 15 January 1979, pp.1-2.

11　Bruno Simma, *The Charter of the United Nations, A Commentary*（Oxford University Press, 1994）, pp.287-293.

12　Secretary-General, *Publications Board*, UN Document, ST/SGB/2012/2, 29 March 2012, p.1.

13　*Ibid.*, p.2.

14　Secretariat, *Copyright in the United Nations Publications: General Principles, Practice and Procedure*, UN Document, ST/AI/189/Add.9/Rev.2, 17 September 1987, pp.1-7.

15　上野仁一『国際連合ドキュメント解題（その 1 〜その 3）』国立国会図書館、1950-51 年。

16　石川光二『国際連合資料利用の手引き』国立国会図書館、1960 年。

17　京都国連寄託図書館『国連資料　利用の手引きと国連刊行物目録　1945 年〜1962 年 4 月』1962 年。

18　その後、同じく国立国会図書館の川鍋道子が『国際機関資料検索ガイド』（東信堂、2003 年）を出版している。

19　Secretariat, *Continuous development, maintenance and enrichment of United Nations Websites, Report of the Secretary-General*, UN Document, A/AC.198/1999/6, 10 March 1999, pp.1-2.

20　Phyllis Dickstein, "The Dag Hammarskjöld Library 1965-2005: modernization and outreach," *Library History*, Volume 22, Issue 2（01 July 2006）, pp.101-116.

21　ダグ・ハマーショルド図書館の索引作成課で国連文書情報のデータベース構築の仕事を率いた佐藤純子・元課長にその思いや感慨を聞いた。千葉潔「国連の図書館で垣間見た国際政治と時代の変化——佐藤純子さん」、UNIC ブログ、2016 年 11 月 21 日（https://blog.unic.or.jp/entry/2016/11/21/140303, 2024 年 1 月 27 日）

22　Global Policy Forum, *NGOs Win ODS Access*, 26 January 2004, accessed 27 January 2024, https://archive.globalpolicy.org/component/content/article/177-un/31770.html.

23　千葉潔「持続可能な開発目標（SDGs）と図書館」『図書館雑誌』Vol.115, No.4（2021 年 4 月）、200-203 頁。

24　UNIC では、日本各地の様々な図書館をゆるやかにつなぐ研修会を開催してきた。千葉潔「SDGs を合言葉に、さまざまな図書館が集まり、学び、交流しました」UNIC ブログ、2023 年 2 月 20 日（https://blog.unic.or.jp/entry/2023/02/20/104556, 2024 年 1 月 27 日）

10　日本の「人権外交」のこれから

松 井 宏 樹

はじめに

　今、世界は歴史の転換期にあり、パワーバランスの歴史的変化と地政学的競争の激化に伴って対立と協力の様相が複雑に絡み合う時代になっていると言われる[1]。こうした国際情勢の中で、どのようにして対立を乗り越え、国際的に基本的人権の保障を実現していくべきか。パワーバランスの変化と地政学的競争の激化は、日本の人権外交をこれまで以上に複雑なものにしている[2]。

　例えば、2022 年 10 月、国連人権理事会では、新疆ウイグル自治区の人権状況について討論することを求める決定案が賛成 17、棄権 11、反対 19 で否決され、日本は賛成票を投じた。後で見るように、日本の人権外交は、アジア地域の特殊性や多様性に配慮しつつ他の国益とのバランスを取りながら慎重に進められてきた。そのため、従来であれば、たとえ人権が国際社会の関心事であり普遍的な価値を有するものであっても、日本が同決定案に賛成票を投じることは必ずしも当然とは見なされなかっただろう。人権を重視する姿勢を強く打ち出し、自らを西側民主主義国家の主要な一員として位置付け直すことが、日本にとって国益をもたらすのか。従来の人権外交では必ずしも意識されてこなかった戦略的な判断も求められるようになっている。

　こうした国際政治情勢の変化は、日本経済にも影響を及ぼしている。例えば、2021 年 2 月にミャンマーで発生したクーデターの影響を受け、日本の酒造メーカーは現地企業と合弁で展開する事業からの撤退を余儀なくされた。同社は、撤退を決断した理由に欧米の投資家による人権問題への関心の高さを挙げている[3]。従来、海外で活動する日本企業は、地域の特殊性や多様性を可能な

限り尊重するという日本の外交方針にも共通する考えの下で、進出先国の人権状況に積極的に対応することは避けてきた。しかし、権威主義国家による人権侵害にあらゆる手段で対応すべきという言説（ナラティブ）と、それに呼応するかのように規制を強める欧米諸国の動きを前に、日本企業も変化を迫られている。さらに、日本企業の間にも浸透しつつある「ビジネスと人権」の考え方が企業による人権尊重の責任を強調し、人権侵害リスクに積極的に対応するよう求めていることも、こうした変化を後押ししている。

　外交が国際関係の中で国益を伸張させる目的でなされる国家の主体的な意思決定であるとするならば、「人権外交」は、人権という普遍的価値を重視するか、人権の政治的な利用や恣意的な適用を許容するかという両極の間で、常に変化する政治・経済状況を考慮しながら最も国益にかなう選択を行っていく営みだと言える[4]。今後、日本の人権外交は、人権という普遍的価値をどのように位置付け、国益を確保していくべきか。

　本稿では、まず、これまでに積み上げられてきた日本の人権外交の基本姿勢を明らかにした上で、近年、人権外交に対する関心が急速に高まり、日本の人権外交の在り方が変化を迫られている背景を整理する。そして、こうした変化を踏まえて提起された国会やビジネス界の議論を簡単に紹介しつつ、今後の日本の人権外交が取り得るアプローチについて、何を維持しあるいは変化させるべきか、具体的事例に即していくつか提示してみたい。

　なお、本稿の中で意見にわたる部分は筆者の個人的見解であり、外務省の公式見解ではない。

1　日本の「人権外交」の起点

　日本の外交課題として人権が本格的に登場するきっかけとなったのは、1993年にウィーンで開催された世界人権会議である。これを受けて1993年版外交青書（1994年6月発行）では、初めて人権外交について記載された[5]。

　1993年4月に開催された世界人権会議アジア地域準備会合では、文化相対主義を基礎に内政不干渉、開発至上主義、人権の相対性等を強調するいわゆる

「アジア的人権論」を反映したバンコク宣言が採択された。当時、日本はこう
したアジア諸国の一部の考え方とは懸隔があるとしつつ、人権の普遍的価値の
重要性を始めとする基本的立場を明確に表明した上で、アジア諸国の考え方に
は耳を傾けるとの方針で同会合に臨んだ。その後、同年6月の世界人権会議に
際し、日本は原則として西側諸国と協調して対処するが、人権の普遍的価値の
各国における実現は個別の状況に応じて最も効果的な方法で取り組まれるべき
との方針を整理している。

　同会議に出席した松永信雄政府代表（当時）は、会議でとりまとめられるこ
とになるウィーン宣言及び行動計画に沿って①人権は人類全てに共通する普遍
的価値であり、その保護・促進は全ての国の義務である、②人権は国際社会の
関心事であり、重大な人権侵害に対して懸念を表明し、その国に対して状況を
改善するよう勧奨することは内政干渉と見なされるべきではないと演説した。
世界人権会議に向けた交渉を通じて人権の普遍性と他国の人権状況について改
善を求めることを内政干渉と見なすべきではないとの考え方[6]が文書化される
過程で、日本が当初からこの2点を人権外交の基本方針として支持してきた点
は重要である。

　一方で、松永政府代表は、基本的な自由と人権は文化、政治・経済体制や発
展段階によらずあらゆる国が尊重すべきであるとしつつ、アジアの国々の間の
多様性を考慮すれば、地域レベルの経験及び情報の交換を手始めに一歩一歩進
むべきであり、アジアの国々に対話の強化を重視しつつ人権の促進と保護に向
けて協力することを求めたいと呼びかけた。

　世界人権宣言の採択から50周年に当たった1998年、第54回国連人権委員
会で演説した高村正彦外務政務次官（当時）は、日本が重要と考える基本的原
則を①人権状況についての国際社会の関心を内政干渉と捉えるべきではない、
②人権尊重は普遍的であり最も基本的な課題である、③市民的、政治的、経済
的、社会的、文化的権利等の全ての人権をバランスよく擁護・促進する必要が
あるという3点に整理した上で、実際の人権状況改善につながる現実的アプ
ローチが重要であり、「対話」、「協力」及び「明確な意図表明」の三つの方法
をバランスよく組み合わせる必要があると述べた。

　松永政府代表や高村外務政務次官が述べたこれらの要素は、「日本らしい人権外交」の基本姿勢として今も引き継がれている。1993年版以降の外交青書には、ほぼ毎年、日本の人権外交の基本姿勢について記述されているが、人権という普遍的価値の実現を現実的なアプローチで追求していくという考え方は変化していない[7]。

2　安全保障政策への反映

　人権などの普遍的な価値を支持するということは、当然に、そうした価値が各国の立場を超えて広く受け入れられることを目指す。一方で、そこには、それらの価値に対する態度や考え方を共有できない相手を区別するという排他性が潜在している[8]。それゆえ、より多くの国と人権を保護し伸張していく取組に合意する上では、もとより価値を共有できる国との連携を更に深めていく一方で、そうでない国との関係でも排他的態度に陥ることなく価値を共有する努力が求められる。具体的には、安全保障政策や経済政策の中に国際的な人権の保障を適切に位置づけることにより、国際的な人権の保護と自国の利益確保をどのようにして結び付けるか、国際的な人権の保護とは両立しない関係にある様々な利益（それには、犠牲にせざるを得ない他者の人権や本来得られるはずであった政治経済的利益なども含まれ得る）との優先関係をどうするのかについて整理し、その判断を国民や国際社会に説明していくことが重要である。

　人権外交の文脈で語られることは少ないが、2001年に日本のイニシアティブで設立された人間の安全保障委員会が概念整理に貢献した「人間の安全保障」のコンセプトも、そうした取組に該当すると考えられる[9]。また、2006年に成立した第一次安倍政権の下で打ち出された「価値の外交」や「自由と繁栄の弧」[10]構想では、基本的人権を含む基本的価値を共有する国々との連携の強化がうたわれた[11]。さらに、2013年12月に策定された国家安全保障戦略（2022年12月に改訂）は、自由、民主主義、基本的人権の尊重、法の支配といった普遍的価値や国際法に基づく国際秩序を維持・擁護することを我が国の国益であると明記し、それに沿った安全保障政策を遂行することを基本的な原

則としている[12]。

2023 年 3 月には、岸田文雄内閣総理大臣が、インド世界問題評議会における政策スピーチで「自由で開かれたインド太平洋（FOIP）」のための新たなプランを打ち出した[13]。同スピーチでは、FOIP の考え方の根底には自由と法の支配の擁護があり、今後取るべきアプローチは各国の歴史的・文化的多様性を尊重した対話によるルール作りであるとされている。FOIP では「人権」という言葉は明示に用いられていないが、自由や法の支配を擁護することの延長に人権の擁護や促進が含まれると考えるのが自然だろう。「人権」という用語を掲げるかどうかも含め、各国の歴史や文化の多様性を尊重し、対話を通じて「地球規模の国際公共財に関わる諸課題への対処」に取り組んでいこうとする FOIP の考え方は、人権の普遍性とその適用過程での恣意性の両方を許容、包含していると考えられ、1990 年代以降その基本的な形を維持してきた日本の人権外交の基本姿勢とも整合的である。

人間の安全保障や FOIP 等のコンセプトは、人権の普遍的価値を重視するという原則的立場を維持しつつ、それが各国の立場の違いを超えて受け入れられるようにするためのナラティブとして機能してきた。

3 「人権外交」に対する関心の高まり

2021 年に入ると、人権外交に対する関心が国内で急速に高まった。それは数字の上からも読み取れる。例えば、図は国会審議における「人権外交」という語の使用頻度を年ごとのグラフにしたものであるが、「人権外交」への言及回数は、2021 年以降に急増していることが分かる[14, 15]。

この背景には、人権を巡る国際政治状況とそれが日本経済に与えた影響がある。2020 年 6 月に中国全人代常務委員会が香港国家安全維持法を制定し、翌年 3 月には選挙制度に関する香港基本法の規定が変更されたことで、香港の一国二制度に対する信頼が揺らいでいる。冒頭にも触れたが、2021 年 2 月、ミャンマーで国軍によるクーデターが発生し、現地で事業展開する日本企業の収益や事業自体が国軍への支援につながるのではないかとの懸念から企業の対応が

図1　国会審議における「人権外交」の言及回数

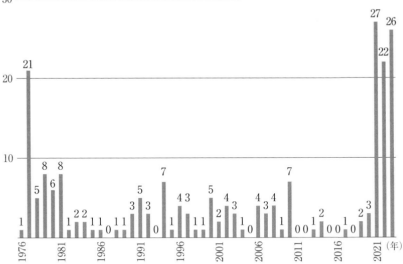

問われた。また、新疆ウイグル自治区の人権状況を巡って欧米諸国が中国及び政府当局者に対する制裁措置を導入する中、2021年1月、新疆綿を使用している疑いがあるとして日本の服飾メーカーの製品が米国の税関当局により輸入を差し止められた。これら以前から、企業に対して人権を尊重する取組を求める動きは進んでいたが、アジア諸国の人権状況の悪化に具体的な対応を求める国際世論や欧米諸国による制裁の動きが日本企業に与えた影響は大きい。また、後述するとおり、欧米各国で人権関連の情報開示や人権デュー・デリジェンスの実施を企業に求める法整備が進んだことも無視できない。

　こうした動きを受け、日本企業の間でも自社のサプライチェーン上に人権侵害リスクがないか確認することについて急速に関心が高まり、人権問題が経営上のリスクとして強く意識されるようになった。国会では、権威主義国家による人権抑圧への対応、日本の国益や企業の経済的利益の確保、その実現に向けた西側欧米諸国との連携の在り方等、様々な観点から人権外交について盛んに議論されるようになった。一連の議論では、並行して進んだ経済安全保障法制やビジネスと人権との関連が意識されていることも特徴的である。

2021年4月に「人権外交を超党派で考える議員連盟」が発足し、同年5月から翌年6月にかけて「自民党政調外交部会わが国の人権外交のあり方検討プロジェクトチーム」による提言が3回に分けて出された。特に、同プロジェクトチームの第1次提言（2021年6月2日）は、「人権外交をさらに推進するための『仕掛け』が必要である。その具現化は、日本の国益にも直結するものである。」と述べた上で、具体的に追求すべき施策を短期と中長期に分けて様々に列挙している[16]。政府の側でも、2021年11月の第2次岸田内閣の発足に合わせて設置された国際人権問題担当の内閣総理大臣補佐官に中谷元・元防衛大臣が就任し[17]、2022年4月には外務省人権人道課に企画官ポストが設置され、同年7月に筆者が初代企画官を拝命した。

4　基本姿勢の再定義

人権外交に対する関心の高まりとともに、従来の「日本らしい人権外交」の在り方が問われ始めた。一部の人々が感じているのは、世界中で人権侵害が継続している事態を前に日本が手をこまねいているのではないかという疑念や、欧米を中心に進む各種規制の一翼を担わなければ日本が閉め出されかねないという不安ではないだろうか。

こうした状況で注目されたのが、人権侵害を理由とした制裁措置の導入である。制裁措置は、元来、人権侵害を行っている国や個人に対して発動することで深刻な人権侵害の防止や更なる侵害の抑止を期待する立場から主張されてきた。最近は、経済的な手段を用いて政治的意思や価値などを強要する外交（「エコノミック・ステートクラフト」ともいわれる）に対する関心が高まり、人権を含む政治的目標を達成したり、自国の経済安全保障を確保したりするための手段としても導入が提案されている。また、権威主義国家に対抗していくためだとして、対露・対中制裁を西側諸国と共同で実施することにより得られる戦略的利益を期待する立場からも支持を得られやすい。結果として、普遍的価値としての人権を重視するという共通の名目の下で、様々な目的で制裁制度の導入が主張されるようになった[18]。

　国会では、制度の導入を求める議員から、制裁措置というツールを持つこととそれを発動することは別であり、発動の是非は国益の観点からその都度判断すればよいとの意見も出された[19]。しかし、仮に制裁を発動すれば、適用対象となる国や個人、発動のタイミングの選び方、判断根拠になった情報の正確性等を巡って国内外から更なる批判を招く懸念もある。現時点では、制裁措置の意義・目的や、日本が制度を導入した場合の具体的運用、効果等について十分な議論は尽くされているとは言えないし、これらの点について識者の意見も分かれている。外交的見地からは、人権侵害を理由とした制裁措置を導入した場合にどのような政治的、経済的影響が生じるのか、この方法が国際人権の推進のために実際に効果的、効率的に機能するのかについて慎重に見極める必要があるだろう[20]。

　制裁措置の導入以外にも、人権外交を進めるツールとして様々な手段が提起されている。民間企業からは、例えば、海外のサプライチェーン上で指摘される人権侵害事例やリスクを政府が特定、分類し、企業に提供してほしいとの要望や人権リスクを抱える国々に対する能力開発等の支援が提言されている[21]。専門家からも、人権外交を展開する上での判断材料を得るための情報収集と分析を国が進めるべきという意見や、施策の代替的な担い手となり得る企業やNGOを含む民間との連携を模索する必要性などが指摘されている[22]。国会で経済安全保障法制が審議された際、参考人として意見を述べた佐橋亮東京大学東洋文化研究所准教授が「人権侵害が著しい国と向かい合うために必要な人権外交や人権に関するインテリジェンス機能、また政府と民間の連携の在り方についても、新たな国際環境と向かい合う中で重要なテーマである」と指摘したとおり[23]、人権外交の在り方を見つめ直す時期に来ていることは確かなようだ。

　鍵となるのは、「対話」と「協力」に基づく現実的なアプローチを維持しつつ、他国の人権状況について能動的に作用することも含めた積極的なアプローチだ。その際には、本稿2で述べたことと同様、まず人権の普遍的価値を重視するという日本の決意を明らかにした上で、それを実現していく道筋について国民や国際社会に説明し、日本の意図が正確に受け入れられることが重要であ

る。

　以下では、カンボジア人権状況決議、先住民族の権利、ビジネスと人権を例
に、今後の日本の人権外交が取り得る能動的なアプローチを探ってみたい。

5　カンボジア人権状況決議

　例えば、日本は 1999 年以来、豪州から主提案国の立場を受け継ぎ、国連総
会第三委員会及び国連人権理事会（当初は人権委員会）にカンボジア人権状況
決議（「カンボジアの諮問サービス・技術協力」決議）案を提出し、いずれも
コンセンサスで採択されている。同決議により、カンボジア自身の努力を後押
しするとともに、国際社会が人権状況に関する特別報告者の現地訪問や人権理
での報告を含む諸活動によって同国の人権状況をモニターできるような仕組み
が整えられる。日本は、直近では第 54 回人権理（2023 年）で採択された決
議[24] の作成に当たり、カンボジア自身が決議案の内容を納得して受け入れら
れるよう、同国や EU 諸国を始めとする関係国等との調整に尽力した。仮にカ
ンボジア自身が特別報告者による活動に同意せず決議案が採択されていなけれ
ば、国際社会は、同国の人権状況をモニターするための効果的な手段を失って
いただろう。仕組みを作る以上、履行可能な仕組みでなくては意味がない。

　日本は並行して、2005 年以来、カンボジア政府との間で定期的に人権対話
を実施してきている。2023 年 8 月には 12 回目となる人権対話が、橋本尚文人
権担当兼国際平和貢献担当大使（当時）とアン・ソクーン・カンボジア外務国
際協力省副長官との間で実施された。対話では、欧米諸国の関心も高い政治活
動の自由、表現、集会、結社の自由、司法改革及びリーガルエイドプログラム
等の人権分野における取組や諸課題について踏み込んだ議論が行われ、日本側
からは選挙や市民社会の活動の在り方の問題について取り上げたほか、人権分
野における国際場裡での協力等について意見交換が行われた。

　同年 12 月、上川陽子外務大臣は、「我が国が直面する外交課題と今後の見通
し」と題して行った講演の中で、「相手国の社会、文化、歴史の多様性を尊重
し、対話を通じた包摂性を重視する。対話においては、共通の課題を見出し、

相手国の立場を尊重し、相手が真に必要とする支援を行う。こうした外交姿勢は、欧米諸国とも異なる日本独自のアセットです。」と述べているが[25]、日本政府による国連人権理におけるカンボジア人権状況決議を取りまとめた努力及びカンボジア政府との人権対話は、多様性に配慮した現実的アプローチであると同時に積極的な取組の好例である。

6　先住民族の権利

　カンボジア人権状況決議がそうであるように、人権の保護、促進を確保するための仕組みが実際に履行され効率的に機能するかどうかは重要な指標である。履行可能性を伴った現実的な仕組みや国際ルールを作っていく上で、日本が国際社会に貢献していくことも重要である。

　国際人権基準と呼ばれる諸条約によって明文化された権利の対象は、歴史的に人種、女子、児童、障害者等へと拡大してきた。将来、更に人権のフロンティアが拡大していく場合に新たに明文化される可能性のある権利の対象には、先住民族やLGBTQ+が考えられる。国内の状況に照らしても一定の正統性を持って明文化することが可能と思われる権利をいち早く特定し、その条約化作業において国際社会をリードすることは、その国の人権外交にとってはプラスとなるだろう。

　このうち、先住民族の権利については、国際先住民年（世界の先住民の国際年：1993年）やその国際10年（第1次：1994-2004年、第2次：2005-2014年）が制定され、先住民族の権利に関する国連宣言が採択されるなど、既に条約化された他の権利と同様の経緯たどってきていることから、次に条約の形で明文化されるのに最も近い位置にあると考えられている。

　国内では、2019年5月にアイヌを先住民族として認めたアイヌ施策推進法（アイヌの人々の誇りが尊重される社会を実現するための施策の推進に関する法律）が施行され、翌2020年7月には、アイヌ文化復興・創造等のための拠点として、国立民族共生公園、国立アイヌ民族博物館、慰霊施設を中核とする「民族共生象徴空間（ウポポイ）」が北海道白老町に整備されるなど、アイヌの

人々に対する施策が進展している。また、後述するビジネスと人権の分野においても、企業活動が先住民族の生活に与える影響を人権リスク（企業経営上のリスクという意味ではなく、企業活動によって影響を受ける人々の人権が侵害されるリスクを指す）として明確に位置付ける動きが広がっている。

　こうした動きを前向きに捉え、日本が先住民族の権利の条約化に動き出せないだろうか。先住民族が個人として有する権利とは別に集団として具体的にどのような権利を持つのかという点について、国際社会の議論は、まだ収斂していない。日本政府も、権利は基本的に個人に帰属するものであって現行法の範囲内で認められる権利とは別に集団としての権利を認めることはできないとの立場である[26]。しかし、少し発想を変えて、今後、具体的にどのような権利であれば「先住民の権利」として認めていくことが可能かつ受け入れられるのかについて考えてはどうだろう。この点、アイヌ施策推進法第16条に基づいて進むアイヌ共用林野の取組が注目される[27]。我が国の法制度や企業活動が甘受し得ない、あるいは想定できないほどの影響を与えない範囲で何らかの具体的権利を規定できないか。そうした内容に関する国際的な合意形成を主導できないか。あらかじめ検討しておけば、将来、日本が履行できない条約が予期せずにできあがってしまう事態を避けられる。さらには、日本がこの分野で効果的なナラティブを形成し、国際的な影響力を発揮することにもつながるだろう。

7　ビジネスと人権

　最後に、筆者が現職で取り組んでいるビジネスと人権についても触れておきたい。ビジネスと人権の考え方は、企業に人権尊重の取組を促すためのナラティブとして機能していると考えるからだ。

　もはや、ビジネスと人権を巡る国際世論への対応を誤れば、大きな経済的損失を被りかねない。あるコンサルティング会社は、1997年に委託先であるインドネシアやベトナムの工場において日常的に児童労働が用いられていることが発覚し、世界的に不買運動が広がった米国系アパレル企業について分析している。分析では、仮に不買運動が発生していなかった場合の売上高予測値を算

出した結果、同企業が人権侵害によって失った売上高（1998 年〜 2002 年の 5
年間累計）は約 12,180 百万米ドル、日本円で約 1 兆 4,417 億円に及び、これは
同企業の連結売上高の約 26％に相当すると試算されている [28]。国内でも、大
手メガバンクが融資先のサプライチェーンに児童労働や強制労働などがないか
調べ、改善が見込めない場合には新規融資を停止する方針を決めると報じられ
るなど [29]、人権尊重を重視する動きが急速に進んでいる。さらに、ESG（環境、
社会、ガバナンス）投資への関心が高まり、企業の資金調達を円滑にする観点
からもサステナビリティ情報の開示に向けた取組が進められている [30]。

　特に、EU は、2023 年 1 月、サステナビリティ関連情報の開示を定めた企業
サステナビリティ報告指令（CSRD）を発効させた。さらに、欧州委員会は人
権及び環境に関するデュー・デリジェンスを義務化する方針を示しており、
2022 年 2 月に同委員会が発表した企業持続可能性デュー・デリジェンス指令
（CSDDD）案について、産業界に配慮した修正を反映した上で、2024 年 3 月
に EU 理事会と欧州議会法務委員会が最終的な妥協案をそれぞれ承認した。
2024 年 4 月以降に CSDDD 案が正式に採択されれば、EU 加盟国は 2 年以内に
指令の規定を国内法に反映させる必要がある。これらの規制は、欧州で活動す
る一定規模以上の日本企業にも適用される。

　欧州諸国がこうした動きを強めている背景には、市民社会、消費者、労働、
投資家等のステークホルダーからの要請があることに加えて、欧州域内各国に
よる独自規制が導入されることに伴う企業負担の増加への対処、規制による域
内全体の取組促進等があると言われる [31]。公平な競争条件（レベル・プレイン
グ・フィールド）の整備を主導することにより経済的利益と人権尊重の両方を
追求する EU の狙いは、域内に限定されない。自らの規制を国際的なデ・ファク
ト・スタンダードとすることで有利な立場を確保したいという思惑もあるだ
ろう。EU は域外の企業を規制の対象にする一方で、国際労働機関（ILO）や
経済協力開発機構（OECD）等と協力して途上国で能力強化支援を実施し、サ
ステナビリティに関する取組の世界的な普及に努めている。

　日本政府も、2020 年 10 月に「ビジネスと人権」に関する行動計画を決定し、
「責任ある企業活動の促進を図ることにより、国際社会を含む社会全体の人権

の保護・促進に貢献し、日本企業の信頼・評価を高め、国際的な競争力及び持続可能性の確保・向上に寄与する」と明記した。このことは、企業による人権尊重の取組を単なる社会貢献活動あるいはコンプライアンスとしてではなく、経済合理性を伴った行動として位置付けていくために国が取り組む姿勢を宣言したという点で重要である。

　2023 年 5 月の G7 広島首脳コミュニケにも、企業活動及びグローバル・サプライチェーンにおける人権及び国際労働基準の尊重の確保と並んでビジネスのための強靱性、予見可能性及び確実性の更なる向上に向けて協力していくことが盛り込まれた[32]。さらに、日本政府は、2022 年 9 月には責任あるサプライチェーン等における人権尊重のためのガイドラインを策定し、企業による人権デュー・デリジェンスの実施強化を進めている。外務省も、日本企業のサプライチェーンが連なる東南アジア諸国を中心に、企業に対するセミナーや「ビジネスと人権」に関する行動計画の策定に取り組む諸国を支援している。

　海外に進出する日本企業からは、アジアの他国企業に先行して人権尊重の取組を強化することで競争力を削がれる懸念から、他国との間でレベル・プレイング・フィールドを確保するよう日本政府に努めてほしいとの要望を聞く。また、東南アジア諸国の政府関係者からは、同地域には下請けを含めて多くの日本関連企業が存在するため、日本企業が人権尊重の取組を進めることにより地域の人権状況が全体として改善されるとの期待も寄せられている。

　こうした声に照らせば、日本がビジネスと人権というナラティブをうまく活用することで、アジア諸国が受け入れやすい形で人権尊重の取組を促していく余地があるのではないだろうか。東南アジア諸国を始めとする日本からの投資先だけでなく、日本とは経済的な競合関係になりやすい中国、韓国、台湾等の主要な対外投資国・地域を含めてどのように協調、連携できるのか、人権外交の基本姿勢に掲げてきた「対話」と「協力」とともに、日本が自ら積極的に「作用」する余地も検討するべきだ[33]。

　日本企業の中には経済安全保障の担当部署を設置し、各国の経済安全保障関連規制の分析に加えてサプライチェーン上の人権リスクを特定するために間接取引先のチェックを始めるところもある[34]。そうしたサービスを提供する会社

やプラットフォームも存在している。今後、人権尊重の取組を進めるための費用を社会全体で最小化する仕組みの開発は、民間主導でも進んでいくだろう。

　むしろ、今後、人権外交の文脈で政府が果たしていく役割は、投資家、企業、労働者、市民社会、外国政府や国際機関等、様々なステークホルダーの関心を整理し、人権尊重に関する現実的な制度設計や環境整備を進め、国際的な連携を深めていくことではないか。欧米諸国による規制の根底には、政府はルールを作るが、運用に当たっては企業自身や市民社会が自主的に不正を検知し改善することを期待する考え方があることも意識しておく必要があるだろう。

おわりに

　人間の安全保障、FOIP、ビジネスと人権等のコンセプトは、外交政策や企業の行動原理の中に人権の普遍性を位置付けるナラティブとして機能している。そのことにより、国際的な人権の保護という普遍的な目的を伴う行動が、国や企業による政治的、経済的な利益の追求という個別の目的のためになされる行動と整合しやすくなる。人権という普遍的価値を実現する上では、こうしたナラティブが新たな競争を生まないことが重要である。本稿で詳しく論じることはできなかったが、中国による「話語権」の活動も想起される。分断と対立を乗り越えていかねばならないときこそ、ナラティブを共有できる国とそうでない国との競争の副産物として意図しない形で人権の保障が実現するような逆説的な状況を受け入れるのではなく[35]、明確な意思に基づいた積極的な取組が必要だ。

　筆者はこれまで、マルチ（多国間）外交と呼ばれる国際会議を中心とした場において様々な分野を担当してきた。マルチ外交とは、誤解を恐れずに言えば、ルール作りあるいはナラティブの競争でもある。このことは、人権の保障という普遍的価値を扱うときでも変わらない。いかなる国や企業も、人権を尊重する重要性に正面から反対することはないだろう。しかし、人権の尊重が重要だといくら訴えても、それをそのまま素直に受け入れ、実行してくれる相手

は多くない。むしろ、他の様々な利益と比較衡量し、少しでも自らを有利な立場に導こうと他のプレイヤーと合従連衡するだろう。

　国内外の様々なステークホルダーの多種多様な関心を察知し、集約し、自国の国益を損なわない形で広く国際社会に受け入れられるルールやナラティブを提示できるか。そのために履行可能性や効率性を伴った仕組みづくり、予見可能性や確実性の向上等の経済合理性にかなった行動を支援することが鍵になる。

注

1　国際情勢の現状認識については、外務省『令和5年版外交青書（外交青書2023）』（2023年）、巻頭言（https://www.mofa.go.jp/mofaj/gaiko/bluebook/2023/pdf/index.html, 2024年2月13日）も参照。

2　市原麻衣子一橋大学法学研究科教授は、人権外交が中国を始めとする大国に対して用いられるほど主流化したと指摘した上で、国内要因としてのポピュリズム、国際要因としての影響力工作、加速要因としての情報技術の革新が人権規範を崩壊させていると論じている。（市原麻衣子「恣意性なき人権外交の展開を」『Voice』2022年3月号（2022年3月）、62-69頁）。

3　井上昌也『キリンの「ミャンマー撤退」に透ける大きな誤算　成長を急ぐ海外事業はブラジルに次ぐ失敗に』2022年7月9日（https://toyokeizai.net/articles/-/602293, 2024年2月13日）

4　人権と国益の関係については、例えば、尾﨑久仁子「分断のなかの人権外交」植木安弘・安野正士編『専制国家の脅威と日本—分断の中の外交・安全保障』勁草書房、2023年、191-219頁、寺谷広司「人権外交の法理論—外交における国際法をめぐる一考察」柳井俊二・村瀬信也編『小松一郎大使追悼　国際法の実践』信山社、2015年、623-661頁が詳しい。

5　「人権外交」という項目は立てられていないが、それ以前の『外交青書』でも外交課題の一つとして人権について記述されている。特に、『平成3年版外交青書』（1991年）は、「国際社会が新しい国際秩序を模索している今日、そして日本外交自体も新たな転換期にさしかかっている今日、日本外交のあり方についても、外交政策の目標と、それを達成するための政策手段の両面において、新たな視点を加えつつ見直していく必要がある。」とし、これからの外交政策の目標として重要なことの一つとして、「民主主義や基本的人権のような国際的に普遍的な価値を守るた

めの国際努力に、積極的に参加、協力する姿勢を明確にすること」を挙げている。また、「自らの行動によって、そのような価値を守っていくことの重要性を自覚しなければならない。」と述べた上で、1989 年 6 月の天安門事件に際して日本が毅然とした態度をとったこと及びソ連のクーデター事件に際してクーデター側の行動を批判したことなどは重要だったと指摘している。さらに、冷戦後に予想される民族問題の解決のためにも普遍的な価値の確保が重要であると指摘するとともに、「東西間のイデオロギー的対立が国際関係を律する要因としての意味を減少させた後で、国際社会における普遍的な価値に対する姿勢を共にするか否かということが、国際政治における連帯感や協力関係を決める大きな要因になってくると考えられる。」と分析している点は、人権外交の戦略的価値を考える上でも興味深い。(https://www.mofa.go.jp/mofaj/gaiko/bluebook/1991/h03-1-2.htm，2024 年 2 月 13 日)

6　筒井清輝スタンフォード大学社会学部教授は、世界人権宣言によって人権の普遍性原理が理念として確立されたとする一方で、現代の国際人権をそれまでの人道主義と区別するもう一つの原理が内政干渉肯定の原理であるとし、その発展過程について論じている。(筒井清輝『人権と国家—理念の力と国際政治の現実』岩波新書、2022 年、52 頁)

7　『外交青書』における人権の基本方針に関する記述を年ごとに追っていくと、例えば、「明確な意図表明」という表現は、『平成 12 年版外交青書』(2000 年 5 月) (https://www.mofa.go.jp/mofaj/gaiko/bluebook/00/1st/bk00_23.html#2-3-5，2024 年 2 月 13 日) では「明確な意見表明（批判）」とされているし、「国際社会の正当な関心事項である」、「内政干渉と捉えるべきではない」、「深刻な人権侵害に対してはしっかり声を上げる」、「人権の保護・促進は、国際社会の平和と安定の礎である」等の表現は、言及の有無も含めて年によって若干の変化がある。

8　例えば、日 EU 戦略的パートナーシップ協定の第 2 条に、双方が、民主主義、法の支配、人権及び基本的自由という共通の価値及び原則を引き続き擁護すると規定されているが、こうした内容を EU との間で国際約束の形で取り決められる国はそれほど多くないだろう。

9　寺谷広司東京大学大学院法学政治学研究科教授は、既存の国際人権基準と連続しうるものとして提示しつつ、security 概念の再解釈を図った日本の人間の安全保障の成果を、人間の安全保障に関する国連総会決議（A/RES/66/290）の前文に述べられた「開発、人権並びに平和及び安全が、国連の三つの柱であり相互に連関し補強し合うものである」ことを明示し、共通理解を確立したことに見出せると指摘し

ている。(寺谷、前掲書、640頁)

10　麻生太郎外務大臣　日本国際問題研究所セミナー講演『「自由と繁栄の弧」をつくる　拡がる日本外交の地平』(https://www.mofa.go.jp/mofaj/press/enzetsu/18/easo_1130.html,2024年2月14日)

11　「価値の外交」及び「自由と繁栄の弧」については、参議院調査室作成資料に簡潔にまとめられている。(外交防衛委員会調査室　宇佐美正行・中内康夫・寺林裕介「『価値の外交』は日本外交の新機軸となり得るか―第166回国会(常会)における外交論議の焦点」『立法と調査』第272号(2007年9月)、2007年、3-12頁。)また、細谷雄一慶應義塾大学法学部教授は、戦後の日本外交は、リベラルな国際秩序の基盤として人権という規範が埋め込まれているということ、1970年代以降に人権外交の潮流が国際社会で高まりを見せたことを十分認識してこなかったとした上で、その転機となったのが、2006年に成立した第一次安倍政権の下で打ち出された「価値外交」であると指摘している。(細谷雄一『なぜ人権外交が重要視されるようになったのか：戦後日本外交の歴史から回顧する』2021年8月18日(https://www.nippon.com/ja/in-depth/a07501/, 2024年1月7日)。

12　令和4年12月16日国家安全保障会議決定及び閣議決定によって改訂された現行の国家安全保障戦略でも同様の記載が維持されている。

13　岸田総理大臣のインド世界問題評議会(ICWA)における総理政策スピーチ(令和5年3月20日)『インド太平洋の未来 ～「自由で開かれたインド太平洋」のための日本の新たなプラン～ "必要不可欠なパートナーであるインドと共に"』(https://www.mofa.go.jp/mofaj/files/100477774.pdf 又は　https://www.kantei.go.jp/jp/101_kishida/statement/2023/0320speech.html, 2024年1月7日)

14　言及回数は、国会会議録検索システムに基づく。第1回国会(1947年5月開会)から第212回国会(2023年12月閉会)までの本会議・委員会における言及回数(質問主意書及び答弁書、決議案における言及を含む。)。ただし、集計の便宜上、同じ会議で複数人から言及があった場合も1回と数えている。「人権外交」への言及は1976年の初出以降2023年末までに204回あった。

15　国会審議における初出は、いわゆる金大中事件に対する日本政府の対応に関連した土井たか子衆議院議員の発言である。同議員は、日本の外交姿勢が人権思想の裏づけに乏しく、人権外交が人間の尊厳性を十分に考えて進められていないとの趣旨を述べた(1976年4月23日衆議院外務委員会)。1977年からの数年間は、同年1月に就任したカーター米国大統領がベトナム戦争終結後の冷戦構造の中で新たな外交政策として「人権外交」を掲げたことについて、日本による評価や対応などが問

われた。カーター米国政権による「人権外交」について問われた福田赳夫総理大臣（当時）は、そうした人権外交とは一定の距離を置く答弁を行っている。1993年には世界人権会議が開催されたが、同会議を巡る議論は極めて乏しい。その後、1994年及び2010年にやや多く言及されているが、これは、1993年に米国で人権を重視するクリントン民主党政権が成立したこと、2009年に国内で自民党から民主党への政権交代があったこと、2010年に中国の民主活動家劉暁波氏にノーベル平和賞が授与されたこと等が影響したと考えられる。

16　自民党『外交部会　わが国の人権外交のあり方検討プロジェクトチーム　第一次提言』2021年6月2日（https://www.jimin.jp/news/policy/201677.html, 2024年1月7日）

17　中谷総理大臣補佐官は2023年9月の内閣改造により退任し、それ以降は国際人権問題担当の内閣総理大臣補佐官は置かれていない。

18　市原麻衣子一橋大学法学研究科教授は、中国における人権問題を念頭に、国会議員の間で日本版人権制裁法に関する議論などを行う動きについて、「普遍的価値として人権を重視し国際連携を推進しようとするのと並行して、あるいはそれ以上に、反中保守派の動きに支えられている」と指摘している（市原麻衣子「変容する『人権・民主主義外交』—民主主義国の国際連携と日本のあり方」『外交』第67号（2021年5/6月）、46頁。）。

19　2020年3月10日の衆議院外務委員会における山尾志桜里議員の質問

20　前述の山尾議員の質問に対し、茂木敏充外務大臣（当時）は、「制度を持ちながら、国によっては起こっているんだけれども適用する、国によっては起こっているのに適用しない、それを恣意的に判断するということがどうなのかということも含めて議論が必要だ」と答弁している。

21　例えば、一般社団法人日本経済団体連合会（経団連）『第3回 企業行動憲章に関するアンケート結果』2024年1月16日（https://www.keidanren.or.jp/policy/2024/005_kekka.pdf, 2024年2月6日）を参照。

22　市原、前掲論文（注18）、47頁。

23　令和4年3月31日　衆議院内閣委員会

24　決議（A/HRC/RES/54/36）は、2023年のカンボジア国政選挙など、同選挙をとりまく制限的環境や選挙法改正、いくつかの政党や市民社会への締め付けに対して懸念を表明した上で、カンボジア政府に対し、表現・集会・結社の自由の保障、市民社会の活動のため適切な措置の実施、市民的及び政治的権利の保護、野党を含む関係者との対話と和解等を求めるとともに、特別報告者のマンデートを2年間延長

することなどを主な内容としている。

25　日印協会主催昼食講演会における上川陽子外務大臣の演説『我が国が直面する外交課題と今後の見通し』2023 年 12 月 20 日（https://www.mofa.go.jp/mofaj/fp/pp/pageit_000001_00136.html, 2024 年 1 月 7 日）

26　例えば、アイヌ施策推進法と先住民族の権利に関する国連宣言との関係を端的に紹介したものとして、小坂田裕子『アイヌ施策推進法を巡る議論と「先住民族の権利に関する国連宣言」』掲載日不明（https://yab.yomiuri.co.jp/adv/chuo/research/20221027.php, 2024 年 1 月 8 日）を参照。

27　アイヌ共用林野制度とその課題については、齋藤暖生「アイヌ共用林野は『アイヌの森』復権の決め手となるか：自律的森林利用に向けた課題」『現代の理論』第 25 号追加発信（2021 年 2 月 15 日）（https://gendainoriron.jp/vol.25/rostrum/saitoh.php, 2024 年 3 月 29 日）を参照。

28　羽生田慶介『すべての企業人のためのビジネスと人権入門』日経ＢＰ、2022 年、63-66 頁。又は、株式会社オウルズコンサルティンググループ『人権を軽んじる企業には 1,000 億円以上失うリスクあり』2022 年 5 月 11 日（https://www.owls-cg.com/report/2022/05/11/659/, 2024 年 1 月 8 日）

29　日本経済新聞『融資、人権順守を厳格審査　3 メガ銀　改善なければ新規受けず』2023 年 6 月 29 日朝刊

30　徐々にではあるが、国内でも人権関連の企業情報の開示を充実化させる取組が進められつつある。例えば、2023 年 1 月に改正された企業内容等の開示に関する内閣府令により有価証券報告書等にサステナビリティに関する考え方及び取組の記載欄が新設され、また、女性活躍推進法に基づく女性管理職比率・男性の育児休業取得率・男女間賃金格差といった多様性の指標に関する開示も求められることになった。併せて、金融庁は「記述情報の開示の好事例集 2023」を公表し、人権についても具体的な開示例を紹介している（金融庁『記述情報の開示の好事例集 2023　金融庁　2023 年 12 月 27 日　有価証券報告書のサステナビリティに関する考え方及び取組の開示例　4.「人権」の開示例』2023 年 12 月 27 日（https://www.fsa.go.jp/news/r5/singi/20231227/07.pdf, 2024 年 1 月 11 日））。

31　公益社団法人企業市民協議会（CBCC）会長西澤敬二『CBCC 訪欧サステナビリティ対話ミッション団長所見』掲載日不明（ただしミッションは 2023 年 2 月 20 日～ 24 日）（http://www.keidanren.or.jp/CBCC/report/202302_shoken.pdf, 2024 年 2 月 13 日）。

32　『Ｇ 7 広島首脳コミュニケ』（2023 年 5 月 20 日）パラ 45（https://www.mofa.

go.jp/mofaj/files/100507034.pdf, 2024 年 1 月 11 日）。

33　例えば、山田美和日本貿易振興機構アジア経済研究所新領域研究センター長は、日本は責任あるサプライチェーンのリーダーになるべきだとして、政府、企業、市民社会を交えた日 ASEAN ビジネスと人権対話の実施を提言している（山田美和「ASEAN の人権—『アジア的』からの脱却」『外交』第 82 号（2023 年 11/12 月））。

34　Forbes JAPAN『地経学リスクを読み解け！ 経済を兵器化する世界との対峙法』2023 年 7 月 26 日（https://forbesjapan.com/articles/detail/64667/page2, 2024 年 1 月 11 日）

35　筒井清輝スタンフォード大学社会学部教授は、国際人権機構が発達し、場合によっては主権国家の国内問題に介入することができるまでになった理由を、人権を国際競争の場で互いを批判する道具として使ったためにその概念的正当性を高めてしまった大国の誤算、そして冷戦下でリップサービスとして国際人権条約を批准して人権を否定できない価値にまで高めた多くの国家の行動などが、総体としてもたらした意図せざる結果だと説明し、これを「空虚な約束のパラドックス」と呼んでいる。（筒井清輝、前掲書、2022 年、58、81-84 頁）

Ⅳ

書　評

11　上野友也著『膨張する安全保障：冷戦終結後の国連安全保障理事会と人道的統治―』

（明石書店、2021 年、301 頁）

千 知 岩 正 継

　冷戦終焉後、世界で多発・激化する内戦型の武力紛争や人道危機に対して、国連安全保障理事会（以下、国連安保理）は軍事行動を含む様々な介入措置を講じるようになった。その結果、国連安保理の行動は、現在では国連加盟国の国内統治の様態や人びとの安全と福利に直接的な影響を及ぼすまでに至っている。最近の事例としては、2023 年 10 月 2 日に国連安保理が採択した決議 2699 に基づき、ギャング犯罪の横行で治安が悪化したハイチに対し、ハイチ国家警察による治安回復を支援するためにケニア主導の多国籍治安支援ミッションが派遣された。

　本書評で取り上げる文献は、こうした国連安保理の権限拡大と介入主義的傾向の定着を「安全保障の膨張」とみなし、国連安保理が「なぜ人間の生命の安全の保障のために任務と権限を膨張させてきたのか」（5 頁）という問いに答えるものである。なお、本書は序章と終章に挟まれた三部構成の全 14 章からなる。以下では、その概要を確認しておこう。

　序章では、先の問いに対する答えが明快に示される。すなわち、国連安保理における大国間合意に基づき、人口を保護すると同時に管理・制御しようとする国家の統治性が「国境を超えて紛争地域に適用されてきたからである」（5 頁）。しかも、国連安保理によってグローバルに展開される統治性は、人道目的を掲げることから、「人道的統治」と名付けられる。

　第Ⅰ部は本書の理論編となる。第 1 章では、安全保障を発話行為として理解

するコペンハーゲン学派の安全保障化理論について、その理論的骨子を中心に詳細に解説される。これに対して第2章は、コペンハーゲン学派を批判し、その欠点を補う理論として、安全保障を日常の実践とみなすパリ学派とミシェル・フーコーの統治性概念を取り入れる。著者の説明によれば、二つの安全保障化理論は国連安保理の権限と任務が人間の生命と安全の保障に向けて膨張した過程を説明するのに役立ち、フーコーの統治性概念はその膨張過程の動因を説明するのに不可欠であるという。そして第三章では、国連安保理による安全保障の膨張を分析するための本書独自の理論的枠組と概念が、二つの学派と統治性概念の架橋に基づいて設定される。

　第II部では、コペンハーゲン学派の安全保障化理論を手掛かりに、国連安保理が1990年代の人道危機への対応を通じて、どのように権限と任務を膨張させたのかを明らかにする。具体的にいえば、イラク北部のクルド人難民危機（第4章）、ソマリア内戦（第5章）、ボスニア内戦（第6章）、ルワンダにおける内戦とジェノサイド（第7章）、コソボ紛争（第8章）が取り上げられる。これらの事例に共通する重要なポイントは以下の三点に整理できる。第一に、国連安保理理事国の協議を通じて、「平和に対する脅威」が人道危機を含むように段階的に拡張されていった点である。すなわち、国際的な影響を伴う難民問題、一国内の大規模な生命の損失、人道支援の妨害、国際人道法の重大な違反などの事態を欧米諸国が主導して安全保障問題化し、それを中国や途上国が黙認してきた。第二点目として、安全保障化アクターたる欧米諸国と脱安全保障化アクターたる中国や途上国との安全保障化をめぐる攻防は、大国間政治、地域的利害、国際規範といった三つのコンテクストの絡み合いのなかで紆余曲折しながら進んだことである。第三に、人道危機の安全保障化に応じて、人道的介入や平和維持活動、国際刑事裁判所、暫定統治など、人道的統治の手段たる安全保障措置が整備・実践されたことである。以上から著者は、国連安保理を中核とする人道的統治の時代が到来したと論じる（第9章）。

　第III部は、パリ学派に依拠しながら、人道危機下の脆弱者の保護に向けて国連安保理の人道的統治が1990年代末以降にどのように構想されたのかを描き出す。すなわち、国連安保理は、国連事務局や国連機関、国連加盟国、国際

NGO など多様なアクターからの情報提供や提案を受けて、暴力からの子ども
の保護（第10章）、性暴力からの女性の保護と女性の政治参加の促進（第11
章）、文民の保護（第12章）をそれぞれ安全保障化してきた。そして国連安保
理の決定に基づき、国連事務総長や国連平和時活動をはじめとする多様なアク
ターに現地での脆弱者保護の任務が託されていく。これに関連した安全保障措
置として、暴力の実態を把握するための監視のメカニズムやインディケータ、
暴力の有責者のリスト化、制裁措置が導入されてもいる。こうして、子どもや
女性、文民の安全を保障するだけでなく、紛争地域を管理・制御する、国連安
保理の「遠隔からの制御による人道的統治」（204頁）が成立していった。

　ところが、このように構想された国連安保理の人道的統治は必ずしも実効的
ではなかった。第Ⅳ部では、人道的統治の脆弱性が浮き彫りになる。コンゴ民
主共和国を扱った第13章によると、コンゴ戦争と人道危機の発生に関して、
国連安保理の当初の対応は遅く軽微なものだった。後に、文民保護を任務の一
つとする国連コンゴ民主共和国ミッションが派遣されるものの、国連安保理の
人道的統治は文民保護の点で限界を露呈することになったという。他方で第
14章によれば、シリア内戦をめぐり、大国間政治・地域的利害・国際的規範
の三つのコンテクストが相互作用するなかで、安全保障化を進める欧米諸国と
これを阻止しようとするロシアや中国との対立が激化し、国連安保理は機能麻
痺に陥った。その結果、大国間合意の成立によって唯一実現した安全保障措置
は、シリアに対する人道支援のための国境開放だけであった。

　終章の中心をなすのは、国連安保理による人道的統治の正当性についての考
察である。そのなかで著者は、国連安保理の人道的統治には二面性があること
に強く注意を促す。ここにいう二面性とは、本書全体で繰り返されるように、
「人道的なことは権力的なことである」を意味する。つまり、人道危機下の人
びとを保護するには、国連安保理による管理や制御が必要とされる場面がある
が、しかし同時に、それは大国間の政治や利害に左右された統治性に陥りがち
である。そこで著者は、国連安保理の人道的統治を「人間の被災に応じた統治
性」（261頁）へと修正していく必要性を強調しながら、その場合であっても
「より非強制的でより非暴力的な手段を地道に選択することが求められる」

（263 頁）として本書を締めくくる。

　以上が本書の概要である。著者は序章で提起した問いに対し、理論と実証の両面から首尾一貫した考究を行い、独自の明確な答えを提示している。この点だけでも本書が第一級の研究書であることは間違いない。そのうえで本書の優れた点をさらに二点指摘したい。

　第一に、国連安保理研究において安全保障化理論が「使える」と証明してみせた点である。第Ⅰ部にあるように、安全保障化理論は安全保障研究の重要なアプローチの一つとして定着してきた。とはいえ、既存の安全保障化理論はそのままでは必ずしも国連安保理研究に適用できるわけではない。そこで著者は、二つの学派の先行研究を批判的に発展させ、フーコーの統治性概念を架橋することで、本書の研究目的に相応しい理論的枠組みを創出した。その意味で本書が理論面で国連安保理研究に寄与する面は大きい。第二に、関連する各種の膨大な国連文書を渉猟・分析することにより、理論的考察が強固に裏付けられている点である。たとえば、発話を通じた人道危機の安全保障化にフォーカスした第Ⅱ部は、立場の異なる国連安保理理事国の発言を適宜引用することで説得力を増している。くわえて第Ⅲ部では、国連の報告書に基づいて作成された数多くの図表が挿入されており、今後の国連安保研究にとって資料集的な価値をもつだろう。

　もっとも、もう一歩踏み込んだ議論の展開が必要だとみなされる箇所もあった。蛇足になるかもしれないが二点指摘しておきたい。

　第一に、「保護する責任」への言及が断片的であるためか、同概念と人道危機の安全保障化および人道的統治との関連性がいまひとつ判然としない点である。周知のように、「保護する責任」はもともと、1990 年代の人道危機への国連安保理の対応（第Ⅱ部）を踏まえて考案されたものである。さらに本書の議論に即していえば、「保護する責任」の要諦の一つは、ジェノサイド、戦争犯罪、民族浄化、人道に対する罪といった非常事態を積極的に安全保障問題化する責任を、そして場合によっては特別措置として軍事介入を発動する責任を、国連安保理に課して制度化する点にある。実際、現段階の「保護する責任」は、安保理決議や総会決議で繰り返し言及されることで、人道危機への国際的

対応をめぐる言説で重要な地位を占めるまでになった。以上の経緯を踏まえて、とくに「人間の被災に応じた統治性」との関連で著者は「保護する責任」の現状をどう判断するのか、評者としては知りたい。

　第二に、人道危機の安全保障化に関わるアクターとその役割の多様性についてである。第Ⅲ部で興味深いのは、子どもや女性、文民の保護が国連安保理で安全保障化される端緒として、国連事務総長や非常任理事国など大国以外のアクターが重要な役割をはたしている点である。近年、国連安保理の意思決定に関して常任理事国に対する国連事務総長や国連事務局、非常任理事国の影響力を指摘する研究が現れている。たとえば、国連事務総長や国連事務局によって作成された各種の報告書は、国連安保理理事国の協議を方向づけることもできる。また、国連事務総長が国連憲章上の権限を利用する場面もある。実際、2023年12月6日にアントニオ・グテーレス国連事務総長が国連憲章第99条に基づき、パレスチナ・ガザ地区におけるイスラエルの軍事行動が人道的破局を招く危険性について、国連安保理に注意喚起をしている。その結果、人道的停戦を求める決議案の採択には至らなかったものの、国連安保理会合が開催される運びとなった。こうした大国以外のアクターによる安全保障化の動きまたは安全保障化の要請に着目することは、国連安保理による安全保障化のメカニズムを解明していくうえで重要な要素になりうる。それと同時に、人道的統治を「人間の被災に応じた統治性」に引き寄せていく鍵も握っていると思われる。

　最後に改めて強調しておくと、本書は、国連安保理研究に関して安全保障化理論や統治性概念の適用可能性を実証するのみならず、人道危機下の脆弱者の保護に関して示唆的な新しい視座や論点を数多く盛り込んでいる。本書に触発されて、国連研究や国際関係研究がさらに発展していくことが期待されよう。

12 リチャード・フォーク著・川崎孝子監訳・川崎晋共訳『人道的介入と合法的闘い——21世紀の平和と正義を求めて』

（東信堂、2020年、x + 442頁）

（原書：Richard Falk, *Humanitarian Intervention and Legitimacy Wars: Seeking Peace and Justice in the 21st Century*, London and New York: Routledge, 2014, x+223pp.）

西 海 洋 志

21世紀も四半世紀が過ぎようとしているが、国際社会では依然として戦争・紛争および人道危機が繰り返され、平和と正義の実現は遠のき、その実現にとって「必須の理想主義（necessary utopianism）」（原書6頁）が一層、希求される状況である。本書は、著名な国際法学者リチャード・フォーク（Richard Falk）の2003年から2013年の論考をまとめた著作集で、序論と22の章で構成されている。ただし、そのほとんどは2011年から2013年に書籍や新聞、フォーク自身のブログ（https://richardfalk.org/）で公表された文章を基にしている。また、彼は2008年から2014年まで、国連人権理事会の「パレスティナ被占領地の人権状況に関する特別報告者」を務めている。そのため、本書には、国際社会の現実を鋭く洞察した論考や、パレスティナ問題などを扱った時事的な論評が収録されている。

フォークについては、本書の「訳者解説」でも紹介されているため、ここでの蛇足は避けよう。ただし、本書を読み解くキーワードとして、あえて彼の特徴を集約的に表現するならば、それは「ハイブリッド」である。まず、彼は国際法学者だが、研究上、国際政治と国際法を架橋した考察が基本となっている。

換言すれば、現実に対する実証的分析と規範的考察がバランスよく掛け合わされている。同様に、達成可能な目標の追求に留まる「実現可能性（feasibility）の政治」と、（達成可能か否かは問わず）核軍縮などの切迫した地球公共的な問題に取り組む「必要性（necessity）の政治」の乖離をいかに埋めるか（原書 156 頁）という課題が常に念頭に置かれている。彼が 1960 年代末から牽引した「世界秩序構想プロジェクト（World Order Models Project）」は、まさに彼のハイブリッドなアプローチを具体化した研究プロジェクトであった。

　当然、その足跡は学問に止まらず、積極的に実践に踏み込むこととなる。フォークは大学で教鞭をとりながら、ベトナム反戦の声をあげ、Human Rights Watch などの NGO に参画し、1999 年のコソヴォ紛争後に設置された「コソヴォに関する独立国際委員会（IICK）」にも名を連ねている。また、1930 年生まれとは思えない健筆で、大学退職後もブログで次々と文章を発表し、現在もウクライナやガザなどの国際問題について発信し続けている。さらに、ユダヤ系アメリカ人という出自でありながら、いや、それ故に、アメリカの帝国主義的な傾向に峻厳な眼差しを向け、パレスティナ問題に真摯に向き合い、イスラエルの行為をジェノサイドと断じるなど、グローバル市民社会を代表する「公的知識人（public intellectual）」（Richard Falk, *Public Intellectual: The Life of a Citizen Pilgrim*, Clarity Press, 2021）として、果敢に現実と格闘してきた。こうした足跡にも、彼のハイブリッド性が体現されている。

　上記の背景のもと、本書は学問・実践の綜合的な視座から、2010 年前後に彼が深く関わっていたパレスティナ問題のほか、コソヴォ、イラク、シリアなどの事例を分析し、国際社会の「構造的な問題」、その表出とも言える「人道的介入（または不介入）」とその代替策としての「Legitimacy Wars（合法的闘い）」、さらに、グローバル化の進展などのより広い文脈を視野に入れた「世界秩序のゆくえ」を問う。そして、彼が展開する議論にも、そのハイブリッド性は表出している。本書では、「人道的介入」と「Legitimacy Wars」、「古い地政学」と「新しい地政学」、「上からのグローバル化」と「下からのグローバル化」などの対照的な動向が説示される。フォークによれば、これらの動向が交錯し、せめぎ合う状態こそ、国際社会の「現実」である。そして、彼は、上

記の対照的な諸動向がハイブリッド化される中間的な場において活路を見出そうとするのである。このようなアプロ—チが、彼の議論の基軸になっている。

　では、少し具体的に本書の内容を見てみよう。まず検討すべきは、本書のタイトルにもなっている「Legitimacy Wars」の意味である。邦訳書は「合法的闘い」と訳しており（65-66頁の訳註6参照）、本書の焦点が「（主にハードパワーを欠く主体による）合法的手段を用いた闘争」にあるという印象を与えるが、この訳語はフォークの議論を矮小化し、ミスリーディングだと思われる。彼が着目するのは、今日の国際社会では、国家によるハードパワーを用いた闘争と同時に、多様な主体によるソフトパワー（主に合法的手段）を用いた「正当性をめぐる」闘いも行われており、後者の闘いがより重要だということである。また、IICKの報告書で注目されたのは、コソヴォへの軍事介入を「違法だが正当（illegal but legitimate）」と裁断した点であった。実際、フォークは、この合法性と正当性の区別をふまえて、両者の関係（118-119頁）を説明している。そのため、Legitimacyは「正当性」という名詞、Legitimacy Warsは「（主に合法的手段を用いた）正当性をめぐる闘い」という広義の概念と捉えるべきであろう。

　本書は、この「正当性をめぐる闘い」を「人道的介入（または不介入）」と対比させながら、前者が優勢になっていく（べき）世界秩序を見据え、後者の事例として論じられることの多いイラクやシリア、パレスティナなどの状況を詳察する。本書は四部構成になっており、第Ⅰ部「法、政治そしてモラル」（1～5章）で本書全体の基調が確認される。つまり、既存の国際社会の構造（国家主権の形式的平等と実質的不平等、それに伴う国際法の不公正な適用）が世界平和と正義への障害であると再確認しつつ、市民社会や国際世論のソフトパワーによる「下からの介入」および人間中心的かつ法の支配に基づく「世界民主主義」の発展などの必要性が提唱される。無論、現実は一筋縄ではいかない。冷戦後に論争の的となったのは、むしろ人道的介入であった。第Ⅱ部「試行錯誤」（6～12章）では、冷戦終結から2000年代までの人道的／軍事介入の事例が俎上に載せられる。ただし、フォークによれば、それらの介入は、結局、大国の思惑とハードパワーを動力とする国家中心的な「古い地政学」の

範疇を出ておらず、国際法の裏付けや正当性を欠いた失策であった。

　こうした試行錯誤の中、人道的介入の代わりに「保護する責任（R2P）」という理念が打ち出されたが、2010 年代も状況は大きく変化しなかった。結果、フォークは、R2P は人道的介入や古い地政学の「見栄えを良くするために包装し直した」（10 頁）ものにすぎないと斬って捨て、将来のあるべき方向性を示す。第Ⅲ部「国家主権、自決そして保護する責任」（13 ～ 16 章）では、シリアの人道危機やスノーデンの亡命問題を引き合いに、旧来の国家中心的な主権および自決の観念を詰問した上で、グローバルな市民社会の取り組みを奨励し、いまは実現不可能かもしれないが、人間的（humane）かつ公正な世界秩序に向かう努力が必要だと訴える。そして、第Ⅳ部「将来を見つめて」（17 ～ 22 章）は、人間的価値によって「実現可能性の政治」と「必要性の政治」を橋渡しし得る「願望（desire）の政治」の重要性を指摘し、必要性と願望を実現していくための視座として、ソフトパワーに基づく「新しい地政学」や、人々を中心とし、究極的には世界民主主義を志向する「下からのグローバル化」に期待を寄せる。

　以上、極めて大雑把に本書を概略した。本書の扱う事例や事項は多岐にわたるため、読者によって着眼点は千差万別になるだろうが、上記の概略が補助線の一つになれば幸いである。また、念のため繰り返せば、フォークは物事の一方のみを重視するのではなく、両者が出会い、ハイブリッド化される場に目を凝らし、よりよい未来の可能性を探る。しかし、本書は、見方を変えれば、煮え切らない議論の寄せ集めに映るかもしれない。ハイブリッドはいかにして可能なのか、いかなるハイブリッドが適切か、ハイブリッドの結果、いかなる物事が生成・形成される得るのか、何も論じられてはいない。また、本書の鍵となる用語・概念の説明や検討も十分とは言えず、同一と思われる事柄が様々に言い換えられている。例えば、「古い地政学」に対し、フォーク独自のキーワード「新しい地政学」が提示されるが、その内容は不明確で、「地政学」という言葉が適当かどうかも判然としない。そのため、本書全体を通して議論・考察が整理され、深まっていくわけでもない。

　さらに、評者の関心から言えば、本書は R2P の表面的な理解を流布し、平

和と正義の実現に向けた建設的な議論を妨げるおそれがある。確かに、フォーク自身、これまでのところ R2P が国家の恣意的な軍事介入に利用されてしまうという疑惑を払拭できていない（136 頁）という含みのある書き方をしているとはいえ、R2P を「人道的介入 対 正当性をめぐる闘い」という枠組みに落とし込み、人道的介入と同一視する彼の見立ては早計であろう。実際、R2P をめぐる近年の議論・実践においては、多様な主体による多様な手段を包括的に活用し、重大な人道危機を予防または早期に解決することが重視されつつある。つまり、R2P はフォーク自身が議論している対照的な諸動向とそれらが出合う中間的領域をカバーする概念となっており、むしろ「正当性をめぐる闘い」における強力な武器にもなり得る。R2P をめぐる近年の議論は、実は本書全体の方向性と軌を一にしており、そうした観点から R2P と本書を読み直すのが有益であろう。

　もちろん、評者の寸評は、何ら本書の価値を減ずるものではない。そもそもフォークの意図は、わかりやすい回答や解決策を提供することではなく、読者の思考を刺激し、議論と対話を活性化し、ともに未来を創っていくことにあるのであろう。そして、「必要性」と「願望」の実現に向けた実践を促すことにあるのであろう。このような志向をふまえれば、本書は、間違いなく、パレスティナ問題などの様々な人道危機、国際社会の構造的な問題、人道的介入やR2P の意義、正当性をめぐる闘いの展望などについて考察し、議論する際に参照すべき座右の一書である。また、それのみならず、国際機構や国際政治、国際法について研究し、発信する我々および国連学会の「あり方」を問う一冊でもある。

13 西谷真規子・山田高敬編『新時代のグロー バル・ガバナンス論──制度・過程・行為主体』

（ミネルヴァ書房、2021 年、xii + 352 頁）

坂　根　　徹

　本書は、その序章の冒頭で、主権国家を基礎単位とするウェストファリア体制は、その揺らぎが指摘されてすでに久しいとして、現代グローバル・ガバナンスについて、その特徴として多主体性、多争点性、多層性、多中心性を指摘し、これを国際関係論の理論と実態の両面から把握することを目的としているとする。また、グローバル・ガバナンスを「中央政府の存在しない国際社会において一国に止まらない問題を解決するために、国境を越えた公共の利益を定義し、それを提供する制度と政治過程のシステムのこと」（1 頁）としている。本書は、第Ⅰ部 行為主体、第Ⅱ部 制度と過程、第Ⅲ部 グローバル・ガバナンスの現状という 3 部構成を取っており、序章を含めて 25 章より成り xii + 352 頁にも及び、18 名もの執筆者による。このような本書は、国際関係論の視点から現代グローバル・ガバナンスを多角的に理論と実態の双方から理解する上で有益なものであるだけでなく、国連研究の見地からも意義深いものと拝察される。

　上記のような本書を限られた紙幅で書評をするにあたり、以下では国連研究の視点から国際機関、特に国連システム諸機関に注目する。このような視点から注目されるのは、第 1 章である。同章は、国連研究の見地からは本書の中でまず初めに目を通す意義のある内容のもので、本書評（本評）執筆時点での本国連学会の現理事長が執筆されたものである。同章のタイトルは「国際機構──グローバル・ガバナンスの担い手？」であり、同章の中で国際機関につい

て多面的に論じられ、かつ、様々な国連システム諸機関が取り上げられている
ことは、本書において（同章が対象としている国際機関内部の専門家集団等を
含めた意味での）国際機関、特に国連システム諸機関が、本書全体として他の
幾つかのアクターと共に重視されていることを冒頭からよく示しているものと
もいえる。

　それでは、本書の他の章を含めて具体的にどのような国際機関が各章で取り
上げられているのであろうか。以下では字数制限のため簡単なものにならざる
を得ないが、各章を示しつつ特に国連研究の見地から、国際機関を国連システ
ム諸機関とその他の機関に分けて確認していく（確認できた範囲になるため、
漏れ等あればご容赦いただきたい）。その際、以下の各章での各機関は、具体
的な分析から例示まで取り上げられ方は様々であることを断っておく。また字
数制限の関係上、機関名称は略語のみを記している。なお、以下の執筆者名の
後の＊は本評執筆時点での本国連学会員を意味する。

　まず序章「現代グローバル・ガバナンスの特徴——多主体性，多争点性，多
層性，多中心性」（西谷真規子）においては、国連システムではWTO、IMF、
WBがあるのに対してそれ以外ではEUがある。

　次に第Ⅰ部においては、第1章「国際機構——グローバル・ガバナンスの担
い手？」（山田哲也＊）では、国連システムではUN、UNESCO、IBRD、
IMF、UNDP、OHCHR、UNHCRがあり、また過去の機関としてLNがある。
第2章「地域機構——グローバル・ガバナンスとの関係性をめぐる3つのイ
メージ」（渡邉智明＊）では、国連システムではIMF、WTOがあるのに対し
てそれ以外ではEU、AU、OSCE、ASEAN、NATOがあり、また過去の機関
としてECSCがある。第3章「専門家——知識と政治の相克」（山田高敬）で
は、国連システムではUNEP、WMO、WTO、UNがあるのに対してそれ以
外はない。第4章「NGO・社会運動——「下から」のグローバル・ガバナン
スを目指して」（上村雄彦＊）では、国連システムではWTOがあるのに対し
てそれ以外ではAOSISがある。第5章「企業——グローバル化の中の企業行
動の光と影」（梅田徹）では、国連システムではUN、UNCTAD、ILOがある
のに対してそれ以外ではOECD、EUがある。

　また第Ⅱ部においては、第6章「国際レジーム論の系譜──統合から分散
へ」（山田高敬）では、国連システムでは IMF、WTO、WB、ILO があるのに
対してそれ以外ではない。第7章「国際関係の法化、ソフト・ロー、プライ
ベートスタンダード──ガバナンス手法の多様化」（内記香子）では、国連シ
ステムでは WTO があるのに対してそれ以外では EU がある。第8章「ガバナ
ンス・モード──グローバル・ガバナンスの変容」（西谷真規子）では、国連
システムでは WTO、IMF、UPU、WB があるのに対してそれ以外では EU、
OECD、CoE がある。第9章「ネットワーク──ネットワーク化したガバナン
スの特徴と課題」（西谷真規子）では、国連システムでは UNEP、WTO があ
るのに対してそれ以外では EU がある。第10章「ガバナンスの正統性──正
統化の政治と動態」（西谷真規子）では、国連システムでは IMF、WTO、
WB、WHO があるのに対してそれ以外では EU がある。

　そして第Ⅲ部においては、第11章「国際開発──新興国の台頭とガバナン
ス構造の変動」（小川裕子＊）では、国連システムでは UN、UNDP、WB、
IMF があるのに対してそれ以外では AIIB、ADB、（DAC が取り上げられてい
るため）OECD がある。第12章「人権（労働者、女性、子ども）──人権規
範の浸透と多中心化・多争点化するガバナンス」（赤星聖＊）では、国連シス
テムでは UN、UNICEF、ILO、IOM、UN Women、OHCHR があるのに対し
てそれ以外では OSCE がある。第13章「移民・難民──複雑化する移動とガ
バナンスの変化」（中山裕美）では、国連システムでは UNHCR、IOM、UN、
ILO、WB、UNDP があるのに対してそれ以外では ECOWAS、EU、NATO
がある。第14章「腐敗防止──多中心化と大衆化」（西谷真規子）では、国連
システムでは UN、UNODC、ICC、WB、IMF、UNDP があるのに対してそ
れ以外では OECD、EU、CoE、OAS、ASEAN、AU がある。第15章「保健
医療──保健ガバナンスの構造と課題」（詫摩佳代＊）では、国連システムで
は WHO、UNICEF、UNAIDS、WB、UN、IMF、FAO があり、また過去の
機関として LNHO があるのに対して、それ以外ではない。第16章「知的財産
権の保護──模倣防止と利用促進の狭間で揺れる国際社会」（西村もも子）で
は、国連システムでは WTO、WHO、UNDP、WIPO、FAO があるのに対し

てそれ以外はない。第17章「企業の社会的責任――ステークホルダーの拡大
と協働が進めるサステナビリティ対応」（藤井敏彦）と第18章「グローバル・
タックス―地球規模改題解決のための革新的構想」（上村雄彦＊）の２つの章
では、国連システムではUNがあるのに対して、それ以外ではOECD、EUが
ある。第19章「貿易――問題の多様化と利害の交錯」（鈴木一敏）では、国連
システムではWTO、WBがあるのに対してそれ以外ではEUがある。第20
章「気候変動――経済・安全保障を巻き込むグローバルな課題」（石垣友明）
では、国連システムではWMO、UNEP、UNがあるのに対してそれ以外では
IRENA、OECD、EUがある。第21章「天然資源（森林、水産資源）――複
合的ガバナンスの取り組み」（坂口功）では、国連システムではFAO、UNが
あるのに対してそれ以外ではITTOがある。第22章「海洋――変貌する公海
自由原則と領域的アプローチ」（都留康子＊）では、国連システムではUN、
FAO、IMO、ISAがあるのに対してそれ以外ではEUがある。第23章「軍縮・
不拡散および戦略物資規制――理念とパワーバランスが交錯するルール」（石
垣友明）では、国連システムではUN、IAEA、WTOがあるのに対してそれ
以外ではEU、NATOがある。第24章「サイバースペース――深刻化するセ
キュリティと決定力を欠くガバナンス」（土屋大洋）では、国連システムで
はITU、UNがあるのに対してそれ以外ではEUがある。

　以上からは、以下のような幾つかの興味深い特徴・傾向が確認できる。先
ず、国連システム諸機関以外の国際機関は全く言及がない章も幾つかある反
面、全ての章で国連システム諸機関がその程度の差はあれ取り上げられてお
り、本書においてグローバル・ガバナンスを論じる上で、様々な国際機関の中
で特に国連システム諸機関への注目と意義が確認できた。その上で、数ある国
連システム諸機関の中で多くの章で取り上げられたり言及がなされている機関
は、第Ⅰ～Ⅲ部共にUNの他、（第Ⅰ・Ⅱ部の多くの章と第Ⅲ部でも幾つかの
章で）特にWTO及びIMF、WBである。このことは、本書において国連シ
ステム諸機関の中では特に、上記の諸機関を取り上げることが、本書が扱うグ
ローバル・ガバナンスを論じる上で重要と見られている証左であろう。他方
で、国連システム諸機関以外の国際機関は、全体として国連システム諸機関ほ

どは取り上げられていないことも興味深い。もっともそのような中で、EU、
次いでOECD（及びNATO）が比較的多く取り上げられていることは、それ
らの機関が本書の扱うグローバル・ガバナンスを論じる上で重要と見られてい
る証左であろう。逆に、上記以外の国際機関を重視して論じるとまた別途の研
究ができるものとも解される。

　そして以上のような本書を基にその視点を発展させて更に研究が進められて
いくことは有意義なものと拝察される。その際の方向性は様々なものがあるで
あろうが例えば、第Ⅰ部の関係では主権国家や国際的な多主体連携組織・協議
枠組み等も、第Ⅱ部の関係では国際機構論・国際法・国際行政論等も、第Ⅲ部
の関係では同様な手法で他の政策分野も各々一つの章を立てるなど正面から分
析対象としていくことや既に本書で分析対象として取り上げられた政策分野の
中で焦点を変えて論じること（例えば既に一部23・24章等で扱われている安
全保障及び関係分野では国連の安全保障理事会・PKO・経済制裁等にも焦点
を当てて論じること）等は有益であろう。いずれにしても国連研究の見地から
は、（第1章のタイトルを踏まえると）グローバル・ガバナンスの様々な面で
不可欠又は少なくとも大変重要な担い手の一つとしての国連システム諸機関を
更に含める形で、また、18名もの執筆者のうち本評の執筆時点で＊は7名と
約4割弱にも上る本国連学会会員の引き続きの活躍もあわせて、本書の研究成
果を基に更なる研究の進展が期待される。

14 真嶋麻子著『UNDP ガバナンスの変容—ラテンアメリカにおける現地化政策の実践から』

（国際書院、2023 年、277 頁）

大 平 剛

　本書が取り上げる国連開発計画（以下、UNDP）は、国連総会のもとに1966 年に設立された補助機関であり、1990 年に『人間開発報告書』を発行して開発の在り方に一石を投じて以降、開発分野でのその存在感を一気に高めた機関である。国連の専門機関と比べて専門性に欠けると思われる UNDP だが、実はその弱みを強みに変えてきた機関であると評者は考えている。すなわち、時代とともに現れる開発課題に対して、柔軟さをもって組織として対応してきたからである。

　そのような UNDP の組織としての柔軟さをもたらしたものこそが、機関の特徴である「現地化政策」であると著者は捉える。そして、「現地化」に着目して、それがどのように制度化されたのか、それを運用するにあたってニューヨーク本部、現地事務所、そして現地国政府との間で、どのような相互作用があったのかが明らかにされる。ここで「現地化」という用語の説明をしておきたい。著者によれば現地化とは、途上国の現場において途上国が持つ「人材、資金、制度、アイディアを取り込んで開発業務を展開するメカニズム」（34頁）ということであり、単に現地に常駐するということではなく、現地国政府との協力関係を伴うものである。

　著者の関心は「途上国のエリート層と民衆の利益が対立している現実に対して、トランスナショナルな開発理念を掲げる国際開発の担い手はどのようにそれと格闘してきたのか」（16 頁）ということである。主権平等原則と内政不干

渉原則という縛りのなかで、いかにして機関が掲げる開発理念をプロジェクト
に落とし込めるのかが問われるわけだが、UNDP は「現地化政策」によって
その問題に対処してきたことを、著者は具体的な事例をもとに明らかにしてい
く。

　さて、全体的な概略はここまでとして、ここからは具体的に各章の内容を紹
介していきたい。本書は序章と終章の間に 8 つの章を含む構成となっている。
その 8 つの章も、第 1 章から第 3 章までを第 1 部として「現地化政策の制度
化」を扱っている。第 4 章から第 8 章までで構成される第 2 部は「現地化政策
の運用とその変容」と題し、ラテンアメリカ諸国での「現地化政策」の実践事
例が詳細に示されている。

　序章では先行研究と分析視角が提示されるが、ここで著者が強調するのは、
従来の国際機構研究においては、「中小国や途上国の役割が十分に検討されて
きたとはいえ」ない（21 頁）という点である。この著者の視点は、国際政治
学者のアミタフ・アチャリア（Amitav Acharya）による、戦後世界秩序の形
成は欧米諸国だけで行われてきたのではなく、様々な規範の形成には多くの途
上国も関わってきたという指摘に通じるものがあると評者は感じる。つまり、
現場レベルでの課題解決において、国際機関と現地国政府との間で形成される
政策が、国際機関の本部レベルにまでフィードバックされ、世界規模での規範
として提示されうるということである。また、「現地化」を通して築かれてき
た途上国政府との関係性によって、UNDP 本部が掲げる開発理念が現場で具
現化できたとの観点から、著者は、本部だけでなく現地事務所をも含めて、
UNDP という組織を「システム」として理解することが必要だと説く。その
点が本書の特徴であり、先行研究には無い分析視角である。

　「現地化政策の制度化」を扱う第 1 部では、「発展途上国政府が開発において
主導的役割を発揮するための制度構築という関心のもとで、現地化政策は導入
された」（68 頁）という経緯が示される。開発の分野で「オーナーシップ」が
重視されるようになるのは 1990 年代からであるが、UNDP が早くも 1970 年
代には制度として取り込んでいた点は注目に値する。

　第 3 章ではさらに詳しく「現地化が制度化された背景」が示されるが、そこ

には UNDP にとって「国連開発システムにおける役割の模索、発展途上国と
の関係性の在り方、そして財政問題」（87 頁）の 3 点が横たわっていたと著者
は述べる。その考察の中から見えてくるのは、UNDP 側の思惑と途上国政府
の思惑とが合致したウィンウィンの関係である。すなわち、開発過程に積極的
に関わるとともに技術協力を求めたい途上国側と、開発の財源を得たい
UNDP 側の思惑が一致したことによって、「現地化政策」が推進されていった
ということである。元を辿れば打算とも思える制度だが、この制度自体が
UNDP の存在価値を高めることになったのである。ここまでの 3 つの章から
なる第 1 部によって「現地化政策」の全体像が明らかにされ、続く第 2 部の 5
つの章では「現地化政策」の実践事例が示されていく。

　第 2 部第 4 章では、ラテンアメリカ地域において「現地化政策」がどのよう
に運用されてきたのかの概要が示され、地域的特色が浮き彫りにされる。すな
わち、ラテンアメリカ地域においては、民主化支援や武力紛争後の社会復興支
援を目的とした事業において、UNDP の「現地化政策」が活用されて成果を
上げたことが示される。その点を検証するために、続く 4 つの章では、チリ、
アルゼンチン、グァテマラの事例が詳しく取り上げられる。

　第 5 章では、クーデターによってアジェンデ政権が倒されたチリにおいて、
UNDP 本部のラテンアメリカ・カリブ局の局長職にあったスタッフが、非公
式的な行動をとることで混乱の中での突発的な問題に対応した事例が示され
る。問題に対応できたのは、「現地化政策」の制度化によって UNDP 内での分
権化が進んでいたからであり、単に個人の行動に帰するのではなく、機関が持
つ制度が有効に働いたからだと著者は考察する。

　つづく第 6 章では民政移管期のアルゼンチンを事例として取り上げ、文民政
権が誕生した後の政策文書に、「民主的」という価値規範が書き込まれるよう
になった点を重視する。とりわけ第四次国別計画書において、UNDP 現地常
駐代表事務所の判断によって「公平さを伴う民主化」という軸が据えられた点
は、UNDP が「現地化政策」によって機関が重視する価値規範を政策文書に
盛り込むことができた例であると述べられている。また、現在の UNDP は
「民主的ガバナンス」という指針を柱の一つに掲げているが、それはアルゼン

チンでのこの事例が起源の一つだと著者は捉えており、本部の政策が現場での
実践を通したフィードバックによって変容する点を強調している。一方的に本
部レベルだけで規範が形成されるのではなく、現場における業務との応答に
よってでき上っていくというダイナミズムをこの事例からは感じ取ることがで
きる。

　第 7 章ではグァテマラの事例を取り上げているが、そこでは 2 つの現地化の
事例が示される。一つは、当時としては珍しかった、現地の市民社会組織をカ
ウンターパートとしてプログラムに組み込んだ点であり、もう一つは、開発審
議会というグァテマラの既存の制度を取り込んでプログラムを実施した点であ
る。いずれもローカル・オーナーシップを重んじる UNDP の姿勢が表れてい
るわけだが、現地国政府と市民社会組織との間でバランスを取りながら運営を
行う UNDP 像を垣間見ることができる。とりわけ開発審議会は、内戦中の
グァテマラで、開発によって反政府ゲリラ活動を抑え込むために設けられた制
度であり、それを通じて住民参加を促すことには難しさも伴った。UNDP は
敢えて既存の制度を用いて、その可能性に期待をかけたわけだが、そのことに
対して著者は、「現地化政策を遂行する UNDP が容易に『現地』の政治的文脈
に回収されかねない。現地化政策は、UNDP の開発理念と途上国の政治との
緊張関係のなかで実施されている」（193 頁）と結んでいる。

　第 8 章では、UNDP 本部が掲げる「民主的ガバナンス」という政策理念が、
グァテマラにおける現地が抱える課題を、「現地化政策」を通して具体的な開
発プログラムに反映させることができた事例が紹介される。

　以上、内容をかいつまんで紹介してきたが、読者は本書を通じて UNDP と
いう機関の本質を十分に理解できることだろう。それは国際通貨基金や世界銀
行が、コンディショナリティとして途上国政府に要求を突きつける態度とは対
照的であり、現地のオーナーシップを重視する姿勢である。また、それは時に
リスクをはらむものではあるが、UNDP は時間をかけて現地国政府との関係
を深めてきたのである。このことは著者も述べるように、UNDP 自身のガバ
ナンスの改善という側面も併せ持つものであった。

　本書はこれまでの国際機構研究に欠けていた視点を補うものとして高く評価

できる。すなわち、UNDP 本部、現地常駐代表事務所、現地国政府、現地市
民社会組織との間での相互作用までをも視野に入れ、UNDP という機関の働
きを「システム」として包括的に捉えようとしていることである。それを可能
にしたのは、著者が国際機構研究だけでなく、開発学や地域研究といった複数
の領域をも研究の対象としてきたからであろう。

　本書の課題を挙げるとすれば、それは著者も述べるように、ラテンアメリカ
での事例が特殊なものであったのかどうかである。現地化は 170 以上の国・地
域に事務所を抱える UNDP で行われているが、どの国・地域でも本書で示さ
れたものと同様の成果が認められるのかということである。もし、「現地化政
策」による成果が上がらないのだとすれば、可能ならしめる要因がラテンアメ
リカでの事例のどこにあるのかを探求することが国際機構研究の更なる発展に
繋がり得るだろう。また、UNDP 以外の他の国際機関にも「現地化政策」が
可能なのかどうかについても検証が必要になるだろう。

V

日本国際連合学会から

1 国連システム学術評議会（ACUNS）2023年度年次研究会の概要

川 口 智 恵

　国連システム学術評議会（Academic Council on The United Nations System, ACUNS）の第36回年次研究大会が、2023年6月21日から22日まで米国の首都ワシントン D.C. に所在する米国平和研究所（United States Institute of Peace, USIP）にて開催された。USIP は、米国議会によって武力紛争の予防、緩和、解決に取り組むために設立された独立研究所である。今回も、昨年同様、対面とオンラインを併用するハイブリッド方式で実施された。同会ウェブサイトによると世界各国から400名近い実務家や研究者が参加した。

　今年度のテーマは「平和を創り、維持し、持続させる（Making, Keeping, and Sustaining Peace)」であり、2日間の開催であった。平和という包括的なテーマの下で、ロシアによるウクライナ侵攻によって世界に突き付けられた「国際の平和と安全」をいかに維持するかという喫緊の課題を幅広い視点から議論する機会となった。ワシントン D.C. という多数のシンクタンクが所在する米国首都で開催されたこともあり、多様な専門知識、視点、アイデアを持つ参加者が集い、知識の共有だけでなく政策改善を目指すための情報共有とネットワークのための絶好の機会を提供したと思われる。また、本年次総会は、国連の特別政治ミッションと平和維持活動の75周年を記念し、現代の地政学的文脈における将来の特別政治ミッションと平和維持活動の展望、必要な変化についても議論の場を提供した。

　開会基調講演では、ローズマリー・A・ディカルロ（Rosemary A. DiCarlo）国連事務次長（政治・平和構築担当）が「分断の時代における平和のための多国間行動（Multilateral Action for Peace in an Era of Division)」をテーマに

講演した。過去 30 年間において今より平和に対する多国間行動が難しい状況に置かれていることはないという認識から、『平和のための新しいアジェンダ』における 4 つの優先事項を示した。それらは、国際的な平和と安全の仕組みを支える原則と規範の遵守、紛争予防の促進、平和と安全の脅威となる新たな技術への対応、紛争を予防し平和を維持するためのメカニズム—とりわけ特別政治ミッションへの支援とされた。

　ジョン・ホルムズ記念講演は、ビントゥ・ケイタ（Bintou Keita）コンゴ民主共和国事務総長特別代表兼国連コンゴ民主共和国安定化ミッション（The UN Organization Stabilization Mission in the Democratic Republic of the Congo, MONUSCO）代表が行った。タイトルは、「誤謬と『―主義』への反論：複雑な環境における文民保護の難問と加速する移行（A Counter-Case to Fallacies and "-isms"：The Conundrum of Protecting Civilians in a Complex Environment and an Accelerated Transition）である。講演は、ACUNS の機関誌 Global Governance Vol. 29, 2023, pages 429-437 に掲載されている。講演では、MONUSCO はコンゴ民主共和国からの撤退を計画しており、政治的結束の重要性、デジタル技術の活用、持続可能で責任ある移行戦略の必要性が強調された。

　さらに 2 つの本会議が開催された。1 つは、「『平和のための新しいアジェンダ』に関するアフリカ連合と欧州連合の視点（AU and EU Perspectives on the New Agenda for Peace)」であった。もう 1 つの会議では、国連常駐代表（ナイジェリア、スイス、ナミビア、オマーン、アメリカ）が一堂に会し、「グローバルな平和と安全のためのアーキテクチャー再構築（Reconstructing the Global Peace and Security Architecture)」をテーマに、リーダーシップや意思決定における信頼の回復、アカウンタビリティ、透明性の重要性などについて議論が行われた。

　全体でおよそ 70 のパネルやラウンドテーブルでは、平和維持、平和構築、国連平和活動、ジェンダー多様性、気候ガバナンス、移民、人権などのさまざまな側面に焦点が当てられ、平和維持への学際的なアプローチが反映された。各セッションにおいて、大学やシンクタンクからの研究者、実務家が参加し、

「平和を作り、維持し、持続させる」という課題に関する豊かな洞察、アイデアが提示された。本会議は、「国際の平和と安全」を再考し回復するための知の終結会議であったといえよう。

　本学会からは、下記の通り8つのセッションに対して積極的な参加があった。日本の研究者および国連実務経験者からなる発表により、日本国連学会によるACUNSへの知的貢献が十二分に果たされたといえるであろう。

・WED-A1：「アジアの視点から見たグローバル平和の創造、維持、持続の課題」

　　長谷川祐弘（ACUNS東京連絡事務所所長、京都芸術大学特別教授）、

　　山田哲也（日本国際連合学会会長、南山大学教授）

・WED-B1：「国連ミッションにおける女性の参加とジェンダー・ダイナミクス」

　　キハラハント愛（東京大学）

・WED-B3：「国連平和活動：機能、機能不全、および教訓」

　　藤重博美（青山学院大学）

・WED-C2：「適応的平和構築：21世紀における持続的な平和への新しいアプローチ」

　　武藤亜子（JICA緒方平和開発研究所）

・WED-C4：「世界を診断する グローバル・ガバナンス・インデックス＆サーベイの1年目」

　　長谷川祐弘（ACUNS東京連絡事務所所長、京都芸術大学特別教授）

・THU-A5：「国連安全保障理事会およびその他の国連機関の改革」

　　長谷川祐弘（日本平和構築センター）

　　植木安弘（上智大学）

　　神余隆博（元日本国際連合学会理事長、関西学院大学）

　　猪又忠徳（長崎大学）

・THU-A6：「国連研究とグローバル・ガバナンスの未探究アプローチ」

　　蓮生郁代（大阪大学国際公共政策研究科）

　　真嶋麻子（日本大学）

竹内雅俊（東洋学園大学）

上村雄彦（横浜市立大学）

庄司真理子（敬愛大学）。

・THU-A7：「難民と気候変動」

滝澤三郎（東洋英和女学院大学）

赤星聖（神戸大学）

その他、日本人国連職員によるセッション参加も在った。

　開会基調講演、ジョン・ホルムズ記念講演、2つの総会の動画は、ACUNS の2023年次大会のページ（https://www.acuns.org/events/2023-annual-meeting/　原稿執筆時2024年2月現在）冒頭のリンクより閲覧できる。

　次年度の年次大会は東京の国連大学にて行われる。

2 2023年東アジア国連システム・セミナー（第22回）報告書

玉 井 雅 隆

2023年11月24日（土）〜25日（日）、第22回国連東アジアセミナーが韓国全州大学校にて、韓国国連学会（KACUNS）をホストとして開催された。本セミナーは、世界的なコロナ・パンデミックを背景にオンライン開催となった昨年のセミナーとは異なり、3年ぶりの対面開催となった。本セミナーでは「東アジアの平和と繁栄に関する国連の役割（"UN for Peace and Prosperity of East Asia"）」を統一テーマとして、2日間にかけて4つのセッションに分かれて日中韓の国連研究者が国連に関わる諸問題に関し、日中韓を中心とした北東アジア諸国と関連させながら報告を行った。

第一セッションのテーマは「世界の平和維持と平和構築における東アジアの貢献」であり、日本側からは望月康江会員が報告を実施した。望月会員からは、2023年に出された国連事務総長レポート「平和への新たな課題（A New Agenda for Peace）」に関して、東アジア諸国の対応と課題について報告が行われた。第二セッションのテーマは「SDGsの履行加速化に向けた国連の役割」であり、日本側からは小川裕子会員が報告を実施した。小川会員からはSDGｓの履行状況に関して、「共通だが差異ある責任」論を通じてグローバル・サウスがどのように対応してきたのか、という報告が行われた。

第三セッションでは「ポストパンデミック時代における国連の役割」として、武藤亜子会員が報告を実施した。武藤会員からは、人間の安全保障論を通じてパンデミック後の国連の役割に関して報告がなされた。また第四セッションでは「北東アジア三か国の歴史における国連の貢献」であり、玉井雅隆会員が報告を実施した。玉井会員からは、欧州地域との比較を通じて東アジアの歴

史的共通性を指摘し、国連が東アジア諸国の対話の促進役としての役割を担い
うる点に関して報告を行った。この他三か国の会長によるラウンドテーブルも
実施され、それぞれの国の国連に関する見解について報告が行われた。

　本セミナーは久しぶりの全面対面開催ということもあり、各国の報告に関し
て活発な質疑応答も行われ、貴重な学術交流の場となった。各国研究者の交流
が活発に行われ、外交的には対立することも多い三か国において貴重なセカン
ド・トラックの場であった。

3 規約及び役員名簿

（1） 日本国際連合学会規約

I 総則

第1条（名称） 本学会の名称は、日本国際連合学会とする。

第2条（目的） 本学会は、国連システムの研究とその成果の公表及び普及を目的とする。

第3条（活動） 本学会は、前条の目的を達成するために、以下の活動を行う。

> 1) 国連システムに関する研究の促進並びに各種の情報の収集、発表及び普及
>
> 2) 研究大会、研究会及び講演会等の開催
>
> 3) 機関誌及び会員の研究成果の刊行
>
> 4) 内外の学会及び関係諸機関、諸団体との協力
>
> 5) その他本学会の目的を達成するために必要かつ適当と思われる諸活動

II 会員

第4条（入会資格） 本学会の目的及び活動に賛同する個人及び団体は、本学会に入会を申請することができる。本学会の会員は、個人会員と団体会員からなる。個人会員は、一般会員と院生会員の2種とする。

第5条（入会申請） 本学会への入会は、理事を含む会員2名の推薦に基づき、理事会の承認を得なければならない。

第6条（会員の権利） 会員は、本学会の機関誌の配布を受け、本学会の総会、研究大会、研究会及び講演会等に参加することができる。

第7条（会費） 会員は、別に定める所定の会費を納める。2年以上にわたって会費を納めていない者は、理事会の議を経て会員たる資格を失う。

第8条（退会） 本学会から退会しようとする会員は、書面をもってこれを

　　申し出、理事会がこれを承認する。

III　総会

第9条（総会）　通常総会は年一回、臨時総会は必要に応じ理事会の議を経
　　て、理事長が招集する。

第10条（意思決定）　総会の議決は、出席会員の過半数による。但し、規約
　　の変更は出席会員の3分の2以上の同意によって行う。

IV　理事会

第11条（理事及び監事）　本学会に、理事20名程度及び監事2名を置く。

第12条（理事及び監事の選任と任期）　理事及び監事は、総会において選任
　　される。理事及び監事の任期は3年とし、二回まで継続して再選され
　　ることができる。

第13条（理事及び監事の職務）　理事は理事会を構成し、学会の業務を管掌
　　する。監事は理事会に出席し、理事の職務の執行及び学会の会計を監
　　査する。

第14条（理事会の任務及び意思決定）　理事会は本学会の組織運営にかかわ
　　る基本方針及び重要事項を審議し、決定する。理事会の議決は、理事
　　の過半数が出席し、現に出席する理事の過半数をもって行う。

第15条（理事長）　理事長は、理事の互選により選任される。理事長は本学
　　会を代表し、その業務を統括する。理事長の任期は3年とする。

V　主任及び各委員会並びに運営委員会

第16条（主任）　理事長は、理事の中から、企画主任、編集主任、渉外主任
　　及び広報主任を指名する。

第17条（委員会）　各主任は会員の中から数名の委員を指名し、委員会を構
　　成する。各委員会の構成は運営委員会によって承認される。

第18条（運営委員会）　運営委員会は、理事長、各委員会主任及び事務局
　　長並びに原則として理事の中から理事長が指名するその他の委員に

よって構成される。運営委員会は学会の業務を遂行する。

Ⅵ 特別顧問

第19条（特別顧問） 本学会に特別顧問を置くことができる。特別顧問の任命は、理事会の議を経て、総会が行う。特別顧問は、本学会の会費の納入を免除される。

Ⅶ 事務局

第20条（事務局） 本学会に、理事長が指名する理事を長とする事務局を置く。事務局長は、理事長を補佐し、本学会の日常業務を処理する。事務局長は、事務局員を置くことができる。

Ⅷ 会計

第21条（会計年度） 本学会の会計年度は、毎年4月1日に始まり翌年の3月31日に終わる。

第22条（予算及び決算） 本学会の予算及び決算は、理事会の議を経て総会の承認を得なければならない。決算については、監事による監査を受けるものとする。

Ⅸ 学会設立年月日及び所在地

第23条 本学会の設立年月日は、1998（平成10）年10月22日とする。

第24条 本学会を次の所在地に置く。香川県高松市幸町2-1

（付則） （1） この規約は、1998年10月22日より施行する。

（2） この規約は、2016年6月11日より施行する。

（3） この規約は、2023年6月11日より施行する。

（2）　日本国際連合学会役員等名簿（2022 年 10 月 1 日～ 2025 年　9 月 30 日）

理事長：山田哲也

事務局長：山本慎一

企画主任：上野友也

編集主任：杉浦功一

渉外主任：上村雄彦

広報主任：井上健

1　特別顧問：
　　明石康　渡邉昭夫

2　監事：
　　松隈潤　　渡部茂己

3　理事：
　　井上健　猪又忠徳　上村雄彦　大平剛　上野友也　久木田純　功刀達朗
　　久山純弘　佐渡紀子　庄司真理子　杉浦功一　高橋一生　滝澤三郎
　　西海真樹　二村まどか　星野俊也　本多美樹　真嶋麻子　山口しのぶ
　　山田哲也　山本慎一
　　（以上、21 名）

4　運営委員：
　　井上健　上村雄彦　上野友也　杉浦功一　山田哲也　山本慎一

（3）　日本国際連合学会　各種委員会・事務局

5　企画委員会：
　　上野友也（主任）　川口智恵　小林綾子　佐藤量介　宮下大夢

6　編集委員会：

　　杉浦功一（主任）　赤星聖　小川裕子　軽部恵子　菅原絵美　柳生一成
　　吉村祥子

7　渉外委員会：

　　上村雄彦（主任）　玉井雅隆　樋口恵佳　渡邉智明　堀尾藍

8　広報委員会：

　　井上健（主任）　平井華代

9　事務局：

　　山本慎一（事務局長）

VI

英 文 要 約

1 Sovereign State System and the United Nations in the Context of Globalization

Miki Honda

While the sovereign state system is said to be threatened by the major trends of globalization, states remain at the center of the international community. Most observers believe that it is too early to sound the deathknell of sovereignty, for time and again it proves itself quite resilient.

In line with the major trends of globalization that occurred at the turn of the century between the 20th and 21st centuries, the meaning of national borders has greatly diminished, and in some areas borders no longer have any meaning. The COVID-19 pandemic, Russia's invasion of Ukraine, and Palestinian issues reignited by Islaeli attacks on the Gaza Strip have brought borders back into focus, and how states respond to emergencies has become an overriding concern. The role of the state in such emergencies is unrestricted and expanded because of the emergency, and the public expects it to be so. This has made us aware of the supremacy of national sovereignty, and it seems to have caused us to reexamine the relationship between globalization and the state.

Today, in the face of global threats such as infectious diseases, wars, and climate change, and with the sovereign state system in violent flux, United Nations Secretary-General António Guterres has stated that in these turbulent and uncertain times the work and mission of the UN more vital than ever.

This paper examines the role and significance of the UN in an increasingly globalized international society, from the perspective of international politics, despite the inherent limitation that sovereignty conflicts among member states, especially among major powers, do not easily lead to decisions.

This paper begins with an overview of the changing roles and activities required of the UN in the context of a disturbed sovereign state system, while summarizing the debate on the progress of globalization and the sovereign state system. In doing so, this paper describes the activities that the UN has carried out based on respect for sovereignty, the activities that it has carried out while interfering with sovereignty, and the activities that it has carried out while challenging the great wall of sovereignty. Finally, I would like to conclude this paper by raising the issue of the clash of sovereignty within the UN, focusing on the General Assembly and the Security Council, which have often fallen into dysfunction due to the dilemma of the assertion of the expansion of sovereignty by the major powers and the restriction of sovereignty by the organization.

2 The United Nations System and the Rule of Law :

Challenges of the International Legal Order under the Sovereign State System

Nanako Shimizu

The core values of the "rule of law" in the international community promoted by the UN system have been liberal values, including sovereign equality among nations and respect for human rights and freedoms. This chapter will focus on the issue of the destabilization of the "liberal international order," which has been pointed out even before the Russian invasion of Ukraine in 2022. The "liberal international order" is defined as "an order among sovereign states based on open and agreed-upon rules and institutions, with liberal democracy, economic interdependence, and international institutions as its components. With the rise of authoritarian regimes in many parts of the world, and the growing public support for self-centeredness in liberal countries, there is an ongoing debate as to whether the "liberal international order" that prevailed after World War II has reached a turning point.

Regarding the UN's inability to stop the war in Ukraine and the armed attack on Gaza, can we see it as a phenomenon that erodes the "liberal international order" and thus leads to a crisis of the "rule of law" in the international community, which the UN system has supported?　This chapter tries to examine what challenges the upheaval of the "liberal international order" poses to the UN system and the "rule of law" in the international community. Section 1 examines the evolution of normative values pursued as the "rule of law" in the international community since the creation of the United Nations. Section 2 outlines the voting behavior of states at the Emergency Special Session of the General Assembly following Russia's invasion of Ukraine and Israel's attack on Gaza, and discusses the impact of the current situation on the "rule of law" in an international society based on the "liberal international order. Finally, in Section 3, it will be discussed that the importance of respecting liberal values in both international and domestic societies to critically examine and change the arbitrary operation of international legal norms, which is one of the factors causing the crisis of the "rule of law".

3 United Nations and Africa after War in Ukraine: From the Viewpoints of "Actions by Africa" and "Action on Africa"

Tatsuo Yamane

This article examines the characteristics of actions by African member states in the United Nations (UN) in response to the aggression against Ukraine in the background of the UN Security Council's (UNSC) actions to African peace and security issues. Since 24 February 2022, the Russian invasion of Ukraine has been taken as a critical agenda in the UN. African member states, a large part of member states in the UN, have an influential position in the eleventh UN General Assembly Emergency Special Session (ES-11) on the "aggression against Ukraine" in their voting actions.

The works of literature on the Ukraine War are keen on analyzing the international orders in relevance with the scourge of liberal order, involving the analysis of relations between Russia and the "Global South" as a polar or connecting phenomena in multiple orders in the coming world affairs. Thus, there is little attention to Russia and Africa in the context of actions by African countries at the UN, opening a space to discuss Africa of the UN under the sovereign state system after 2022. In addition, these literatures have not emphasized how the African members of the UN conducted their actions in the Ukraine War, where the African problems on peace and security have been a primary agenda in the UNSC. Therefore, this article highlights "actions by Africa," particularly in ES-11 during 2022-2023, and what changes have been made in "actions on Africa," mainly by the UNSC. Accordingly, the literature review (in section one) and explanations of the cases (in section two) are followed by section three, which examines these actions over the aggression from the views of "action by Africa" and "action on Africa."

Thus, these actions by African member states will be characterized as individual state behavior in the UN, initially structured by the sovereign state system with the fundamental right to vote in the ES-11. On the other hand, this unchallenged recognition of the UN as an inter-governmental body challenges the second view on the "action on Africa." UN-related peace operations to (post-) conflict areas in Africa are generally sent to the country that consents to receive them. However, some cases reject the extended actions by these operations underlying the context of "after 2022." Thus, these withdrawals from the areas create a dangerous space where a kind of Russia, among others that contested against liberal orders, will connect well with these countries that detoured the "actions on Africa in the UN." Finally, this article suggests the role of the UN, which does not allow aggression against the UN Charter with many African countries, as a meeting place in multiple intersections.

4 Is Orchestration by the UNEP Likely to Undermine the Relevance of State Sovereignty?

Tomoaki Watanabe

Various states and the United Nations (UN) have long addressed global environmental challenges by creating Multinational Environmental Agreements (MEAs). MEAs based on state consent are agreements to define state responsibilities to conserve the environment and obligate states to regulate environmental pollution in their own territories. As one legal source of international environmental law, MEAs have confirmed the relevance of state sovereignty through articulating the rights and duties of states in international negotiations and conferences of the parties.

The UN, especially the United Nations Environment Programme (UNEP), established in 1972, have contributed to the development of MEAs in proposing international legal frameworks, mediating international negotiations, and monitoring the compliance of the treaties.

While MEAs have played a major role in promoting international cooperation among states on global environmental protection, many practitioners, as well as scholars, have pointed out the following limits of international environmental law: long-stalled treaty talks due to conflicts in national interests, treaty congestion characterized by the plethora of MEAs imposing duplicate and arduous procedures on states, and institutional vacuums as a result of issues with specific characters of the MEAs, which are insufficient for solving global environmental problems. These limitations call for systemic and comprehensive approaches to the global challenges.

Faced with the dysfunction of the MEAs, since the mid-2000s, the UNEP has promoted organizational reforms and introduced new approaches. In particular, it is striking that the UNEP has initiated a soft mode of indirect governance, actively utilizing the knowledge and competency of businesses or non-governmental organization, which is characterized as "orchestration". In contrast with hierarchical governance such as delegation, orchestration aims to exert influence on the target through the mobilization of an intermediary by an orchestrator on a voluntary basis in pursuit of a joint governance goal.

The UNEP, in collaboration with the UNEP Financial Initiative, has promoted orchestration in the areas of climate finance and environment-related financial disclosures such as with the Taskforce on Climate-related Financial Disclosures and the Taskforce on Nature-related Financial Disclosures. Although these orchestrations have succeeded in diverting businesses' attention to climate change, the rules and guidelines have been created by international organizations and a handful of non-state actors as well as experts in financial sectors, closing the door to states. Notably, the overwhelming market-based approach with legitimacy provided by the UNEP has been diffused without discussing states' wills and responsibilities, which are essential to state sovereignty.

As global environmental problems, climate change in particular, become more serious, advocates of the relevance of state sovereignty for global environmental governance are likely to be put to the test regardless of whether the UNEP recognizes this issue.

5 Sovereign State System and Arrest Warrants Issued by the International Criminal Court:

The Paradox of Executing Arrest Warrants against Incumbent Heads of State

Hiroshige Fujii

The International Criminal Court (ICC) issued an arrest warrant against President Vladimir Putin on suspicion of involvement in war crimes on March 17, 2023. It was the second time that the ICC has issued an arrest warrant against the head of state. Unlike the domestic judiciary, the ICC does not have an enforcement mechanism that would allow it to arrest the subject of an arrest warrant. Thus, the fact that an arrest warrant has been issued against the head of state carries weight and has repercussions far beyond the ICC and its Member States. Therefore, this paper will clarify why it is challenging for the ICC to enforce arrest warrants against heads of state under sovereign state regimes through a review of the practice of enforcement of arrest warrants by international criminal courts.

First, this paper began by identifying the actors involved in the International Criminal Tribunal for the former Yugoslavia (ICTY)'s enforcement of the arrest warrant against Slobodan Milošević as a precedent case of the execution of the arrest warrant. The political will to arrest Milošević and transfer him to The Hague emerged from the Federal Republic of Yugoslavia after the European Union and the United States combined sanctions with economic aid and diplomacy conditioned on cooperation with the ICTY.

Second, the issuance of the ICC arrest warrant against Bashir showed the current situation of the ICC, which differs from that of the ICTY. The UN does not respond substantively to cases of non-cooperation. However, the South African case revealed that if the national law of a state party guarantees cooperation with the ICC, it may execute an ICC arrest warrant under domestic due process.

Third, the study examined the limitations of the Assembly of State Parties (ASP) to the Rome Statute on enforcing arrest warrants. Although the ASP has emphasized dialogue with non-cooperating states, the number of member states that have accepted Bashir's visit and been certified as non-cooperative has continued to increase. The ASP was not a forum for specific discussions on the enforcement of arrest warrants, but rather a forum for countries found to be non-cooperating to express their dissatisfaction with the ICC.

In conclusion, this paper pointed out that the enforcement of ICC arrest warrants against heads of state can only be expected by chance because of the paradox in which diverse actors cannot share interests. The argument should be made that when the ICC issues an arrest warrant against a sitting head of state, he or she must resign his or her office. The ICC is a judicial body, but its strategic nature as an actor capable of engaging with the interests of the state is required to get out of the paradoxical situation.

6 How Middle- and Smaller-Power States Deal with the Expanding Legal Justifications for the Use of Force:

Their Use of the "Unwilling or Unable" Standard

Mayumi Shimura

In the collective security system based on the UN Charter, not only the UN Security Council veto powers ("major powers") but also other "middle- and smaller-power states" have actively been engaged in the debate over the scope of exceptions to the principle of non-use of force (Article 2 (4) of the Charter). The primary objective of this paper is to demonstrate that middle- and smaller-power states have been more actively utilizing the discourse legitimizing the use of force for themselves than previously suggested. The analytical focus is on the "unwilling or unable" (UoU) standard.

According to the UN Charter, only two exceptions exist to the principle of non-use of force: enforcement measures under Chapter VII, and collective or individual self-defense under Article 51. However, UN member states have not consistently shared a precise understanding of the specific scope of these provisions. Often, states engaging in military actions have repeatedly attempted expansive interpretations of the conditions for invoking self-defense or the Security Council resolutions regarding military enforcement measures to justify their actions. The UoU standard is the discourse utilized in both of these expansive interpretations.

Previous studies have frequently framed the UoU standard as a resurgence of the "standard of civilization" argument from the late 19th century. During that period, imperial powers labeled themselves as "civilized nations" and justified interference and colonial dominance over "non-civilized" regions. Understanding the primary focus of the UoU standard on legitimizing the use of force suggests an asymmetric and one-sided relationship between the intervening major powers and the intervened smaller-power states.

On the contrary, this paper argues that the agency of middle- and smaller-power states in utilizing the UoU standard is overlooked by the analogy above.

Through a comprehensive examination and analysis of UN Security Council documents, it reveals the historical context wherein states like Israel and South Africa (considered "middle-power states" due to their non-permanent status in the UN Security Council) invoked the UoU standard even before the United States during the Cold War.

Furthermore, this paper sheds light on the recent trend where targeted states (like Syria in 2012) or states opposing the use of force (like Cameroon opposing the use of force against Iraq in 2003) also utilize the UoU standard. These states emphasize the position of the targeted states as being "willing but unable" to fulfill international obligations as sovereign states. They utilize the UoU standard to legitimize their request for economic and military assistance from the international community to strengthen the targeted states' governance capabilities, rejecting external interventions not based on the targeted states' consent.

7 Adaptive Peacebuilding and the United Nations System:

With Case Studies of the Conflicts in Syria and Yemen

Ako Muto

Tsunetaka Tsuchiya

This paper analyses how the United Nations (UN) employed an adaptive peacebuilding approach to respond to protracted armed conflicts in Syria and Yemen. It demonstrates the potential for this approach to contribute to the UN's Sustaining Peace agenda, adopted by the resolutions of UN General Assembly and UN Security Council. An adaptive peacebuilding approach critically examines the so-called liberal peacebuilding approach as linear and deterministic. Viewing society as a complex system, it assumes that the desire for peace emerges from people affected by the conflict and suggests that peacebuilders must work together with local actors.

The current study draws on the framework developed from *Adaptive Peacebuilding: A New Approach to Sustaining Peace in the 21st Century*, edited by de Coning et al. (2023), and examines the UN's activities in Syria and Yemen. It found that in both cases, the UN has been unable to follow earlier pathways to peace, such as the deployment of peacekeeping operations followed by post-conflict peacebuilding activities and has instead implemented an adaptive peacebuilding approach.

The case study of Syria describes two UN programmes involving Syrians living inside and outside the country. Through one programme, the Office of the Special Envoy of the UN Secretary-General for Syria consulted with various participants of the programme to implement its inclusive peace process; in the other programme, participants developed policy alternatives in preparation for post-conflict state building. Furthermore, these programmes enabled the participants to connect with one another, despite the divisions caused by the conflict.

The case study of Yemen shows how different parties to the conflict and the Yemeni private sector worked proactively with the UN to transfer crude oil from an old tanker in danger of spilling over a million barrels of oil into the Red Sea. Several UN agencies were involved in the transfer process, providing expertise to avoid the risk of the oil spill. The Yemeni stakeholders trusted the UN agencies, and the successful oil transfer process contributed to preventing further exacerbation of the conflict.

In both cases, the UN's activities were flexible and responsive to local initiatives and respect the complex context of the conflicts. These experiences suggest that the UN can facilitate self-organisation in a social system through its various local actors' autonomous behaviour, which is a positive factor for sustaining peace. The paper concludes that an adaptive peacebuilding approach shows potential as a peacebuilding approach that the UN could adopt, even in protracted conflicts. However, empirical studies on the approach are limited, and continued efforts are needed to accumulate further research on the topic.

8 Negotiations between the Immigration Service Agency and the UNHCR in the Immigration Law Reform :

The Necessary Politics of a Non-Political UN Agency

Saburo Takizawa

Japan has long been criticized for its small number of refugee admissions, but the number of refugees accepted has increased significantly since 2021. In 2023 Japan introduced the system of "Complementary Protection" and in 2024, the number of refugees and persons under the Complementary Protection is predicted to be well over one thousand.

How have the Japanese government and UNHCR been involved in these changes? In what manner has UNHCR contributed to the changes? This paper draws on James Hollifield's "four policy drivers" model to identify factors, particularly pertaining to the UNHCR, that contributed to these positive changes, and from there explores the desirable relationship between a sovereign nation and UN organizations.

The case analysis reveals that for UNHCR to effectively fulfill its mandate, it needs to understand the challenges faced by the government, within the limitations of being an agent of states, to articulate its highest priority in Japan, and to find a politically acceptable compromise. Paradoxically, a "non-political" UN agency must have "political clout" to be effective and relevant.

9 Digital Metamorphosis of United Nations Documentation and Evolution of Research Tools

Kiyoshi Chiba

Public access to United Nations information materials has become much easier compared to the past. Nowadays, with a device connected to the internet, be it a computer or a mobile phone, we can easily obtain them by accessing the UN website. In recent years, many UN webpages have become rich in contents and useful databases have been developed to be made openly available. And when we need to conduct interdisciplinary search on UN documents, the use of UN digital tools designed for that purpose is recommended as it could produce better results. Some researchers may not be familiar with the digital searches, but the time and energy required to invest in getting used to such tools are not so big.

In this paper, we first look back at how researchers in Japan obtained UN materials when they were only available in print. Those days, crucial locations for researchers were the UN Depository Libraries. UN Documents, UN Official Records, and UN Publications were sent there from the UN and made available for public use. The UN Information Center in Tokyo also had a reference room where unofficial materials, such as press releases for the media, were also sent by the UN, attracting many researchers.

After delving into the arduous efforts of researchers in the era of print publications, this paper provides an overview of the digital transformation of

UN documents and the technological development of search tools. The UN website was launched in 1995. And UN documents were digitized, published online, and became easily accessible to everyone. Then, with the rise of civil society and demands for transparency in the UN, public voices advocating for expanded access to UN documents grew louder. Consequently, a wide range of UN documents were gradually made public, and specialized digital tools were developed. And the Official Document System (ODS), initially a paid service, became completely free in 2004 and has since then been widely used as a UN document search tool. The UN Bibliographic Information System (UNBIS-net) was also launched in 2000. After it was discontinued in 2019, its content was integrated into the newly launched UN Digital Library in 2017.

The UN Digital Library is a freely accessible tool created to serve people worldwide, providing user-friendly access to a diverse range of documents. It allows users to explore documents, publications, voting data from UN Member States, and records of speeches by individuals and countries. Finally, this paper dedicates space to a detailed explanation of how to use the UN Digital Library, covering Simple Search, Faceting, and Advanced Search in that order.

10 The Way Forward of Japan's Human Rights Diplomacy

Hiroki Matsui

Human rights emerged as a full-fledged issue on Japan's diplomatic agenda at the World Conference on Human Rights held in Vienna in 1993. Since then, Japan's human rights diplomacy has emphasized a pragmatic approach to improve the actual human rights situation, in combination with "dialogue," "cooperation," and "clear indication of intent." These three elements continue to be the basic stance of "Japan's unique human rights diplomacy."

However, against the backdrop of a changing balance of power and intensifying geopolitical competition in recent years, Japan's human rights diplomacy has come to require more strategic decisions than ever before. In addition, as the concept of "business and human rights" becomes globally widespread and the legal systems to eliminate forced labor in supply chains have developed particularly in Western countries, human rights are now a crucial factor in decisions for Japanese business enterprises. These changes have rapidly raised awareness of Japan's human rights diplomacy since 2021.

Human rights diplomacy is the practice of optimizing the national interests with the constraint of the two extremes of emphasizing the universal value of human rights and allowing the political use and arbitrary application of human rights while taking into account constantly changing political and economic conditions. For agreeing with more countries on initiatives to protect and promote human rights, it is important for a country to explain to the public and the international community how to link the securing of international human rights with the securing of its national interests by appropriately positioning the protection and promotion of international human rights within its security and economic policies.

The concepts such as "human security," "a free and open Indo-Pacific," and "business and human rights" serve as narratives that position the universality of human rights within foreign policy and responsible business conduct. This makes it easier for actions with the universal objective of international human rights protection to be consistent with actions taken by states and enterprises for the discrete purpose of pursuing political and economic interests.

The recent changes in the political and economic climate require Japan to review the way of human rights diplomacy. The key is a further proactive approach that includes active engagement with other countries on their human rights situations taking advantage of such narratives while maintaining the pragmatic approach based on "dialogue" and "cooperation."

This paper will briefly review the history of Japan's human rights diplomacy and explore what Japan should keep and what it should change. Furthermore, this paper will consider what kind of initiatives Japan's human rights diplomacy should promote in the future, taking three examples: the human rights situation in Cambodia, the rights of indigenous peoples, and business and human rights.

編集後記

第25号は、特集論文、独立論文、政策レビュー、書評のほか、ACUNS研究大会と東アジアセミナーからの報告を掲載いたしました。前号よりもボリュームが増しております。御論考をお寄せいただいた会員の皆様に感謝申し上げます。また、投稿論文を査読してくださった先生方もありがとうございました。

2023年は、ウクライナで戦争が継続し、パレスチナでも紛争が激化するなど、世界各地で戦争・紛争が続き、国連の役割が改めて問われました。また、今年はアメリカで大統領選挙があり、その結果に国連も振り回されることになりそうです。主権国家体制と国連の関係は、古くからある問題ですが、その考察の重要性は変わらないものです。本号がその一助となれば幸いです。

最後になりましたが、今号も無事に出版できましたのは、国際書院の石井彰社長の本学会への変わらぬご理解とご協力のおかげです。改めて感謝申し上げます。そして、現編集委員の皆様の変わらぬ力強いご助力があって本号は完成いたしました。ありがとうございました。　　　　　（杉浦功一　文教大学）

今号では、特集論文および政策レビューセクションを担当いたしました。ご寄稿いただいた先生方には、素晴らしいご論稿をお寄せいただき、心より御礼申し上げます。主権国家体制は依然として強固であり、国連もその制度を基盤とした国際機構ではありますが、違った角度から見れば変化の兆しが確かに存在しています。また、議論の基盤となる国連文書の役割・検索方法を整理した論考も掲載することができました。このように、『国連研究』が国連の継続と変化を捉える議論を喚起する契機となることを強く期待しています。今号の編集過程においても、杉浦編集主任および他編集委員の先生方との議論から学ぶことが多くございました。感謝申し上げます。　　　　（赤星聖　神戸大学）

　今号では、特集論文を担当しました。今もなお世界各地で頻発する武力紛争や今日的な課題に対し、1945 年に創設された国連が現在どのような役割を果たせるのか、考察を深める良い機会となりました。ご多忙にもかかわらず執筆をお引き受けくださった先生方、杉浦編集主任及び編集委員の皆様、ならびに国連学会会員の皆様に、心から感謝と御礼を申し上げます。今後も会員の皆様からのより多くの投稿希望をいただけるよう、また『国連研究』がより活発な学術的議論の場となるよう尽力していきたく存じます。

（吉村祥子　関西学院大学）

　今号では、投稿論文と独立論文を担当しました。編集担当を通じて、改めて主権国家体制と国連の関係性について考えさせられることになりました。国連安保理による武力行使当化論が、大国のみならず中小国にも能動的に利用されているという実態を突き付けられ、武力行使が単なるパワー・ポリティクスでは捉えられず、そのあり方について問い直す必要性を感じました。また国連の平和構築活動が紛争当事国の主体性を踏まえて展開された事例は、主権国家体制の堅固さを浮き彫りにし、今後の国連活動の方向性と課題を示唆するものでした。ご多忙な中、査読をお引き受けくださった先生方、杉浦編集主任を始めとする編集委員の皆様に、心から感謝と御礼を申し上げます。

（小川裕子　東海大学）

　今号では特集論文と政策レビューのセクションを担当いたしました。ご多忙の中、ご執筆を快諾して下さいました先生方に深く感謝申し上げます。担当した 2 本の論考に共通して「パラドックス」「逆説」という言葉が使われていたことが強く印象に残りました。今号にも杉浦編集主任を始め編集委員の皆様のお力添えを頂きつつ、特集の趣旨に沿ったご論考を無事掲載することができました。心より御礼申し上げます。　　　　　　（柳生一成　広島修道大学）

　今号では書評を担当しました。ご多忙のなか、執筆をお引き受けくださった先生方に心より御礼を申し上げます。著者と評者の対話から、名著の理解を深

めるとともに、多くを学ぶことができました。編集主任の杉浦功一先生には大変お世話になりました。この場を借りて感謝を申し上げます。

（菅原絵美　大阪経済法科大学）

＊セクション担当順

〈執筆者一覧〉掲載順 ＊所属および職位は 2024 年 4 月時点のもの。

本多　美樹（ほんだ・みき）

法政大学法学部国際政治学科教授

専門は、国際関係論、国際機構論、国連研究。

近 著 に、"Japan: COVID-19 and the Vulnerable," in *Covid-19 and Atrocity Prevention in East Asia*, eds. M. Caballero-Anthony and N. M. Morada（Routledge, 2022）, pp.136-156、共編著『「非伝統的安全保障」によるアジアの平和構築：共通の危機・脅威に向けた国際協力は可能か』（明石書店、2021 年）、"'Smart Sanctions' by the UN and financial sanctions," in *United Nations Financial Sanction*, ed. Sachiko Yoshimura（Routledge, 2021）, pp.18-33 な ど がある。

清水　奈名子（しみず・ななこ）

宇都宮大学国際学部国際学科教授

専門は、国際法、国際機構論、国際関係論。

主な論文・著書に、『冷戦後国連安全保障体制と文民の保護』（日本経済評論社、2011 年）、「国連体制が目指す安全保障とは—安全保障理事会の実行から見る変化の軌跡—」『法律時報』第 86 巻第 10 号（2014 年 9 月）72-77 頁、片柳真理・坂本一也・清水奈名子・望月康恵『平和構築と個人の権利－救済の国際法試論』（広島大学出版会、2022 年）、髙橋若菜・藤川賢・清水奈名子・関礼子・小池由佳『奪われたくらし—原発被害の検証と共感共苦』（日本経済評論社、2022 年）、などがある。

山根　達郎（やまね・たつお）

広島大学大学院人間社会科学研究科准教授

専門は、国際関係論、平和と紛争研究。

主な論文・著書に、「AU・EU サミットに見るアフリカ安全保障—『EU 研究』

と『AU 研究』の視角から」中内政貴・田中慎吾（編著）『外交・安全保障政策から読む欧州統合』（大阪大学出版会、2023 年）、119-148 頁、"Hiroshima's Ongoing Peacebuilding and Beyond: How Does This Local Initiative Seek to Extend to World Peace?" *War & Society*, Vol.43, No.1, 2024, pp.26-43、「AU・国連及び AU・EU 間の政策連携の現在地－アフリカの紛争対応をめぐる課題」『広島平和研究』第 11 号（2024 年）、115-131 頁などがある。

渡邉　智明（わたなべ・ともあき）
福岡工業大学社会環境学部社会環境学科教授
専門は、国際関係論、地球環境問題、プライヴェート・ガバナンス。
主な論文・著書に、『有害廃棄物に関するグローバル・ガヴァナンスの研究―政策アイディアから見たバーゼル条約とその制度的連関』（国際書院、2022 年）、「地域機構」西谷真規子・山田高敬編『新時代のグローバル・ガバナンス論―制度・過程・行為主体』（ミネルヴァ書房、2021 年）、30-43 頁、"FSC as a social standard for conservation and the sustainable use of forests: FSC legitimation strategy in competition," in *International development and the Environment*, eds. Hori Shiro et al. (Springer, 2020), pp. 56-67 などがある。

藤井　広重（ふじい・ひろしげ）
宇都宮大学国際学部准教授
専門は、国際法、アフリカ政治、紛争と平和構築。
主な論文に、「国際刑事裁判所による司法介入とケニアの司法制度改革―ケニアでの不処罰終止に向けられた内と外の論理の変容」『国際政治』第 210 号（2023 年）79-94 頁、「国際刑事法と難民法をめぐる課題に対する一考察―国際刑事裁判所による証人保護と難民条約除外条項の適用をめぐる分析を通して」『難民研究ジャーナル』第 12 号（2023 年）74-85 頁、「国際刑事裁判所をめぐるアフリカ連合の対外政策の変容―アフリカの一体性と司法化の進捗からの考察」『平和研究』第 57 号（2021 年）137-165 頁（第 16 回社会倫理研究奨励賞受賞論文）がある。

志村　真弓（しむら・まゆみ）

立命館大学グローバル教養学部准教授

専門は、国際関係論、国際政治学、平和研究。

主な論文に、「『保護する責任』言説をめぐる行動基準論争——補完性原則と必要性原則の政治学的分析」『国際政治』176 号（2014 年）57-69 頁、「『保護する責任』を果たす意思と能力——シリア人道危機に直面する国際社会」『平和研究』47 号（2016 年）105-121 頁、「対リビア武力行使の国際法の根拠の変化と多重化——「住民保護」から「テロ掃討」へ」『平和研究』第 61 号（2024 年）81-105 頁がある。

武藤　亜子（むとう・あこ）

JICA 緒方貞子平和開発研究所専任研究員／立教大学特任教授

専門は、平和構築、人間の安全保障、中東地域研究、ジェンダー。

主 な 著 書 に "The Challenges and Effects of Externally Driven and Locally Driven Peacebuilding Approaches in a Complex Context: A Case Study of the Syrian Conflict," in Cedric de Coning, Rui Saraiva and Ako Muto eds., *Adaptive Peacebuilding: A New Approach to Sustaining Peace in the 21st Century*, Cham: Palgrave Macmillan. 2023. pp. 179-206、武藤亜子・杉谷幸太・竹内海人・大山伸明、「人間の安全保障研究の歩み— JICA 緒方貞子平和開発研究所の取り組みを中心に—」、JICA 緒方研究所レポート『今日の人間の安全保障』Vol.1、2022、pp. 22-43、などがある。

槌谷　恒孝（つちや・つねたか）

神奈川大学法学部特任講師 /JICA 緒方貞子平和開発研究所非常勤研究助手

専門は、平和構築、人間の安全保障、国連研究。

民間、JICA アフリカ部特別嘱託、企画調査員等を経て UNDP においてコンゴ民主共和国、中央アフリカ共和国、イエメン共和国の 3 か国で 10 年間平和構築・紛争予防に従事。最終ポストは UNDP イエメン共和国事務所平和事業支援チームリーダー。紛争分析報告書作成や平和事業支援戦略文書策定を統括。

2023 年 5 月より JICA 緒方貞子平和開発研究所において平和構築・人道支援領域の研究支援を担当。

滝澤　三郎（たきざわ・さぶろう）
東洋英和女学院大学名誉教授、元 UNHCR 駐日代表
専門は、移民難民問題、日本の難民政策、国際機構論、国際関係論。
主な著作に「転機を迎えた日本の難民政策と日本人の対難民意識の変遷」（政治社会論集第 8 号 2024 年）、「変わりゆく日本の難民政策〜補完的保護の理論の背景を探る」（多文化共生研究年報第 20 号 2023 年）、「日本の難民政策の最近の変化と課題」（滝澤三郎・山田満編著『難民を知るための基礎知識』明石書店 2023 年）など。監修書にアレクサンダー・ベッツ＆ポール・コリア著、岡部みどり・佐藤安信・杉木明子・山田満監訳「難民〜行き詰まる国際難民制度を超えて」（明石書店 2023 年）など。

千葉　潔（ちば・きよし）
法政大学大学院政治学研究科国際政治学専攻
専門は、国連情報、国連研究、SDGs、国際機構論。
主な著作に、「持続可能な開発目標（SDGs）と図書館」『図書館雑誌』Vol.115, No.4（2021 年 4 月）、200-203 頁、「SDGs はみんなの目標です」『ノーマライゼーション　障害者の福祉』（2017 年 6 月号）、10-14 頁、「ハイレベル政治フォーラム（HLPF）をご存知ですか HLPF x SDGs x 日本」UNIC ブログ（2018 年 10 月 27 日）などがある。

松井　宏樹（まつい・ひろき）
外務省総合外交政策局人権人道課企画官

千知岩　正継（ちぢいわ・まさつぐ）
宮崎産業経営大学法学部准教授
専門は、国際関係論、国際機構論。

主な論文に、「カナダ – R2P の『助産師』から『改良主義的実践者』へ」西海洋志・中内政貴・中村長史・小松志朗（編）『地域から読み解く「保護する責任」—普遍的な理念の多様な実践に向けて』（聖学院大学出版会、2023 年）、「『保護する責任』を司るグローバル権威の正当性—国連安保理と民主主義国協調」『国際政治』第 171 号（2013 年）114-128 頁などがある。

西海　洋志（にしかい・ひろし）
横浜市立大学国際教養学部准教授

専門は、国際政治思想。

主な著書・論文に、共編著『地域から読み解く「保護する責任」—普遍的な理念の多様な実践に向けて』（聖学院大学出版会、2023 年）、単著『保護する責任と国際政治思想』（国際書院、2021 年）、「後期近代における時間—技術（テクノロジー）と社会的加速への問い」高橋良輔・山崎望（編）『時政学への挑戦—政治研究の時間論的転回』（ミネルヴァ書房、2021 年）、233-254 頁などがある。

坂根　徹（さかね・とおる）
法政大学法学部教授

専門は、国際行政、国際公共政策、国連システムの調達行政・行財政。

主な著書・論文に、福田耕治・坂根徹『国際行政の新展開：国連・EU と SDGs のグローバル・ガバナンス』（法律文化社、2020 年）、"Public Procurement in the United Nations System", in Khi V. Thai ed., International Handbook of Public Procurement (Taylor and Francis, 2008)、そして『国連研究』には単著論文として、「国連システム諸機関の財政の変容—加盟国からの財政収入に焦点を当てた分析」（第 20 号、2019 年に所収）、「国連 PKO の財政支出構造と政府・企業からの調達」（第 13 号、2012 年に所収）、「国連システムにおける調達行政の意義と企業・NGO の役割」（第 10 号、2009 年に所収）がある。

大平　剛（おおひら・つよし）

北九州市立大学外国語学部教授

専門は、国際協力論。

主な著書・論文に、『国連開発援助の変容と国際政治　UNDP の 40 年』（有信堂高文社、2008 年）、「SDGs にみる人間中心型開発思考からの脱却」『国連研究』第 20 号（国際書院、2019 年）59-79 頁、「新興開発パートナーと国際開発レジーム」『国際政治』第 183 号（2016 年 3 月）102-115 頁などがある。

川口　智恵（かわぐち・ちぐみ）

東洋学園大学グローバル・コミュニケーション学部准教授

専門は、国際政治、政策研究、平和構築。

主 な 著 書・論 文 に、"Why GBV Survivors Cannot Seek Help: The Case of South Sudanese Refugees in Uganda" in *Risks, Identity and Conflict: Theoretical Perspectives and Case Studies*, eds. Steven Ratuva, Hamdy A. Hassan & Radomir Compel（Springer Nature, 2021）、井上実佳・川口智恵・田中（坂部）有佳子・山本慎一（編著）『国際平和活動の理論と実践－南スーダンにおける試練』（法律文化社、2020 年）、Atsushi Hanatani, Oscar A. Gomez & Chigumi Kawaguchi, *Crisis Management Beyond the Humanitarian-Development Nexus*（Routledge, 2018）などがある。

玉井　雅隆（たまい・まさたか）

秋田大学国際資源学研究科教授

専門は、国際政治学、紛争予防論、マイノリティ論。

主な著書に、『欧州安全保障協力機構（OSCE）の多角的分析―「ウィーンの東」と「ウィーンの西」の相克』（志学社、2021 年）、庄司真理子・宮脇昇・玉井雅隆（編著）『（改訂第 2 版）新グローバル公共政策』（晃洋書房、2021 年）、山本武彦・玉井雅隆編『国際組織・国際制度』（志学社、2017 年）、『CSCE 少数民族高等弁務官と平和創造』（国際書院、2014 年）などがある。

（『国連研究』第 25 号）

主権国家体制と国連

編者　日本国際連合学会

2024 年 6 月 30 日初版第 1 刷発行

・発行者——石井　彰　　　　　　・発行所＿＿＿＿＿＿

印刷・製本／モリモト印刷株式会社

© 2024 by The Japan Association
　　for United Nations Studies

定価（本体 3,200 円＋税）

ISBN978-4-87791-329-8 C3032 Printed in Japan

KOKUSAI SHOIN Co., Ltd.
3-32-5, HONGO, BUNKYO-KU, TOKYO, JAPAN.

株式会社 **国際書院**
〒113-0033 東京都文京区本郷 3-32-6 ハイヴ本郷 1001
TEL 03-5684-5803　　FAX 03-5684-2610
E メール：kokusai@aa.bcom. ne.jp
http://www.kokusai-shoin.co.jp

横田洋三編著

国際機構入門

マスコミで報道される国際社会で起こる国際機構が関連した事件を理解する上で必要とされる基本的な枠組みと基礎的な知識を平易に解説する。法・政治・経済の視点から国際社会をとらえ直す機会を本書によって得られるものと思われる。

906319-81-5　C1032　　　　　A5判　279頁　2,800円　　　　　　　　　　(1999.8)

カタリナ・トマチェフスキー（宮崎繁樹／久保田洋監訳）

開発援助と人権

開発援助と人権の繋がりを検討し、人権問題は、援助国の履行状況評価のためだけでなく、開発援助の全過程で、開発援助の周辺からその中枢へと格上げされるべきことを主張。普遍的人権基準の承認と遵守義務を説く。

906319-28-9　C1031　　　　　A5判　287頁　3,107円　　　　　　　　　　(1992.11)

山本武彦／藤原保信／ケリー・ケネディ・クオモ編

国際化と人権
―国際化時代における世界人権体制の創造をめざして

世界的な人権状況の過去と現在を検証し、人権の国際化に最も遅れた国＝日本の人権状況との対照を通じて、人権の保障と擁護のための「世界人権体制」とも呼ぶべき制度の構築の可能性を問い、日本の果たすべき主体的割合を考える。

906319-52-1　C1031　　　　　A5判　259頁　3,107円　　　　　　　　　　(1994.9)

桑原輝路

海洋国際法　(絶版)

海洋国際法の基本書。海洋国際法の法典化、海洋の区分と分類、沿岸国の領域管轄権の及ぶ海洋、沿岸国の領域管轄の及ばない海の各分野を簡潔に叙述している。図で、海洋の区分と分類、直線基線、公海などが示される理解を助けている。(1992.3)

906319-23-8　C1032　　　　　四六判　219頁　2,136円

ディヴィド・エドワード／ロバート・レイン（庄司克宏訳）

EU法の手引き

各章が簡潔で選び抜かれた言葉遣いで説明された、質の高いEU法入門書。詳細な判例、各国裁判所の判決を含んだ参照文献を項目ごとに参照することにより、読者はEU法の核心に直接ふれることができる。

906319-77-7　C1032　　　　　A5判　287頁　3,200円　　　　　　　　　　(1998.1)

明石　康監訳久保田有香編訳

21世紀の国連における日本の役割

マヤムード・カレム／プリンストン・ライマン／ロスタン・メイディ／大島賢三／高橋一生／ヨゲシュ・クマール・チャギ／カレル・ゼブラコフスキーの提言に耳を傾けてみたい。

87791-119-7　C1032　　　　　四六判　121頁　1,500円　　　　　　　　　　(2002.12)

明石　康監修、久保田有香／ステファン・T・ヘッセ校閲

英語版・21世紀の国連における日本の役割

国連論を世界的視野で討論し、その中での日本論を展開しつつ、専門家のパネリストの発言から学問的にもまた政策的にも多くの重要な論点が提示された。本書を日本語版に留めておかず、英語版として刊行した由縁である。

87791-128-6　C1032　　　　　A5判　144頁　2,000円　　　　　　　　　　(2003.9)

勝野正恒／二村克彦

国連再生と日本外交

国際の平和と安全、開発途上国の経済開発、国連の財政基盤の整備など重要分野で、現状を改善し国連を立て直して行く上で、我が国が果たすべき役割を国連幹部としての経験を生かして提言する。

87791-102-2　C1031　　　　　A5判　201頁　2,400円　　　　　　　　　　(2000.6)

渡部茂己

国際機構の機能と組織 (絶版)
―新しい世界秩序を構築するために

冷戦締結後の国連の機能の重視と基本的人権擁護の視点から国際社会で必要とされる国際機構の機能と組織を考察する。国際機構について、一般的機能、一般的組織、個別的機能、個別的組織を論じ、新しい世界秩序の構築を展望する。

906319-51-3　C1032　　　　　A5判　261頁　2,874円　　　　　　　　　　(1994.2)

渡部茂己

国際機構の機能と組織[第二版]
―新しい世界秩序を構築するために

906319-76-9　C1032　　　　　　A5判　281頁　3,200円

第二版では、略語表及び国連平和維持活動表を付けて教材としても使いやすくなっている。今日の国際社会で「必要」であり、対応「可能」な国際機構の役割を検討し、21世紀以降を眺望する長期的展望を描く。　　　　　　　　　　　　　（1997.7）

松隈　潤

国際機構と法

87791-142-1　C1032　　　　　　A5判　161頁　2,000円

国連に関してはイラク問題を素材とし、人道問題、武力行使、経済制裁などを包括的に検討する。EUについては、ECとEUの関係、防衛問題などを取り上げ、それらが国際法の発展に与えた影響を追究する。　　　　　　　　　　　　　（2005.2）

松隈　潤

人間の安全保障と国際機構

87791-176-8　C1032　　　　　　A5判　187頁　2,000円

人間の安全保障をキー・ワードとして、平和構築・人権保障・開発など国際社会におけるさまざまな課題に対処している国際機構の活動とそれらをめぐる法的、政治的諸問題について解明を試みた。　　　　　　　　　　　　　（2008.2）

渡部茂己編

国際人権法

87791-194-2　C3032　　　　　　A5判　289頁　2,800円

第1部で国際的な人権保護のメカニズムを、歴史、国連システム、普遍的人権条約、地域的人権条約の視点から整理し、第2部では「開発と人権」まで踏み込んで人権の具体的内容を解説した入門書である。　　　　　　　　　　　　　（2009.6）

大谷良雄編

共通利益概念と国際法

906319-42-4　C3032　　　　　　A5判　401頁　3,689円

国家主権、国際機構、国際法定立の新しい動向、国家の国際犯罪、宇宙開発、領域管轄権、国際法上の不承認、国際機構の特権及び免除、持続可能な開発、個人データの国際流通などから「共通利益」概念に接近する。　　　　　　　　（1993.11）

中川淳司

資源国有化紛争の法過程
―新たな関係を築くために

906319-15-7　C3032　　　　　　A5判　328頁　4,800円

途上国の資源開発部門における外国民間直接投資を素材として、南北間で展開される私的経済活動に対する国際法の規制の実態を明らかにする。当事者の法論争過程を跡づけながら、南北格差の是正に向けての国際法の今日的役割を示す。　　　　　　　　　　　　　（1990.8）

丸山珠里

反乱と国家責任
―国家責任論における行為の国家への帰属に関する一考察

906319-36-×　C3032　　　　　　A5判　331頁　7,767円

国際法上の国家責任の成立要件としての「行為の国家への帰属」の法理に関する国際慣習法の現段階での成熟度を考察する。「反乱」における国際判例・法典化草案を検討し、併せて「国家責任条文草案」の妥当性を考察する。　　　　　　　　（1992.11）

松田幹夫編

流動する国際関係の法
―寺澤一先生古稀記念

906319-71-8　C3032　　　　　　A5判　301頁　3,800円

現代国際法の課題を様々な角度から追求する。対日平和条約と「国連の安全保障」、国際法規の形成と国内管轄の概念、条約に基づく国内法の調和、国際裁判における事実認定と証拠法理、制限免除主義の確立過程、自決権の再考その他。　　　　　　　　　　　　　（1997.5）

横田洋三

国際機構の法構造

87791-109-×　C3032　　　　　　A5判　467頁　5,800円

国際機構に関する一般的理論的論文、国際機構の内部法秩序に関する論文、国際金融機関の法構造に関する論文さらに国際機構と地球的課題に関する論文など国際機構の法構造に関する筆者年来の研究の軌跡を集大成。　　　　　　　　（2001.3）

横田洋三編

国連による平和と安全の維持
―解説と資料

87791-094-8　C3032　　　　　　　A5判　841頁　8,000円

本書は、国連による国際の平和と安全の維持の分野の活動を事例ごとに整理した資料集である。地域ごとに年代順に事例を取り上げ、①解説と地図、②資料一覧、③安保理などの主要資料の重要部分の翻訳を載せた。　　　　　　　　　　　　（2000.2）

横田洋三編

国連による平和と安全の維持
―解説と資料　第二巻

87791-166-9　C3032　　　　　　　A5判　861頁　10,000円

本巻は、見直しを迫られている国連の活動の展開を、1997年以降2004年末までを扱い、前巻同様の解説・資料と併せて重要文書の抄訳も掲載し、この分野における全体像を理解できるように配慮した。　　　　　　　　　　　　　　　（2007.2）

秋月弘子

国連法序説
―国連総会の自立的補助機関の法主体性に関する研究

906319-86-6　C3032　　　　　　　A5判　233頁　3,200円

国連開発計画、国連難民高等弁務官事務所、国連児童基金を対象として国連という具体的な国際機構の補助機関が締結する「国際的な合意文書」の法的性格を考察することによって、補助機関の法主体性を検討する。　　　　　　　　（1998.3）

桐山孝信／杉島正秋／船尾章子編

転換期国際法の構造と機能

87791-093-X　C3032　　　　　　　A5判　601頁　8,000円

［石本泰雄先生古稀記念論文集］地球社会が直面している具体的諸課題に即して国際秩序転換の諸相を構造と機能の両面から分析する。今後の国際秩序の方向の学問的展望を通じて現代日本の国際関係研究の水準を次の世紀に示す。　（2000.5）

関野昭一

国際司法制度形成史論序説
―我が国の外交文書から見たハーグ国際司法裁判所の創設と日本の投影

87791-096-4　C3032　　　　　　　A5判　375頁　4,800円

常設国際司法裁判所の創設に際しての我が国の対応を外交文書・関連資料に基づいて検討し、常設国際司法裁判所が欧米的「地域」国際裁判所に陥ることから救い、裁判所に「地域的普遍性」を付与したことを本書は明らかにする。　（2000.3）

横田洋三／山村恒雄編著

現代国際法と国連・人権・裁判

87791-123-5　C3032　　　　　　　A5判　533頁　10,000円

［波多野里望先生古稀記念論文集］「法による支配」を目指す現代国際法は21世紀に入り、危機に直面しているとともに新たなる理論的飛躍を求められている。本書は国際機構、人権、裁判の角度からの力作論文集である。　　　　（2003.5）

秋月弘子・中谷和弘・西海真樹　編

人類の道しるべとしての国際法
［平和、自由、繁栄をめざして］

87791-221-5　C3032　　　　　　　A5判　703頁　10,000円

［横田洋三先生古稀記念論文集］地球共同体・人権の普遍性・正義・予防原則といった国際人権法、国際安全保障法、国際経済法、国際環境法などの国際法理論の新しい潮流を探り、21世紀国際法を展望する。　　　　　　　　　（2011.10）

小澤　藍

難民保護の制度化に向けて

87791-237-6　C3031　　　¥5600E　A5判　405頁　5,600円

難民保護の国際規範の形成・拡大とりわけOSCEおよびUNHCRの協力、EUの難民庇護レジームの形成・発展を跡付け、難民保護の営為が政府なき世界政治における秩序形成の一環であることを示唆する。　　　　　　　　　（2012.10）

掛江朋子

武力不行使原則の射程
―人道目的の武力行使の観点から

87791-239-0　C3032　　　　　　　A5判　293頁　4,600円

違法だが正当言説、妥当基盤の変容、国連集団安全保障制度、「保護する責任論」、2005年世界サミット、安保理の作業方法、学説などの分析を通して、人道目的の武力行使概念の精緻化を追究する。　　　　　　　　　　　（2012.11）

東　壽太郎・松田幹夫編

国際社会における法と裁判

87791-263-5　C1032　　　　　　A5判　325頁　2,800円

尖閣諸島・竹島・北方領土問題などわが国を取り巻く諸課題解決に向けて、国際法に基づいた国際裁判は避けて通れない事態を迎えている。組織・機能・実際の判決例を示し、国際裁判の基本的知識を提供する。
(2014.11)

渡部茂己・望月康恵編著

国際機構論［総合編］

87791-271-0　C1032　　　　　　A5判　331頁　2,800円

「総合編」、「活動編」「資料編」の3冊本として順次出版予定。「総合編」としての本書は、歴史的形成と発展、国際機構と国家の関係、国際機構の内部構成、国際機構の使命など第一線で活躍している専門家が詳説。
(2015.10)

吉村祥子・望月康恵編著

国際機構論［活動編］

87791-305-2　C3032　¥3200E　　A5判　321頁　3,200円

国際機構論における「総合編」「活動編」「資料編」の第2巻に当たる本書[活動編]では安全保障、軍縮、人権、国際協力、経済、環境、文化、交通通信など各分野の活動を取り上げ国際機構の今日的役割を明らかにする。
(2020.7)

松隈　潤

地球共同体の国際法

87791-294-9　C1032　¥2000E　　A5判　193頁　2,000円

「地球共同体の価値・利益」を保護する法の発展という現象に着目し、国際法の履行確保に関し国際機構論などの先行研究に依拠しつつ、各分野の「課題の所在」を確認し、「地球共同体の国際法」の可能性を追う。
(2018.9)

横田洋三・大谷　實・坂元茂樹監修

世界人権宣言の今日的意義
―世界人権宣言採択70周年記念フォーラムの記録―

87791-298-7　C3032　¥1200E　　四六判　169頁　1,200円

世界人権宣言の法的側面からの議論を通して世界人権宣言の現代社会における意義および役割を考える。21世紀国際社会における人類のゆくへをみる上で個人の尊厳を今こそわたしたちが真摯に問う時だ。
(2019.8)

安藤貴世

国際テロリズムに対する法的規制の構造
テロリズム防止関連諸条件における裁判管轄権の検討

87791-303-8　C3032　¥6200E　　A5判　415頁　6,200円

今日まで19を数えるテロリズム防止関連諸条約を通して裁判管轄権規定の成立過程を描き出すことにより、国際テロリズムの処罰の法構造がどのように形成されてきたかを明らかにし今後の法的展望を示唆する。
(2020.4)

真嶋麻子

UNDPガバナンスの変容
―ラテンアメリカにおける現地化政策の実践から

87791-319-9　C3032　¥4500E　　A5判　279頁　4,500円

途上国の持つ資源の取り込みによっておこなわれる開発業務の現地化政策は国際機構としてのUNDPと途上国との接点を拡大させ、UNDPガバナンスを変容させる。チリ、アルゼンチン、グアテマラの活動を通して探る。
(2023.3)

波多野里望／松田幹夫編著

国際司法裁判所
―判決と意見第1巻（1946-63年）

906319-90-4　C3032　　　　　　A5判　487頁　6,400円

第1部判決、第2部勧告的意見の構成は第2巻と変わらず、付託事件リストから削除された事件についても裁判所年鑑や当事国の提出書類などを参考にして事件概要が分かるように記述されている。
(1999.2)

波多野里望／尾崎重義編著

国際司法裁判所
―判決と意見第2巻（1964-93年）

906319-65-7　C3032　　　　　　A5判　561頁　6,214円

判決及び勧告的意見の主文の紹介に主眼を置き、反対意見や分離（個別）意見は、必要に応じて言及する。事件概要、事実・判決・研究として各々の事件を紹介する。巻末に事件別裁判官名簿、総名簿を載せ読者の便宜を図る。
(1996.2)

波多野里望／廣部和也編著

国際司法裁判所
―判決と意見第3巻（1994-2004年）

87791-167-6　C3032　　　　　　A5判　621頁　8,000円

第二巻を承けて2004年までの判決および意見を集約し、解説を加えた。事件概要・事実・判決・主文・研究・参考文献という叙述はこれまでの形式を踏襲し、索引もまた読者の理解を助ける努力が施されている。　　　　　　　　　　　（2007.2）

横田洋三／廣部和也編著

国際司法裁判所
―判決と意見第4巻（2005-2010年）

87791-276-5　C3032　　　　　　A5判　519頁　6,000円

1999年刊行を開始し、いまや国際法研究者必読の書として親しまれている。第4巻は2005-2010年までの国際司法裁判所の判決および勧告の意見を取上げ、事件概要・事実・判決・研究を紹介する　　　　　　　　　　　　　　　　　（2016.8）

横田洋三／東壽太郎／森喜憲編著

国際司法裁判所
―判決と意見第5巻

87791-286-4　C3032　　　　　　A5判　539頁　6,000円

本書は2011-2016年までの国際司法裁判所が出した判決と勧告的意見の要約および開設を収録している。判決・勧告的意見の本文の紹介を主な目的とし、反対意見・分離意見は必要に応じて「研究」で言及した。　　　　　　　　　　　（2018.1）

横田洋三訳・編

国際社会における法の支配と市民生活

87791-182-9　C1032　　　　　　四六判　131頁　1,400円

[ifUNNレクチャー・シリーズ①]　東京の国際連合大学でおこなわれたシンポジウム「より良い世界に向かって－国際社会と法の支配」の記録である。本書は国際法、国際司法裁判所が市民の日常生活に深いかかわりがあることを知る機会を提供する。　　　　　　　　　　　（2008.3）

内田孟男編

平和と開発のための教育
―アジアの視点から

87791-205-5　C1032　　　　　　A5判　155頁　1,400円

[ifUNNレクチャー・シリーズ②]　地球規模の課題を調査研究、世界に提言し、それに携わる若い人材の育成に尽力する国連大学の活動を支援する国連大学協力会（jfUNU）のレクチャー・シリーズ②はアジアの視点からの「平和と開発のための教育」　　　　　　　　　　　　　（2010.2）

井村秀文編

資源としての生物多様性

87791-211-6　C1032　　　　　　A5判　181頁　1,400円

[ifUNNレクチャー・シリーズ③]　気候変動枠組み条約との関連を視野にいれた「遺伝資源としての生物多様性」をさまざまな角度から論じており、地球の生態から人類が学ぶことの広さおよび深さを知らされる。　　　　　　　　　（2010.8）

加来恒壽編

グローバル化した保健と医療
―アジアの発展と疾病の変化

87791-222-2　C3032　　　　　　A5判　177頁　1,400円

[ifUNNレクチャー・シリーズ④]　地球規模で解決が求められている緊急課題である保健・医療の問題を実践的な視点から、地域における人々の生活と疾病・保健の現状に焦点を当て社会的な問題にも光を当てる。　　　　　　　　　（2011.11）

武内和彦・勝間　靖編

サステイナビリティと平和
―国連大学新大学院創設記念シンポジウム

87791-224-6　C3021　　　　　　四六判　175頁　1,470円

[ifUNNレクチャー・シリーズ⑤]　エネルギー問題、生物多様性、環境保護、国際法といった視点から、人間活動が生態系のなかで将来にわたって継続されることは、平和の実現と統一されていることを示唆する。　　　　　　　　　（2012.4）

武内和彦・佐土原聡編

持続可能性とリスクマネジメント
―地球環境・防災を融合したアプローチ

87791-240-6　C3032　　　　　　四六判　203頁　2,000円

[ifUNNレクチャー・シリーズ⑥]　生態系が持っている多機能性・回復力とともに、異常気象、東日本大震災・フクシマ原発事故など災害リスクの高まりを踏まえ、かつグローバル経済の進展をも考慮しつつ自然共生社会の方向性と課題を考える。　　　　　　　　　　　　　（2012.12）

武内和彦・中静 透編

震災復興と生態適応
―国連生物多様性の 10 年と RIO + 20 に向けて

87791-248-2　C1036　　　　　四六判　192 頁　2,000 円

[*if*UNU レクチャーシリーズ⑦] 三陸復興国立公園（仮称）の活かし方、生態適応の課題、地域資源経営、海と田からのグリーン復興プロジェクトなど、創造的復興を目指した提言を展開する。

(2013.8)

武内和彦・松隈潤編

人間の安全保障
―新たな展開を目指して

87791-254-3　C3031　　　　　A5 判　133 頁　2,000 円

[*if*UNU レクチャー・シリーズ⑧] 人間の安全保障概念の国際法に与える影響をベースに、平和構築、自然災害、教育開発の視点から、市民社会を形成していく人間そのものに焦点を当てた人材を育てていく必要性を論ずる。　　(2013.11)

武内和彦編

環境と平和
―より包括的なサステイナビリティを目指して

87791-261-1　C3036　　　　　四六判　153 頁　2,000 円

[*if*UNU レクチャー・シリーズ⑨]「環境・開発」と「平和」を「未来共生」の観点から現在、地球上に存在する重大な課題を統合的に捉え、未来へバトンタッチするため人類と地球環境の持続可能性を総合的に探究する。　　(2014.10)

勝間 靖編

持続可能な地球社会めざして：わたしのSDGsへの取組み

87791-292-5　C3032　¥2000E　　四六判　219 頁　2,000 円

[*if*UNU レクチャー・シリーズ⑩] 本書では SDGs 実現に向けて世界各地で政府のみならず草の根にいたるさまざまなレベルでの取組みが紹介されており、国連大学の修了生たちの活動が生き生きと語られている。　　(2018.9)

日本国際連合学会編

21 世紀における国連システムの役割と展望

87791-097-2　C3031　　　　　A5 判　241 頁　2,800 円

[国連研究①] 平和・人権・開発問題等における国連の果たす役割、最近の国連の動きと日本外交のゆくへなど「21 世紀の世界における国連の役割と展望」を日本国際連合学会に集う研究者たちが縦横に提言する。　　(2000.3)

日本国際連合学会編

人道的介入と国連

87791-106-5　C3031　　　　　A5 判　265 頁　2,800 円

[国連研究②] ソマリア、ボスニア・ヘルツェゴビナ、東ティモールなどの事例研究を通じ、現代国際政治が変容する過程での「人道的介入」の可否、基準、法的評価などを論じ、国連の果たすべき役割そして改革と強化の可能性を探る。　　(2001.3)

日本国際連合学会編

グローバル・アクターとしての国連事務局

87791-115-4　C3032　　　　　A5 判　315 頁　2,800 円

[国連研究③] 国連システム内で勤務経験を持つ専門家の論文と、研究者としてシステムの外から観察した論文によって、国際公務員制度の辿ってきた道筋を振り返り、国連事務局が直面する数々の挑戦と課題とに光を当てる。　　(2001.5)

日本国際連合学会編

国際社会の新たな脅威と国連

87791-125-1　C1032　　　　　A5 判　281 頁　2,800 円

[国連研究④] 国際社会の新たな脅威と武力による対応を巡って、「人間の安全保障」を確保する上で今日、国際法を実現するために国際連合の果たすべき役割を本書では、様々な角度から追究・検討する。　　(2003.5)

日本国際連合学会編

民主化と国連

87791-135-9　C3032　　　　　A5 判　344 頁　3,200 円

[国連研究⑤] 国連を初めとした国際組織と加盟国の内・外における民主化問題について、国際連合および国際組織の将来展望を見据えながら、歴史的、理論的に、さらに現場の眼から考察し、改めて「国際民主主義」を追究する。　　(2004.5)

日本国際連合学会編

市民社会と国連

87791-147-2　C3032　　　　A5判　311頁　3,200円

[国連研究⑥] 本書では、21世紀市民社会の要求を実現するため、主権国家、国際機構、市民社会が建設的な対話を進め、知的資源を提供し合い、よりよい国際社会を築いていく上での知的作用が展開される。　　　　　　　　　　　　（2005.5）

日本国際連合学会編

持続可能な開発の新展開

87791-159-6　C3200E　　　　A5判　339頁　3,200円

[国連研究⑦] 国連による国家構築活動での人的側面・信頼醸成活動、平和構築活動、あるいは持続可能性の目標および指標などから、持続可能的開発の新しい理論的、実践的な展開過程を描き出す。　　　　　　　　　　　　（2006.5）

日本国際連合学会編

平和構築と国連

87791-171-3　C3032　　　　A5判　321頁　3,200円

[国連研究⑧] 包括的な紛争予防、平和構築の重要性が広く認識されている今日、国連平和活動と人道援助活動との矛盾の克服など平和構築活動の現場からの提言を踏まえ、国連による平和と安全の維持を理論的にも追究する。　　　　（2007.6）

日本国際連合学会編

国連憲章体制への挑戦

87791-185-0　C3032　　　　A5判　305頁　3,200円

[国連研究⑨] とりわけ今世紀に入り、変動著しい世界社会において国連もまた質的変容を迫られている。「国連憲章体制への挑戦」とも言える今日的課題に向け、特集とともに独立論文、研究ノートなどが理論的追究を展開する。　　（2008.6）

日本国際連合学会編

国連研究の課題と展望

87791-195-9　C3032　　　　A5判　309頁　3,200円

[国連研究⑩] 地球的・人類的課題に取り組み、国際社会で独自に行動する行為主体としての国連行動をたどり未来を展望してきた本シリーズの第10巻目の本書では、改めて国連に関する「研究」に光を当て学問的発展を期す。　　　　（2009.6）

日本国際連合学会編

新たな地球規範と国連

87791-210-9　C3032　　　　A5判　297頁　3,200円

[国連研究⑪] 新たな局面に入った国連の地球規範；感染症の問題、被害者の視点からの難民問題、保護する責任論、企業による人権侵害と平和構築、核なき世界の課題など。人や周囲への思いやりの観点から考える。　　　　　　（2010.6）

日本国際連合学会編

安全保障をめぐる地域と国連

87791-220-8　C3032　　　　A5判　285頁　3,200円

[国連研究⑫] 人間の安全保障など、これまでの安全保障の再検討が要請され、地域機構、準地域機構と国連の果たす役割が新たに問われている。本書では国際機構論、国際政治学などの立場から貴重な議論が実現した。　　　　（2011.6）

日本国際連合学会編

日本と国連
—多元的視点からの再考

87791-230-7　C3032　　　　A5判　301頁　3,200円

[国連研究⑬] 第13巻目を迎えた本研究は、多元的な視点、多様な学問領域、学会内外の研究者と実務経験者の立場から展開され、本学会が国際的使命を果たすべく「日本と国連」との関係を整理・分析し展望を試みる。　　　　（2012.6）

日本国際連合学会編

「法の支配」と国際機構
—その過去・現在・未来

87791-250-5　C3032　　　　A5判　281頁　3,200円

[国連研究⑭] 国連ならびに国連と接点を有する領域における「法の支配」の創造、執行、監視などの諸活動に関する過去と現在を検証し、「法の支配」が国際機構において持つ現代的意味とその未来を探る。　　　　　　　　（2013.6）